guide

导读

德勒兹与加塔利《什么是哲学?》

Deleuze and Guattari's
'What is Philosophy? ':
A Reader's Guide

[澳]雷克斯・巴特勒(Rex Butler) 著

郑旭东 译

重庆大学出版社

目　录

书(篇)名缩写

本书中使用了下列缩写：

德勒兹的作品

B 《柏格森主义》*Bergsonism*, Zone Books: New York, 1988

'D' "戏剧化的方法",见《荒岛及其他文本,1953—1974》'The Method of Dramatization', in *Desert Islands and Other Texts*, 1953-74

DI 《荒岛及其他文本,1953—1974》 *Desert Islands and Other Texts, 1953-74*, Semiotext(e): New York, 2004

DR 《差异与重复》 *Difference and Repetition*, Columbia University Press: New York, 1994

EP 《斯宾诺莎与表现问题》 *Expressionism in Philosophy: Spinoza*, Zone Books: New York, 1990

F 《褶子:莱布尼茨与巴洛克》 *The Fold: Leibniz and the Baroque*, University of Minnesota Press: Minneapolis, 1993

FB 《弗朗西斯·培根:感觉的逻辑》 *Francis Bacon: The Logic of Sensation*, University of Minnesota Press: Minneapolis, 2003

'G' "康德哲学中的发生观念",见《理论人文学,5(3) 'The Idea of Genesis in Kant's Philosophy', *Angelaki* 5(3)(2000): 57-70

H 《经验主义与主体性:论休谟的人性理论》 *Empiricism and Subjectivity: An Essay on Hume's Theory of Human Nature*, Columbia University Press: New York, 1991

KCP 《康德的批判哲学:诸能力的学说》 *Kant's Critical Philosophy: The Doctrine of the Faculties*, Athlone Press: London, 1984

LS 《意义的逻辑》 *The Logic of Sense*, Columbia University Press: New York, 1990

MI 《电影 1:运动-影像》 *Cinema 1: The Movement-Image*, Athlone Press: London, 1986

NP 《尼采与哲学》 *Nietzsche and Philosophy*, Athlone Press: London, 1983

PS 《普鲁斯特与符号》 *Proust and Signs*, Braziller: New York, 1972

TI 《电影 2:时间-影像》 *Cinema 2: The Time-Image*, University of Minnesota Press: Minneapolis, 1989

德勒兹与加塔利的作品

AO 《反俄狄浦斯:资本主义与精神分裂》 *Anti-Oedipus: Capitalism and Schizophrenia*, Viking Press: New York, 1977

TP 《千高原:资本主义与精神分裂》 *A Thousand Plateaus: Capitalism and Schizophrenia*, University of Minnesota Press: Minneapolis, 1987

WP? 《什么是哲学?》 *What is Philosophy?*, Verso: London, 1994

1 1

背　景

在某些方面,哲学的处境从未比现在更好。随意走入一家相对严肃的书店,哲学书琳琅满目。其中有哲学家的作品,比如黑格尔的《逻辑学》。有哲学家的选集,比如《柏拉图的五个对话录》。有研究特定哲学家的专著,比如《维特根斯坦的私人语言》。有关于哲学家的介绍性导读,比如《如何阅读海德格尔》。有各种各样介绍整体的哲学的书,比如《西方哲学经典》。有实践性的手册,像传授其他技能一样教导哲学,比如《你需要知道的 50 个哲学理念》。有些书借助大众文化中的事物来讨论哲学,比如《黑客帝国与哲学:欢迎来到实在界的大荒漠》。有些书把哲学应用于日常生活的情境中,或者试图呈现哲学如何能够帮助我们更好地生活,比如《这一切是为了什么:哲学与生命的意义》。最终,还有些书把哲学和宗教混合在一起,通常是某种“新世纪”(new age)类的,它们读起来像是东方神秘主义、自我帮助以及哈佛商学院的结合体,比如《我的信念:著名男人和女人的个人哲学》。

然后还有很多活动,声称它们的行动正是哲学的行动。我们见到,广告工业中的营销人员和品牌设计师寻求去创造品牌“意识”(awareness)。我们还看到艺术家和作家自己声称或者被认作
在挑战社会的规范(而且针对他们有很多像《给艺术家的尼采》或 2

者《给作家的莱布尼茨》这种书)。还有神学家坚持他们正在做哲学家应该做的工作,亦即给生活提出更高的价值。在博客和网络上,成千上万的人把自己当作舆论制造者,强迫人们——如果这是哲学的任务——去重新思考。在所谓的“创意产业”中还聚集了各种泛泛而论的创造性和批判性思维。的确,如今到处都能发现哲学:在电视秀场中、报纸专栏上、广播节目中,以及在公共论坛和观念节日上,人们以哲学的视角讨论了太多的事情。那些从哲学视角出发的公共辩论覆盖了任何类型的主题——从日常生活的伦理到对战争的辩护,从上帝的存在到医学上的安乐死,这一过程中对立的双方挑战彼此,目的在于产生最终的共识。

然而,在另一些方面,对于哲学来说,事情好像从来没有这么糟糕。在那些严肃书店中,提供给哲学的书架每年都在缩水,真正的哲学书籍越来越多地被混同在那些仅仅装作哲学的书籍之中:指南,导论,应用,自我帮助,灵性(spirituality)。的确,曾经储备哲学书的书店都转向网络零售了。如果哲学还存在的话,它也越来越多地作为商机、品牌、产品、生活意见、身份象征或者社会地位而存在。这同样适用于哲学学科本身,它已经失去了它的批判性利刃,丢失了提出替代性价值或者教导我们如何生活的能力。如今的哲学并不是真正否定性的,它并不挑战现状(status quo);相反,却满足于教导我们如何在现存秩序中活得更好,事实上,就是如何在其中取得成功。哲学被降低为一种治疗。并且它还被其他的伪装者(pretender)所包围,即其他所有声称在从事哲学的学科。哲学陷入了不断审视和总结自身的活动中,或者它陷入一种对相关问题的无尽辩论中。这些问题并不改变任何事情,也没有以不同的方式思考事情,它们的唯一目的就是把这个辩论无止境地保持下去,从而以此辩护哲学自身的存在。

正是为了回应哲学的这些“新”处境,哲学家吉尔·德勒兹和精神分析师、政治活动家费利克斯·加塔利写作了这本《什么是哲学?》,此书在 1991 年以法文出版,在 1994 年被译为英文。毫无疑问,他们身处的法语哲学环境和英语哲学环境有所不同。由于语 3
言的差异,法国哲学在某种程度上免于遭受英语出版业和流行化的冲击。多亏了法国高中对哲学的教育方式,法国如今还存在着对哲学来说真正的通俗-学术(popular-academic)基础。然而,即使在上述现状的大约二十年前,他们也看到了这种对哲学的模糊欲望。正是出于使哲学变得通俗且平易近人的这种愿望或者要求,哲学进入公共的辩论之中,成为公民对话的一部分。在 1977 年,德勒兹发表了一个针对新哲学家(Nouveaux Philosophes)的尖锐批判。所谓新哲学家,指的是比如安德烈·格鲁克斯曼(André Glucksmann)、阿兰·芬克尔克罗(Alain Finkelkraut)、贝尔纳·亨利-列维(Bernard Henri-Lévy)这些后来走入公众视野的思想家,他们坚持哲学通俗化的野心,并拒绝共产主义,同时维护普遍"人权"——德勒兹谴责他们背叛了那些受害者,却还以受害者的名义说话[1]。至于加塔利,如果说他不是从同样的角度捍卫哲学的正直,但长期以来,他始终与目之所及的那些日渐增长的文化异化和商品化斗争。举例来说,在他和意大利自治论者(Autonomist)、哲学家安东尼奥·奈格里(Antonio Negri)合写的一份宣言中,他声称:"工人阶级不能再把自身当作'自足的',他们的格言将是:思考、生活、实验(experiment)并且以各种方式斗争。"[2]

1　参见德勒兹(Gilles Deleuze),"论新哲学家(附一个更一般的问题)"('On the New Philosophers [plus a More General Problem]'),见《疯狂的两种体制:文本与访谈》(*Two Regimes of Madness: Texts and Interviews*), ed. David Lapoujade, Semiotext(e): New York, 2006, p. 144. 这个访谈最早在 1977 年由午夜出版社发表。

2　费利克斯·加塔利(Félix Guattari)与安东尼奥·奈格里(Antonio Negri)合著,"共产主义命题"('Communist Propositions'),见《加塔利读本》(*The Guattari Reader*), ed. Gary Genosko, Blackwell: Oxford, 1996, p.253.

在《什么是哲学?》中,不同于新自由主义和资本主义国家对哲学的构想,德勒兹和加塔利展开了他们新的概念架构。正如他们所写,他们并非那种突然想出新品牌或者概念的"创意人"(ideas man)(*WP?*, 10)。他们不属于计算机科学、市场营销、设计或者广告行业,在这些领域中"唯一的事件就是展销会,唯一的概念就是可供销售的产品"(*WP?*, 10)。他们进一步列出了"哲学不是什么"的扩展清单,而这个清单反对很多人们通常思考和辩护哲学的方式。对德勒兹和加塔利来说,哲学不是"静观(contemplation)、反思(reflection)或者沟通(communication)"(*WP?*,6)。它无关于"认识自己"或者"对存在的惊讶"(*WP?*,7),甚至也不必考虑相对于外在参照物(referent)它是否为真。尤其是,人们不应该把哲学理解为"意见"的一般化或者对"议题"的讨论,尽管如今它总是在这个意义上被承认。就像德勒兹和加塔利所说:"当一个哲学家听到
4 有人说'让我们讨论这个吧',他就会马上逃走。"(*WP?*,28)因为这样的对话仅仅在已知的层面运作,从而没有任何新东西会发生。他们仅仅重复所有人都已经知道的东西,而那个站在舆论之外的犬儒者(cynic)则秘密地希望获得所有人的认同。在这本书的后面,德勒兹和加塔利针对作为"共识"(consensus)的分析哲学,想象了一个理查德·罗蒂(Richard Rorty)家的晚宴场景:

> 举个例子,晚餐桌上有一盘奶酪,某个人从中抽取(extract)出一个纯粹的质(比如说,臭味);但在他抽象这个质的同时,他把自身认同为一类主体,这类主体经验到一个共同的情感(affection)(比如说社会中那些讨厌奶酪的人——相对于那些喜欢奶酪的人)。(*WP?*,145)

但是,如果德勒兹和加塔利把他们的工作和作为"意见"的哲学区分开来,这并不意味着他们仅仅是站在意见之外。事实上,当

他们说哲学在古希腊发源的时候，这一起源并非由于古希腊的语言和哲学有什么内在的关联，也不是因为古希腊人像黑格尔或者海德格尔认为的那样，以某种方式更接近存在(Being)，而是因为伴随着早期民主和国家间的贸易，正是在古希腊我们第一次拥有了意见的自由交换(*WP?*,87-8)。在古希腊，针对那些质疑哲学的人，出现了哲学与其对手的对抗；而针对其他自诩从事哲学的人，也上演了哲学与其朋友的竞争。面对这种处境，哲学的根本任务就不仅是提供另一种意见，而是要通过判断哪些意见是"真的"(true)，从而寻求和意见的决裂。如果说柏拉图标志了哲学的起源，那是因为他的方法在根本上并非为了确定事物之本质，而是为了裁定哲学诸多竞争者的断言。他试图找到意见背后的"知识"，某种"原信念"(Urdoxa)或者"原-意见"，它将能够解释或者辩护意见。这就是他所谓辩证方法的基础，在这种方法中，"静观中的普遍者能够衡量竞争意见的相对价值，从而把它们提升到知识的层面"(*WP?*,79)——德勒兹和加塔利并没有完全和这个方法分 5
道扬镳。

虽然德勒兹和加塔利警告我们不要把哲学当作意见，因为这会陷入不断重复过去假设的危险，但同时他们也清楚表明，哲学并非仅仅出于自己的利益而寻求新意或者不落俗套。如果他们拒绝了现成的方案，这并不意味着他们断定没有所谓哲学的方法，没有办法讨论哲学在做什么，甚至不同的哲学之间没有任何共同点。对哲学而言，的确有某种逻辑或者方法，而这正是德勒兹和加塔利试图在这本书中勾勒出来的。这是哲学家们如何彼此"交谈"，或者如何写作哲学"历史"的问题。(的确，使用"洗礼"[baptism]这个词[*WP?*,8]来描述某个概念从一种哲学体系到另一种哲学体系的转移，就暗示了德勒兹和加塔利考虑到了不同哲学体系间关系的问题。"洗礼"这个词来自美国语言哲学家索尔·克里普克

[Saul Kripke],被用来说明一个词如何能够被用于缺乏任何“唯一确认性质”[uniquely identifying property]的指涉物。[3])所有这些都指向了对立于意见的另一个问题,即“混沌”(chaos),也就是说如果不依靠某些方法,思想总是转瞬即逝。思想将仅仅被视作外在世界的一个部分,被视作特定环境所产生的效果,而无法超出它们。德勒兹和加塔利写道:“最令人烦扰的就是一个逃脱自己的思想,一些飞离的、消失的观念,它们还未形成,就已经被遗忘所腐蚀,或者沉入其他我们不再掌握的东西之中。”(*WP?*,201)这次,哲学产生于对混沌的回应,混沌正是驱动哲学之物,而哲学也必须不时地让混沌回来,这就如劳伦斯(D.H. Lawrence)想象中的那个裂痕,诗人和艺术家用它划破我们头顶上的保护伞,从而能够让光芒进来(*WP?*,203)。

因而,哲学的任务就是要同时避免意见和混沌,前者是对不变的同一物的重复,而后者是稍纵即逝的差异。可以说,哲学必须潜在化(virtualize)意见的推论性现实(discursive actuality)以及混沌的质料性现实(material actuality)。针对意见的一般性,即意见认为自身是真实的和正确的,哲学必须提出一种“反向施动”(counter-effectuation)(*WP?*,159)。针对混沌的物理性——也就是那些历史、社会和传记的规定性,它们试图把思想还原到其语
6 境——哲学必须生产某种“施动”(effectuation)(*WP?*,159)。这两个过程并不一样,而且事实上以相反的方向运作。一个是在事物的终端对现实物(the actual)的潜在化,而另一个是在开端对现实物的潜在化。对于它们间的连接线,德勒兹和加塔利在《什么是哲学?》中有一个美妙的比喻:他们谈到了“蜘蛛网”,蜘蛛在其中既可以向上也可以向下(*WP?*,122)。在《什么是哲学?》中,我们也

---

3 索尔·克里普克(Saul Kripke),《命名与必然性》(*Naming and Necessity*),Blackwell: Oxford, 1980, p.106.

将看到,他们通过把哲学与艺术和科学(包括逻辑)进行比较来找到哲学的特殊性,而艺术和科学也以各自的方式与混沌和意见相关联。一方面,哲学只能够通过艺术和科学来思考自身:没有艺术的哲学仅仅是科学,而没有科学的哲学仅仅是艺术。但另一方面,哲学也是对艺术和科学的思考(尤其是对其可能性条件的思考):在艺术中有某些类似科学的东西,而在科学中有某些类似艺术的东西。在《什么是哲学?》一书中,哲学不仅仅在哲学的领域中被发现,也同时在艺术和科学之中被发现。甚至,在某种程度上,哲学就是艺术、哲学、科学之间的关系自身。

在《什么是哲学?》中,针对这些问题,德勒兹和加塔利提出了一种非常微妙的“传记性”(biographical)处理,这就涉及我们将要谈到的哲学的“人物”(personae)。他们所谓“暮年”(*WP?*,2)——指的不仅仅是哲学工作者在传记意义上的暮年,也是哲学自身的暮年——的危险之一就是我们既不再能“施动”混沌,也不再能“反向施动”意见(*WP?*,214)。毫无疑问,这就是德勒兹和加塔利认为他们写作这本书之时自身所处的暮年。如二人所说,正是这种暮年使得他们有时间去反思哲学自身,从而针对它提出一些问题(*WP?*,3)。但真正的问题是,“什么是哲学”这个提问本身是否构成一个适当的哲学主题?又或者,这仅仅是那些无尽的自我反思之一,也就是“哲学的瘟疫”(*WP?*,28)之一?对于《什么是哲学?》来说这个问题至关重要:它是在做哲学,还是仅仅与哲学有关?在他们的暮年,德勒兹和加塔利能否提出一种适当的施动或者反向施动?又或者他们是否落入了“组合的平面(plane of composition)之外的精神混沌”中,或者“已有的意见或陈词滥调”里(*WP?*,214)?德勒兹和加塔利还暗示,这个问题也应该向哲学自身的“暮年”提出。在今天哲学是否还可能?或者它到达了某个“终点” 7
(end),就像之前不少哲学家(海德格尔,维特根斯坦,德里达)认为的那样(*WP?*,9)? 但也许哲学总是在它的“暮年”之中。也许它总是面临着施动混沌以及反向施动意见的难题。也许正是做这些事情的困难甚至不可能性,事实上导向了哲学。

* * *

毫无疑问,开始写作这本《什么是哲学?》的时候,德勒兹和加塔利正处于他们人生以及哲学上的“暮年”。就德勒兹而言,他出生在1925年,并且在万森的巴黎第八大学哲学系工作了将近二十年。1953年他出版第一本书《经验主义与主体性:论休谟人性理论》(*Empiricism and Subjectivity: An Essay on Hume's Theory of Human Nature*),《什么是哲学?》大概是他的第二十本书。加塔利出生在1930年,这仅仅是他的第八本书,不过他的主要事业是作为实践分析师,工作在拉博德(La Borde)这个位于巴黎南部一百多公里的卢瓦尔河谷的实验性临床机构。在超过二十年的友谊中,《什么是哲学?》是他们合著的第四本书,而且在他们生前,此书就给他们带来了巨大的声誉。1972年出版的《反俄狄浦斯》是两人的首次合作。这次合作萌芽在1969年,他们共同的朋友让-皮埃尔·米亚尔(Jean-Pierre Muyard)介绍他们在法国利穆赞区(Limousin)初次相识,当时德勒兹正处于肺结核手术后的康复过程。不同寻常的是,在健康不佳的情况下,德勒兹依然完成了两大卷哲学著作,其一为他提交的国家博士论文,这是那些希望进入法国学术体系最高层的人们面临的最后障碍;另一本则常常被描述为二十世纪哲学最伟大的作品之一。这两本书就是《斯宾诺莎与表现问题》(1968)以及《差异与重复》(1968)。因此,在某种意义上,当德勒兹遇到加塔利的时候,他正在寻找某些新的东西。他已经对法国学院式的哲学丧失了热情,无论是聚焦特定哲学家的专著研究,还是对哲学史百科全书式的总结,都不再能引起他的兴趣。正如德勒兹后来所
8 说:“在我早年的书中,我曾试图描述某种特定思想的运作,但描述

它还并不是以这种方式进行思考。和菲利克斯在一起,这一切都变得可能了。”[4]

《反俄狄浦斯》就其本身而言是一本生机勃勃的反学院作品,一种诗意和论辩的风格取代了学院式的写作。此书的主题是对资产阶级或资本主义家庭中可悲的官能症式“俄狄浦斯三角”(*AO*,3)进行批判,而且为了实现这一点,它横跨了大量的学科,从社会学到经济学,从音乐到人类学。在这本书的第一波接受潮流中,尤其是在英语世界,它通常被赞扬为对弗洛伊德-马克思主义(Freudo-Marxism)的复兴,但这本书绝非如此。如果有什么和弗洛伊德-马克思主义有关的话,可以说它批判精神分析发现欲望的同时就压抑了欲望,把欲望还原到“爸爸-妈妈-我”之中(*AO*,51)。同时它也挑战了马克思,因为它发现了资本“解码所有流”(decoding all flows)的解放性力量的同时,就寻求限制或者指导这种力量朝向一种被假定的正确使用。在这个意义上,德勒兹和加塔利的确背离了当时主流的理论模型,这包括他们认为1968年“五月风暴”不仅代表的是简单的解放,而且呈现了我们如何能够欲望我们自身的压抑——更进一步说,恰恰是在那些看似能解放我们的形式之中,我们欲望自身的压抑。

延续着《反俄狄浦斯》,德勒兹和加塔利之后合著了《千高原》,这本书1980年以法语出版。它与《反俄狄浦斯》的关联很明确,两卷书共同构成了“资本主义与精神分裂”的系列。《千高原》在《反俄狄浦斯》出版八年之后才姗姗来迟。一部分原因在于,《反俄狄浦斯》巨大的成功也给德勒兹和加塔利带来了不少出于期待和责任的压力。的确,这本书的某些政治后果,比如它所启发的意大利工人自治运动(Italian Autonomia movement),成了加塔利随后十

4　吉尔·德勒兹与克莱尔·帕尔奈(Gilles Deleuze and Claire Parnet),《对话》(*Dialogues*), Continuum: London, 2002, pp. 16-7.

年的工作重心。更深一层,这一推迟也可以说源于一种困难,也就是要保存《反俄狄浦斯》所代表的那种文风及概念上的重大突破。不过,德勒兹和加塔利在这两卷书的间隔期并没有中断合作。在1975年,他们出版了一本论述弗兰茨·卡夫卡(Franz Kafka)的小册子,在那里,他们拒绝了通常那种对卡夫卡神学或者存在主义式的阅读,即强调他故事中的角色要在一个没有上帝的世界中寻找意义,相反,他们关注卡夫卡伟大的寓言中所表现的幽默,粗鄙的
9 性欲以及创造性的新生活方式。在1976年,他们发表了一篇名为“根茎”(Rhizome)的短文,在其中陈述了一种对欲望的激进新构想,即欲望是像草一样“根茎式”(rhizomatically)水平布局的,而非像树一样“树状”垂直布局的(*TP*,17)。《反俄狄浦斯》中欲望的生产性维度在此被进一步澄清,也就是说:欲望的生产性并非是想象的,而是先验的(transcendental),它脱离既有现实(reality)的同时也试图带来另一个现实。

《千高原》最终呈现为一本巨作,其英文翻译大概有六百页之多。它由一系列的“高原”(plateaus)组成,其中每一个都记录了“一个自振动的强度区域,它的展开没有任何趋于顶点的方位或外在的目的”(*TP*,22)。举例来说,“1914:一匹还是许多匹狼?”这个高原就标记了弗洛伊德首次写作他著名的狼人案例的日期;“元年:颜貌”这个高原记录了基督诞生的年份;“公元前7000年:捕获装置”这个高原则指的是现代国家假定的起源年代。这本书首先是一个拼贴(collage)和装配(assemblage)的非凡实验。以一种甚至超越了《反俄狄浦斯》的方式,它刻意将那些最不相关的学科和知识放在一起,而且,根据作者自己的说法,它可以按照任意顺序被阅读(很明显它也是这样被写出来的)。在某种程度上,它的形式建构应当被理解为《反俄狄浦斯》中的抽象论证在实践上的例

示,即就欲望的“机器性”(machinic)本性而言(*TP*,22),去生产某种关于此论证的形式等价物。欲望不被看成个人的,而是社会的,确切地说欲望把个人与世界连接起来。事实上,在《千高原》中显而易见的是,德勒兹和加塔利想要写作一部“普遍历史”(*TP*,459),一段追溯到人类文明之开端(最早的高原的年代是公元前10000年),直至当下(最近的高原的日期是1947年11月28日)的路程。

等了更久之后,德勒兹和加塔利才再次合作。《千高原》和《什么是哲学?》之间流过了大约十一年。如何解释这个延迟呢?很明显,《千高原》一书是详尽的,无所不包的,决定性的,百科全书式的。尽管对它的接受不如《反俄狄浦斯》那样成功——有很多批评针对它的过度,指责它超出了恰当的界限——但其鸿篇巨制本身毫无疑问代表了某些东西的尽头。我们实在难以想象德勒兹和加 10
塔利还能沿着这条理论斗争和实验的路线继续下去。而且我们不得不承认,如果说1970年代是一段自由、反主流文化(Counter-culture)和政治可能性的时期,那么1980年代则是后撤,衰退,回返的年代。在英国,玛格丽特·撒切尔的保守派政府在1979年开始执政。在美国,里根主义耀武扬威的时期开端于1980年。在法国,自1986年,弗朗索瓦·密特朗的社会党政府失去了议会多数地位,从而被迫与雅克·希拉克的右翼“同居”(co-habit)。这就是在法国被称为“大洗涤”(la grande lessive)的十年,期间1968年“五月风暴”的解放性效果似乎被遗忘了,甚至被有意击退了。法国左翼对古巴和中国的迷恋日渐消散。作为一股政治力量的欧洲共产主义(Eurocommunism),主要在意大利但也存在于法国,却突然走向终结。1989年柏林墙倒了,1991年苏联自己也解体了。

对于德勒兹和加塔利他们自己,1980年代的十年也是一段反思和整理的时期。就加塔利而言,自从1950年代末他就工作于拉博德临床机构,这继续占据了他大部分时间,并且面对持续的攻击,他被迫捍卫其反-精神病学的方法。在这个时期,加塔利的个人生活也遇到了很多困难。德勒兹和加塔利的共同传记的作者弗朗索瓦·多斯(François Dosse)描述说,当时加塔利那段不愉快的婚姻以及长期的消沉,既是对其个人处境,也是对世界总体状况的反映[5]。德勒兹这边,和加塔利的合作把他带出了一贯隐居(reclusive)的生活,并且将他卷入了一系列的政治事业,但在那之后,1980年代他又回到了教学和写作的终身习惯中。在1968年"五月风暴"觉醒初期建立起来的万森第八大学,本来作为一种吸取(siphon off)危险革命性能量的方式,渐渐也被纳入法国学院生活的规范之下。德勒兹每周在那里授课(后来在圣丹尼[Saint-Denis],也就是"八大"搬去的地方),这些课程最终声名远播,吸引了世界各地的学生。在这些课堂中,德勒兹形成了在1980年代里他写作的一连串卓越专著的思想材料,这些专著主题多样,包括莱布尼茨、电影以及英国画家弗朗西斯·培根(Francis Bacon)。

德勒兹和加塔利的学生经常思考,是什么让德勒兹决定用《什么是哲学?》这本书来总结他和加塔利的合作的(之所以说德勒兹
11 决定,是因为当时他有着更活跃的公众形象以及出版计划)? 又是什么能把《什么是哲学?》一书从德勒兹那时写作的其他作品中区分出来? 这本书是否有某种特质,让德勒兹觉得他需要加塔利,或者我们能从中看出加塔利的贡献? 这本书当然可以,而且也的确

5 参见弗朗索瓦·多斯(François Dosse),《德勒兹与加塔利:相交的生命》(*Gilles Deleuze and Félix Guattari: Intersecting Lives*),Columbia University Press: New York, 2010, pp. 423-7.

被理解为德勒兹其他作品的延续。事实上,此书中的一些章节,比如说发表在著名美国期刊《批评探索》(*Critical Inquiry*)上的文章《问题的条件:什么是哲学?》,最早就以德勒兹个人的名义发表[6]。众所周知,在《千高原》的实验性领域《根茎》一文中,德勒兹和加塔利如此谈论他们的合作:“我们两个人合写了《反俄狄浦斯》,既然我们每个人都是多,这里就已经有一个群体了。”(*TP*,3)以一种温馨的语言,德勒兹还以下述理由向公众解释他们的合作:“(反复地互相传递那些有待处理的问题,)我们彼此就像对方文本中的镶嵌物或者引文,但在某些地方我们不再能区分到底谁写了什么。”[7]不过,我们下面会看到,在加塔利自己的视角中事情有些许不同。在创作《反俄狄浦斯》期间,他在同时出版的一本笔记中记录到,他觉得德勒兹处理他作品的方式让他感到某种烦恼:“我不太能从《反俄狄浦斯》中认出我自己。我需要试着停止追随吉尔的形象,以及他给这本几乎不可能的作品带来的精炼与完善。”[8]不过,这样一个趋势在《什么是哲学?》中似乎更加明显了。

最后,我们有必要借助多斯的论断对此做出结论:德勒兹邀请加塔利来合著《什么是哲学?》的决定更像某种善意的行动,来标记一段昔日的友谊。长期以来,他的呼吸和健康情况日渐恶化,也许对于那时十分虚弱的德勒兹来说,这决定给了他完成这本书的动力,因为某种程度上,这能让他回想起大约二十年前两人第一次合

---

6 吉尔·德勒兹(Gilles Deleuze),“问题的条件:什么是哲学?”(‘The Conditions of the Question: What is Philosophy?’),《批判探索》(*Critical Inquiry*),17(3), Spring 1991, pp. 471-8. 在期刊上这篇文章第一页的角落,还包括这样一个注:“这篇文章最初由法国 Chimères 出版社在 1990 年 5 月发表,它将作为德勒兹即将出版的新书《什么是哲学?》的导论。”

7 罗贝尔·马吉奥雷(Robert Maggiore),《日复一日的哲学》(*La philosophie au jour le jour*), Flammarion: Paris,1994, pp. 375-6. 转引自多斯(Dosse), p. 9.

8 费利克斯·加塔利(Félix Guattari),《反俄狄浦斯笔记》(*The Anti-Oedipus Papers*), ed. Stéphane Nadaud,Semiotext(e): New York, 2006, p. 404.

作时愉快的日子[9]。当然,《什么是哲学?》并不像早年的《反俄狄
12 浦斯》和《千高原》,它既没有充斥着紧张的革命能量,也不想再次以百科全书的方式包罗万象。这本书较于那两本而言相当简短,其行文更为平稳朴实,而且取代了对知识的戏剧化处理,其参考文献更为精练,充满暗指,有时几乎隐晦不显。如果说这本书很难读,那么这并非由于其语言或者逻辑,而是它假定读者熟悉很多东西——不仅是书中俯拾皆是的那些伟大艺术家、哲学家和科学家的作品,同时也要熟悉德勒兹和加塔利关于他们的论述。如果说《反俄狄浦斯》和《千高原》在语调上是开放和介绍性的,是写给初探哲学的外行的入门书,那么我们可以说,《什么是哲学?》与其自身宣称的"教学"特质(*WP?*, 12)相反,它在语调上是总结的、告别式的,是写给那些内行、那些已经熟悉他们哲学的读者的。就像德勒兹和加塔利说的,在暮年的优势中,他们得以回顾哲学的历史,以及他们自身在其中的位置。

《什么是哲学?》弥漫着告别的气息。从某种目的论的视角来看,这本书对于德勒兹和加塔利的生活和事业来说都体现为一个适恰的结论。1992 年,在此书出版一年后,加塔利就去世了。大约三年后,由于长期以来健康不断恶化,德勒兹放弃了他最后尝试写作的一本关于"马克思之伟大"(grandeur of Marx)的作品,在 1995 年与世长辞。这样来看,《什么是哲学?》几乎是预见性的,它总结了德勒兹和加塔利的思想,用他们自己的话来说,总结了"我这一生到底做的是什么"(*WP?*, 1)。毫无疑问人们已经以这种方式来理解这本书。不过,从它自身的逻辑来看,哲学不能以这种方法被

9 多斯写道:"很明显《什么是哲学?》就是德勒兹一个人写的,但他同意把加塔利署名为合著者,一方面是为了致敬他们那段极为深厚的友谊,同时也强调,这本书中所呈现的想法和语言是两人自从 1969 年来共同努力所收获的结果。"多斯(Dosse),p. 456.

还原为其历史和传记的语境。尽管哲学产生于特定的时期,而且
通过日常语言进行交流,但它不能与这些因素混淆。哲学的真正
时间在于德勒兹和加塔利所称的“间时”(meanwhile)那里(*WP?*,
158),故而德勒兹和加塔利的离世并不构成一个我们可以立足回
顾的结论点,而仅仅是一个纯粹的偶然性,它中断了他们的计划,
而哲学计划正当的栖居之所在一个“居间”(in the middle)之处
(*TP*, 25)。而且在《什么是哲学?》中,德勒兹和加塔利不仅讨论
“回顾”,还提及了“匆匆前行”,仿佛还有好多事情要做。所以,我 13
们主张《什么是哲学?》不仅是关于哲学的(about philosophy),即提
供对哲学的纵览和总结,而且是真的在做哲学(do philosophy),它
进行着新概念的创造,从而以某种方式拒斥总结,即使这些总结是
德勒兹和加塔利自身做出的。

2

主题概述

很奇怪,德勒兹和加塔利居然会把他们这本书叫作"什么是哲学?"(如此称呼,它就加入了与之同名的其他作品的长长队列之中,海德格尔、奥尔特加-加塞特[Ortega y Gasset]、埃德蒙·霍尔莫斯[Edmond Holmes]和埃尔默·斯普拉格[Elmer Sprague]都写过类似的作品)。怪异之处在于,就德勒兹的立场而言,他所有的著作,包括这本《什么是哲学?》自身,都反对这类本体论提问。举例来说,在《意义的逻辑》一书中,他提到古希腊哲学家第欧根尼用"一条始终挂在线尾的鱼"来回应这个提问(*LS*, 154)。更严肃地说,在《差异与重复》中,他以下面的表述来拒绝这个提问:"这种提问总是能被追溯到那些可以被给出的,候选的或者可能的答复。"(*DR*, 156)而且在《什么是哲学?》中,德勒兹和加塔利完全拒斥了这个提问和回答的形式,这种形式被他们拿来和电视中的问答节目作比较:"问题(problem)是思想的创造,它和提问(question)毫不相干,后者仅仅是一个悬置的命题,不过是死气沉沉地复述了那个作为答案的肯定命题。"(*WP?*,139)与此相对,德勒兹把哲学看作对"有多少"、"如何"、"在何种情况下"的提问,从而来质疑一种普遍者(universal)的概念,这种普遍者跨越不同的实例,或者由大量实例累加起来而得到。与传统的哲学-科学方法相对,德勒兹和加塔利提出了这样一种哲学的概念，它并非经验地借助对实例的逐步分析或整合来运作，因为这样反例总是不可避免；在他们的哲学中，所有组件（components）都是直接地共在的，它们借由一个
16 “绝对俯瞰”（absolute survey）的点而交叉在一个“绝对速度”上，从而没有外部。那么被生产出来的就不再是任何跨越诸多实例的一般性（generality）或者共同性，而是一组“流变”（variation）[*]（*WP?*, 20）。流变不再是事物之所是，而是它们之所能够是；不再是不同实例共有的概念，而是使得此概念的任何特例都能够被给出的差异。

德勒兹和加塔利在《什么是哲学?》中的根本要点是，事实上很少（如果有的话）有学科从“是什么”（what is）的提问展开。对德勒兹和加塔利来说，哲学如此想象思想之推进的尝试——他们主要指的是英美传统的分析哲学——是“幼稚的”和“贫乏的”（*WP?*, 139），甚至是不忠于事实的。我们不妨以科学为例，毕竟科学是这种哲学逻辑所假定的模版。德勒兹和加塔利在《什么是哲学?》中明确指出，科学家和数学家并非是按照三段论的逐步演绎或者证据的耐心积累而前进的：“数学方程并不享有静态的确定性，即使主流科学意见似乎认可这种说法，相反，这些方程产生于使得数学家们‘准备跳过计算’的深渊，他们预期到若非‘四处碰壁’就无法带来或者触及真理。”（*WP?*, 203）借鉴柏格森的生机论（vitalism）和进化论（evolutionism），在《差异与重复》中德勒兹谈到，生物学分类并非终止在某些共同的性质上，这些性质永久地规定了每个类（class）和种（species）。相反，分类中每一个连续的层

---

* 哲学中的 variation，艺术中的 variety，以及科学中的 variable，德勒兹用这三个概念区分差异或者变化在三个不同学科中的角色。故而在翻译上，variation 我选择译为“流变”，强调哲学以无限速度的运动，而 variety 译为“变体”，强调艺术以有限的样式保留无限，而 variable 则译为变量，强调科学通过把无限有限化，从而能够以量的方式进行操作。——译者注

级都仅仅包含了一系列差异，这些差异由其下属范畴呈现出来，最终表面上最小的差异（种）必须被理解为实际上收敛了大量的差异。从属传递到种的那个东西，换句话说，就是生成差异的力，并且任何特殊的分类都只能作为一个将要到来的分割场所而被显现出来（*DR*, 31）。最终，即使在阅读莱布尼茨这种理性主义哲学家之时——这并非与我们之前说的无关——德勒兹也能够给莱布尼茨的充足理由律一个不同寻常的解读：它并非必然暗示诸可能世界的收敛（convergence），而是开启了一种对诸可能世界之间的发散（divergence）或者最大差异的思维。圣经中的“同一个”亚当可以同时是有罪的和无罪的（*LS*,131）。数学中“同一个”圆锥曲线方程可以把自身表现为圆、椭圆、双曲线、抛物线或者直线（*LS*,130）。 17

但是所有这些都必须被非常谨慎地理解。即使德勒兹和加塔利看起来拒绝逻辑学和经验主义的方法，他们还是试图回答什么是哲学这个问题。对他们作品流俗且无政府主义式的阅读认为，他们拒绝了理性推论并且提出一种精神分裂的形式作为替代。恰恰相反，《什么是哲学？》的写作和论证事实上条理分明。此书的各个章节彼此密切关联，全书由合理的命题铺展开来，并且这些命题都指向可辨认的对象。德勒兹和加塔利并没有拒绝“什么是哲学？”这个经典的本体论问题，而且在某种程度上甚至论证其必要性。那种主张他们以使用（use）替代意义（meaning）的解读，比如弗里德里克·詹姆逊（Fredric Jameson）在其《政治无意识》中提出的观点，坦白说是错误的[1]。相反，德勒兹和加塔利对于是什么使得这个问题能够被回答，甚至对这个问题本身，是有兴趣的。德勒兹把“明智”（good sense）界定为“对差异固定和习以为常的排序”

---

1 参见弗里德里克·詹姆逊（Fredric Jameson），《政治无意识：作为社会符号行动的叙事》（*The Political Unconscious: Narrative as a Socially Symbolic Act*），Cornell University Press: Ithaca, 1981, p. 22.

(*LS*, 132),那么是什么使“明智”得以产生,从而使得一个东西能与另一个彼此区分?德勒兹把“常识”(common sense)界定为“认同的功能”(function of identification)(*LS*, 132),那么又是什么使“常识”能够存在,从而不同事物可以被包含在同一个范畴之下?是什么让我们把哲学理解为一种认知(recognition)[*]的形式,一种重获已知事物的形式?德勒兹和加塔利在《什么是哲学?》中并非反对这样一种思想图像(the image of thought),而是反对这样一个事实:它始终未被质疑,它的可能性条件未被说明;并且它的起源,或者说它如何产生,也未被解释。

在《什么是哲学?》中,德勒兹和加塔利以各种方式质疑了构成上述观点之基础的那些假设。首先,以一种常见于1990年代“政治正确”批评的方式,他们指出,这些被当作自然和普遍的观点,其实并非那么自然和普遍,而仅仅是某个特定时间少数欧洲白人的特定看法。正如他们写道:“可是,正如希腊人从事‘希腊化’,是要去超越被当作社会-心理类型的其他文化的局限,那么在胡塞尔的先验主体背后,是否也藏着一个拥有不断‘欧洲化’的特权的欧洲
18 人?”(*WP?*, 149)(沿着这个脉络,他们可能并不会拒绝皮埃尔·布迪厄[Pierre Bourdieu]等人关于康德的看法,即康德的纯粹普遍[pure universal]事实上是不纯粹的,而是历史的并且与阶级相关的。[2])但是德勒兹和加塔利比这走得更远。他们认为构成真正哲学的是这样一个计划:在考察思想是什么或者应该是什么的时候,

---

* 如果留心recognition一词的“re”的前缀,也可以将之翻译为“再认”,也就是使用已有的形式重新认识事物。不过考虑到概念的统一性,我们遵照“recognition”一词在康德哲学中的译法(尤其考虑到本书作者试图强调的康德与德勒兹的亲缘性),将之翻译为“认知”。——译者注

2 参见皮埃尔·布迪厄(Pierre Bourdieu),《区隔:对鉴赏判断力的一个社会批判》(*Distinction: A Social Critique of the Judgement of Taste*),尤其是“通往一种对‘纯粹’批判的‘通俗’批判”这章(‘Towards a “Vulgar” Critique of “Pure” Critiques’), Harvard University Press: Cambridge, MA, 1984.

要摆脱所有的先入之见。坚持这个原则就意味着,没有任何东西是自然或者固有地属于思想的,所有对思想的定义都将自身呈现为对某个特定时空的反思。就此而言,我们可以说德勒兹和加塔利的构想与康德的先验"批判"计划有着很深的亲缘性,因为康德的批判就旨在让思想摆脱其错误和幻觉,从而只留下那些使得经验得以可能的必要之物。这种冲动在他们看来从一开始就标志了哲学的特征。在柏拉图那里,关键始终都是如何借助由"被感受物之美"和"善的考验"激起的回忆,实现从意见到真理的过渡(*WP?*,148)。在笛卡尔那里,我思(cogito)的开创性力量断绝了与任何柏拉图式回忆的关联,通过挑战所有"客观前提"(*WP?*,26)进而用一种主观和前-哲学的理解代替了它。然后在康德那里,就"没有什么可以担保(思维)我之存在的论断"* 而言(*WP?*,31)。他超越了笛卡尔,也就是说,这个寻常的、无偏见的主体在他的方法中被认作预设的。

追随着他们研究的每个思想家,德勒兹和加塔利的论点却是:这种对假设的质疑在某个时刻会到达终点。如果说每一个思想家都能够去质疑前人的假设,那正是因为他们自己又重新引入了某些假设。他们没有正确地设想"内在性平面"(plane of immanence)(*WP?*,36),这个内在性平面既是避免概念失去根基的唯一途径,也是所有概念从之而来的"储备"或者"仓库"(*WP?*,36)。在柏拉图那里,虽然理念(idea)并没有被还原到回忆,但真理还是作为"对某个已在那里之物的预设"(*WP?*,29)而在场。对笛卡尔而言,虽然自然显象已经被批评为幻觉,但尚未出现能够规定自我的

---

* 即康德论证笛卡尔的"我在"无法从"我思"中推论出来,它只有在时间中才能得到规定性。而"我思"/先验主体本身的存在是康德的前提,或者是在物自体意义上没有办法认识的。——译者注

对“时间”的思考。在康德那里,即使他提出了一种内在性批判,在这个批判中所有事物就它们自己而言都被质疑,但哲学概念想要与鲜活的经验相关联,还是得借助“作为可能经验整体之功能的先天命题或判断”(*WP？*,142)*。对于德勒兹和加塔利来说,只有斯
19 宾诺莎正确地思考了这个内在性平面,他将思想推进到其极限之处,同时没有任何预设迫使思想停止。故而在某种程度上,斯宾诺莎是哲学家的“基督”(*WP？*, 60)(认为思想不屈从于任何更高的判断,在这个方面,也许只有尼采能与斯宾诺莎比肩,这也是为什么尼采可以被称作哲学家中的“反-基督”)。但是,严格地说,这个“内在性平面”,这个无图像(imageless)的“思想图像”(*WP？*, 37)是不可能实现的。事实上,正是康德第一次说明,思想与幻觉、过失、错误是不可分离的,这也是为什么内在性平面最终不能持久。或者,按照德勒兹和加塔利的表述,它同时是必须被思考和不能被思考的,只能作为某种“思想中的非思想”或者“哲学中的非哲学”而坚持着(*WP？*,218)。

就如上面所言,德勒兹和加塔利试图把握思想的条件,在此意义上他们可以被看作后康德主义的(Post-Kantian)。然而,他们和康德是不同的,因为他们寻求的是“真实”(real)经验而非可能经验的条件。也就是说,德勒兹对康德的根本反驳在于,康德那里使得经验可能的先验理念,即上帝、世界和灵魂,太过宽泛和笼统了。这些理念并非产生于对现实经验的思考,而是被施加在经验之上,故而仅仅提供了经验应当如何的条件,而非经验现实运作的条件。同时,德勒兹还批评康德的先验条件不过是经验世界(the empirical)的映像,而这个经验世界是依照可能世界(the possible)

---

* 即这三个例子都不可避免的还包含有预设:柏拉图的客观真理,笛卡尔的自我之存在,以及康德那里的先验功能。——译者注

的图像建构起来的。设定条件者始终还保留在被条件规定者的图像之中，从而这种先验（the transcendental）无法提出任何与现有存在（what is）根本上不同的东西，而仅仅是后者的延伸罢了。德勒兹用“先验经验主义”（transcendental empiricism）（*DR*，143）描述他自己哲学复杂的双重面向。作为康德“先验理念论”* 的对立面，它批评那种先验一方面与经验无关，另一方面又无法充分与经验区分开来。[3] 在某种程度上，德勒兹的“先验经验主义”一方面比先验更先验，它尝试思考康德先验理念这类事物得以可能的条件；另一方面它完全是经验的，因为德勒兹想要考察的是真实经验的真实条件。调整并借用一篇论述《什么是哲学？》的评论文章的题目， 20
我们可以说这是种“对纯粹批判的批判”[4]：它尝试把康德先验批判的方法运用于支撑着康德自己前两卷《批判》的那些超验的，也就是未经质疑的或假定的事实（fact）——《纯粹理性批判》中的经验“事实”，《实践理性批判》中的道德“事实”。不过，在这种批判的开展中，我们无需设想任何预设的目的或者真理的图像。如果说批判总是意味着以提前规定的“更好”或者“更优越”的名义拒绝或排斥某些东西的话，那么在此意义上这也许不再是一种批判。

---

* idealism 也可译为“唯心主义”。这里一方面强调理念和经验的对立，另一方面强调理念在康德那里的重要性，故译为“理念论”。而后文与“唯物主义”（materialism）对应使用时，则译为“唯心主义”。——译者注

3 德勒兹如下总结他的立场：“如果说教条主义的错误在于，它总是填满那些进行分离者；那么经验主义的错误就是，它总是把被分离者留在外部。这个意义上，康德的[第一]批判保留有太多的经验主义（而在后康德主义者那里，则保留了太多的教条主义）。”（*DR*，170）我们可以对比德勒兹和德里达在这个点上的区别，尤其是德里达“准-先验”（quasi-transcendental）的概念，所谓“准-先验”，一方面强调“它比先验更加先验”，但另一方面它只存在于“向经验的折返之中”。参见乔弗里·本宁顿（Geoffrey Bennington），《打断德里达》（*Interrupting Derrida*），Routledge：London，2000，p. 87.

4 这里我们主要参考了伊恩·麦肯齐（Iain MacKenzie），《纯粹批判的观念》（*The Idea of Pure Critique*），Continuum：London，2004.

德勒兹的先验经验主义试图囊括所有事物,它不会预先拒绝任何东西。但解释所有事物之所以可能,必须出于一个完全异在的原因,一个完全异在于被条件规定者的条件。在关于尼采"永恒轮回"(eternal return)的语境中德勒兹写道:"永恒轮回的思想进行着筛选的工作。它使得意志成为某种整体……它使得意志成为创造。它带来了意志=创造这个等式"(*NP*,69)。在《什么是哲学?》中,德勒兹和加塔利称这种超-先验(hyper-transcendental)条件不过是种"默剧"(Mime),它"将自身约束在无休无止的暗示中,而不挑开天窗"——"默剧既不再现事态(state of affair),也不模仿体验;它并不给出图像,却建构概念"(*WP?*,159-60)。

许多批评家认为,德勒兹在这一点上极为接近胡塞尔和他的现象学计划。以一种类似德勒兹的方式,通过其著名的现象学还原,胡塞尔试图悬置我们与世界日常的、经验的关系,从而迫使我们思考是什么使得这个经验得以可能。胡塞尔并不打算把条件强加在经验之上,而是尽可能尝试让条件从经验之中浮现出来。胡塞尔是试图构建某种先验经验主义的第一个人。在《差异与重复》中德勒兹简要提及了这个联系(*DR*,137),因为胡塞尔以超越了康德的方式,尝试通过经验自身思考经验的先验条件。我们再次强调,这种尝试并不在先排除任何东西,或者宣称事物应当是怎样的,而是尽可能地记录事物实际上是如何的,所以从中得到的思想条件,无非就来自实际上被思考之物。(不过德勒兹和加塔利也论证说,虽然胡塞尔的先验还原尝试"借助我们意识到世界的方式,
21 也就是知觉和情感[affection],来重构我们的概念"[*WP?*,149-50],但他最终还是引入了某种"超验"而非"先验"的主体——所有的经验都内在于[immanent to]这个主体[*WP?*,46]。换句话说,这个主体不再是现象地产生的,而仅仅是预设的或者假定为理所当然的。在《什么是哲学?》中,德勒兹和加塔利在这一点上转向

了萨特,借用了他发源于胡塞尔的“非个人先验领域”的想法[*WP?*,47]。这个概念对立于胡塞尔的先验他者[Other]概念,“我”在这个领域中被构成,并且这个领域担保着属于我的表象,它同时使得意识向其外在开放,也使得其外在向意识开放。)

德勒兹和加塔利试图保留胡塞尔在晚期作品中实现的一个关键突破,即从发生(genesis)的角度思考经验的先验条件。德勒兹认为,康德所缺失,而胡塞尔揭示出的洞见在于:先验范畴并非是预先制定或一成不变的,而是以某种方式被生产出来,在与世界的不断相遇中逐渐形成的(不过,其实这一想法最初在康德的早期批评者萨洛蒙·麦蒙[Salomon Maïmon]那里已经被提出,之后在费希特甚至黑格尔这些德国理念论者[idealist]的自然哲学中也被继承了)。对晚期胡塞尔来说,“知觉和情感”不仅作为副现象触动某个已然成形的主体,而且主体正是凭借“知觉和情感”的材料,才逐渐从中形成。在胡塞尔的晚期现象学中,由于先验主体无法引入任何既定经验之外的事物,所以它要服从经验主义的批判;同时,经验主义自身必须是先验的,它不只是经验自身,还包含着经验能被接受和构成的条件。我们得到事物的同时,也得到了使得我们能感觉它的条件。为了说明他本人的计划同早期胡塞尔“静态”现象学及其著名的先验还原(即尝试把可感物[the sensible]规定为“移除表象之后留下的东西”)的差别,同时声明他和晚期胡塞尔“发生”现象学(在发生现象学中,经验的就是先验的[当一个人在可感物中直接把握到被感觉者,也就是可感物之存在本身的时候])的亲缘性,德勒兹在《差异与重复》中写道:

> 把感性论(Aesthetics),即关于可感物的科学,建立在可感 22
> 物中能够被表象的东西之上是说不通的。当然,试图把纯粹可感物从表象中抽离出来,把它规定为移除表象后的残留物

> (举例来说,一个矛盾的流,或者感觉的狂想曲),这个相反的过程也未见成效。只有当我们在可感物中直接把握到被感觉者,即可感物的存在本身的时候,经验主义才能真正成为先验的,感性论才能成为无可置疑的学科。(*DR*,56-7)

事实上,“感性论”作为可感物如何生产其自身接受可能性的问题,德勒兹在早期论述康德的书中已经有所涉及。在其中,他批评康德没能成功推演出他的先验范畴,而仅仅是假定了它们。正是在康德最后一本大作《判断力批判》中(顺带提一句,这也是德勒兹和加塔利在《什么是哲学?》中讲到的“暮年”的标志作品之一),我们可以发现,康德回溯性地推出了他前两个批判的真正基础。在第三批判中崇高之体验的部分,康德讲到的三种能力——知性、理性和想象力——都被过度使用并推向了其各自的界限(limit)。三种能力都无法仅凭借自身来思考崇高,从而被迫回到自身。但悖论性的是,当每种能力都被超出,都遭遇到它无法同一的无形式者(formlessness)时,所有能力反而达到了某种一致,此时它们每一个都能在另一个中认出自身。这个时刻最终揭示出,诸能力的原初条件恰恰就是它们彼此间的关系。如果说在美的判断中,诸能力间尚存在着“自由且无规定性的(indeterminate)一致”(*KCP*,49),从而隐含着某种权威以及自我规定,那么在崇高的体验中,存在的是某种“纠纷”(dissension),它既非一致也非自由,而是被迫的必要性——因为没有任何单一的能力先于它和其他能力的关系而存在。换句话说,如果第三批判在想象力的名义下展开,就如第一批判在知性下、第二批判在理性下展开,那么想象力就是诸能力之关系的名称。德勒兹写道:“在(理性,想象力以及知性的)一致中,灵魂(想象力)被认作所有能力的无规定超感性(suprasensible)
23 统一体;我们自身被带回到一个焦点,一个超感性的聚焦点。”

(*KCP*,51)可以说,想象力在第三批判中出现了两次:一次作为属,一次作为种。它是一个包含自身作为种的属。正是在诸能力到达其各自内在界限的超感性点上,知性、理性和想象力相聚了。

* * *

在很多方面,《什么是哲学?》的作用就类似于康德的第三批判。如果说德勒兹的第一批判是《差异与重复》,第二批判是《反俄狄浦斯》,那么《什么是哲学?》就是他的第三批判。类似第三批判,《什么是哲学?》也涉及了三种能力,即艺术、哲学和科学;并且如同德勒兹对第三批判的阅读,在《什么是哲学?》中德勒兹和加塔利也旨在展现每一个能力如何产生了其他两个,以及如何在与其他两个的关系中产生自身。德勒兹和加塔利在三者彼此触及或跨越的诸多节点上提出了关于艺术、哲学和科学的问题。他们讨论哲学概念如何变成"函数或感觉的概念",以及科学函数如何变成"感觉或概念的函数"(*WP?*,199)。更进一步,他们谈到这样一个事实,"若非其他要素以无规定性且未知的状态有待出场,任何要素自身都无法出现"(*WP?*,199)。换言之,《什么是哲学?》是德勒兹从发生的角度对康德第三批判进行阅读的延伸:紧要的问题是,艺术、哲学和科学不是在它们自身中被给予的,那么是如何在彼此的关系之中、在面对崇高的"无规定性"或"未知"时出现的呢? 在此书的结尾,德勒兹和加塔利用一个"非"(No)字[*]回答了这个问题(*WP?*,218)。(此外,如同第三批判中的想象力,这个关系在此书中以哲学的名义出现。在《什么是哲学?》中,哲学不仅是相关于其

---

* 英文这里的"No"在法语中是"Non",也就是作为前缀的"Non-philosophy","Non-art"或者"Non-science"。德勒兹和加塔利写道:"……非哲学在平面遭遇混沌的时候出现。哲学需要非哲学来理解自身,就像艺术需要非艺术、科学需要非科学一样,哲学要求非哲学的把握。'非'并不是它们在开端的出场或在终点因实现而导致的消散,'非'位于它们发展和生成的每一个环节。"(*WP?*,218)——译者注

他两者的一个项,而且也是对诸项之关系的思考。德勒兹和加塔利还提出过“函数是美的”或者“概念是美的”等命题,以及哲学要有“品味”[taste]来创造好概念的说法,这都暗示了哲学与广义上
24 康德美学[aesthetics]的联系。)事实上,《什么是哲学?》的主旨不仅是艺术、哲学和科学三者间的关系——这是德勒兹学界已经逐渐在关注的主题——我们可以说,这本书最终要描绘出借助感觉或者潜在性(virtuality)从物理性混沌或物质性到达逻辑命题及表象性意识的道路。由此来看,拿《什么是哲学?》和黑格尔的《精神现象学》这类作品来比较并不突兀,不过我们最好把它叫作“大脑的现象学”。在某种程度上,《什么是哲学?》讲述了哲学如何实现自身或者被实现的故事(但不可忽视的是,哲学或许会在实现之时迷失,也可能在其迷失中实现——这也是德勒兹和加塔利与黑格尔的不同之处)。

更直接地说,《什么是哲学?》呈现给我们的,就是一段从艺术出发,通过哲学,最终到达科学和逻辑的旅途。这应该会让我们想起上一章说到的内容,在这条道路中,艺术在某个时刻“收缩”(contracts)(*WP?*,211)或者收敛了其物质性,从而逐渐离开在其中事物转瞬即逝的混沌。随后,哲学接手了艺术留给我们的感觉和强度,把它们抽象并统一起来,形成自我约束和“自我设定”(*WP?*,11)的概念。此时尚且潜在的观念(idea)或概念之后将逐渐在科学中被“实现”(actualized),进而它们首先形成了个体事物和物体(bodies),然后构成客体和主体的更宽泛的种类。这些客体和主体将进一步被抽象化或“一般化”(*WP?*,135),从而它们能够被再现以及被其他事物共享。因此,在这本书中,从现实到潜在以及从潜在回到现实的弧线就如此被勾勒出来。哲学作为一种与其最初条件的断裂,最终将首先在科学的物体中,其次在逻辑的命题中被具象化。但这同时意味着,如果哲学最终会变成意见或者逻

辑命题,那么它也是一种针对现存事态的反抗或者反向-实现(counter-acualize)的方式,一种抵抗现存事态所由来的那个潜在性的方式。这也是为什么,德勒兹和加塔利在书中谈及了"蜘蛛网"——这整本书都可以被理解为一张蜘蛛网,现实和潜在之间的运动即使不是交互或等价的,也总是双向的。现实和潜在总是同时存在,一方脱离另一方是不可设想的。德勒兹和加塔利并非简单地反对现实。他们指出,脱离潜在的现实是不可能的,这也就是他们所 25
说的事物之"生成"(*WP?*,112),只有借助"生成"的过程,事物才能成为其所是之物。即使当一切都是现实的、事物处于最高的现实状态下,也还有某种潜在:这一切现实之可能都有赖于这个潜在。

不过,将艺术、哲学和科学构想为结盟的且彼此产生的,这种想法有悖于很多对《什么是哲学?》的解读,甚至有悖于《什么是哲学?》这本书自身中的某些暗示。实际上,艺术、哲学和科学可以被看作三种"在混沌上勾画(cast)平面"(*WP?*,179,202)的不同尝试。也就是说,艺术、科学和哲学似乎互不干涉地面对混沌,直接以各自的方式回应混沌。因此,在《什么是哲学?》中,德勒兹和加塔利谈论古希腊哲学时说道:"哲学、科学和艺术不再是在同一映射上的不同层次,也并非依据同一母体被区分出来,相反它们以相对的独立性直接被设定或者重组。"(*WP?*,91)更一般地说:"艺术不应被设想为科学与哲学、有限道路与无限道路的综合。这三条道路各自有其特殊性,同样都是直接的道路,它们之间的区别在于平面的性质以及占据平面者为何物。"(*WT?*,198)评论者比如雷诺·博格(Ronald Bogue)就赞同这种艺术、科学和哲学之间假定的独立性,他写道:"艺术,(就像哲学和科学)也是在混沌之中开始。"[5]类似的,伊丽莎白·格罗兹(Elizabeth Grosz)也写道:"德勒

5 雷诺·博格(Ronald Bogue),《德勒兹论音乐、绘画与艺术》(*Deleuze on Music, Painting and the Arts*), Routledge:New York, 2003, p. 176.

兹和加塔利指出,每一个平面都以不同的方式、从不同的角度切入混沌,它们中的每一个相对其他两者都是独特的、不可替代的且不可通约的。”[6]所有此类评论都持有这种观点,即艺术、哲学和科学本质上是平行的活动,各自规定了一个完整的过程;那么,哲学对其他领域之介入活动的最终效果,就在于探索那本性并不变化的哲学的边界(毕竟我们不能忽略德勒兹大量论述电影和视觉艺术的作品)。这是哲学的谦逊,因为哲学不打算为其他两者发声,它们都还保留着自己的权威——而哲学始终是德勒兹的核心主题,它站在其他领域之外,好像从其他的立场讨论它们间的关系。如
26 此,《什么是哲学?》在哲学式的自我反思和自我节制的经典行动中,最终只是一本关于哲学的书。

如果把重心放在“发生”这个后康德的问题上,强调思想的诸多领域如何浮现出来(而非仅仅被假定),那么,在此基础上呈现出的对《什么是哲学?》的解读会很不一样。当然,最重要的区别就是:艺术、哲学和科学并非是彼此独立的,而是互相连接的,它们是从物质性混沌直到命题性意识这一轨迹(trajectory)的不同阶段。这就意味着,它们中的每一个并不需要重新面对混沌,而是各自代表了整个连续活动中的某一阶段:首先是艺术,其次是哲学,最终是科学和逻辑。尽管它们各自继续以特定方式介入混沌,而且正如我们将看到的,是混沌驱动了它们彼此间的运动,但是它们仿佛以在先的东西为中介,也都各自逐渐“远离”了混沌。在《什么是哲学?》中,德勒兹和加塔利讨论了不同学科间的“推进”和“连续”(*WP?*,203),并且按照艺术、哲学和科学的秩序排列他们所谓“大脑主体”中的不同层面(*WP?*,211-16),这些都证明了一个从艺术

6 伊丽莎白·格罗兹(Elizabeth Grosz),《混沌、界域、艺术:德勒兹与大地的框定》(*Chaos, Territory, Art: Deleuze and the Framing of the Earth*), Columbia University Press: New York, 2008, p. 28.

到哲学,然后到科学的顺序。这个后康德视角的第二个推论在于,当德勒兹和加塔利提及艺术、哲学和科学的时候,他们说的并不是,或者不仅仅是我们日常所指的那些对象,而是发生中的三个不同阶段。艺术指的是发生的第一个环节,它把我们带出混沌,带入“感觉的复合体”(compounds of sensation)或者“组合的平面”(plain of composition)(*WP?*,185)。哲学从一个“内在性平面”接手这些元素,并把它们整合起来形成概念或者观念。科学则获取这些潜在的观念,然后在“参照性平面”上实现它们(*WP?*,119)。最后,逻辑获得了这些现实的奇异点(singularity),把它们一般化从而构成“意见”或者“命题”(*WP?*,142)。

在这里,我们稍微评论一下德勒兹和加塔利在《什么是哲学?》中使用的术语,以及此书的整体组织。很多近期的批评家,比如乔·休斯(Joe Hughes)在他《德勒兹与表象之发生》[7]一书中,以及列维·布莱恩特(Levi Bryant)在他《差异与给定性:德勒兹的先验经验主义和内在性的本体论》[8]一书中,都论证说这同一个架构——也就是从最初的动态发生,历经潜在性的环节,到达最终静 27
态发生的过程——贯穿了德勒兹所有的作品(也贯穿了德勒兹和加塔利的合作,他们两本大作本质上的连续性也可以借此说明。若考虑到德勒兹事实上是他们合著的发起者,这一点会更明显)。举例来说,对刘易斯·卡罗尔(Lewis Carroll)、安托南·阿尔托(Antonin Artaud)以及希腊斯多亚学派的讨论背后,《意义的逻辑》的真正主题是一个运动,即最初从物理效果之动态发生出发,经过意义的潜在平面,最终到达明智与常识之静态发生的运动。《反俄

7 乔·休斯(Joe Hughes),《德勒兹与表象之发生》(*Deleuze and the Genesis of Representation*), Continuum: London, 2008.

8 列维·布莱恩特(Levi R Bryant),《差异与给定性:德勒兹的先验经验主义和内在性的本体论》(*Difference and Givemzess: Deleuze's Transcendental Empiricism and the Ontology of Immanence*), Northwestern University Press:Evanson , 2008.

狄浦斯》的真正主题,并非表面上对俄狄浦斯化精神分析的批判以及对精神分裂式欲望的肯定,而是一个历史与本体论的发展,即从离散的分子性情动(molecular affect)到达克分子性客体(molar object)*的过程。而德勒兹的《差异与重复》,即使考虑到它对差异和重复两个主题细致的哲学考察,根本上关注的也首先是时间之生产,其次是由之产生的观念,最后是这些观念如何在世界中表现为具有特定质性的空间客体。换句话说,这些评论者坚持认为,至少在德勒兹思想生涯的某段时期——从1960年代晚期到1970年代早期,即使他横跨各类不同主题(有些直接是哲学的,有些则不然),我们还是能从中发现一个明显的进路连贯性。德勒兹自始至终都尝试描绘出这样一个过程:我们如何能够通过一系列可辨别的阶段,首先从被动或动态的综合出发,经过意义或者强度的先验领域,最终到达主动的或者静态的综合——也就是从无差异(undifferentiated)的混沌或者物质性出发,进展到表象的分化(differenciated)领域。

休斯就是那些认为这种连续性贯穿到《什么是哲学?》的评论者之一。不过他指出,这种连贯性之所以被忽略,或许是由于德勒兹在不同论述中以不同的名字称呼整体发生内部同样的项或者同样的结构位置。休斯认为,德勒兹从一本书到另一本书中不断转化的术语是"不一致但成体系的"[9]。克莱尔·科勒布鲁克也解释说:"一种强调生命流动性的哲学或书写形式也必须是流动的,它要创造各种连接并且追求新的道路。出于这个理由,德勒兹的作品几乎是循环的:一旦你理解了一个术语,那么你就能理解所有术

---

* 德勒兹这里借助的科学术语可以这样理解:克分子按其定义指的是"以克计的化合物或元素的重量,其量在数值上等于该化合物或元素的分子量";相对地,分子则是被度量的粒子。换言之,分子是消散的,放射的粒子;克分子则是对这些粒子的度量,代表了客体或物质的确定实存,是结域的。——译者注

9 《德勒兹与表象之发生》(*Deleuze and the Genesis of Representation*),p.154.

语，不过你也需要理解所有的术语，才能开始理解某一个术语。”[10] 28
因此，《什么是哲学?》中的混沌在《意义的逻辑》中被叫作精神分裂式深度(depth)，前者中的内在性平面在后者中被叫作意义的先验领域。《什么是哲学?》中的内在性平面在《反俄狄浦斯》中被叫作强度的领域，而从哲学到科学和逻辑的过渡就对应着界域年代(territorial)、君主年代和现代资本主义这些连续的历史时期。在《差异与重复》中，《什么是哲学?》中的内在性平面和哲学概念被叫作复多性(multiplicity)和观念，而通往科学和逻辑的过程则被复述为个体化、戏剧化(dramatization)和分化的序列。在《什么是哲学?》中被用来讨论静态发生的数学微积分在《差异与重复》中被用于讨论观念，而在《褶子:莱布尼茨和巴洛克》(1988)中则被拿来讨论被动发生。这个发生的主题确实贯穿着德勒兹以及他与加塔利的所有作品，不过，其连贯性被忽略的另一个原因在于，德勒兹在不同书中强调了发生轨迹的不同侧面，甚至以不同方式命名这个发生。在《意义的逻辑》中，发生经过了初级的秩序、次级的组织和第三级的秩序，从而重点在于静态发生。在《反俄狄浦斯》中，这个过程被分为欲望生产和社会生产，两者具有极为不同的语言(分别是精神分析的和历史的)。在《差异与重复》中，动态发生在未来到达顶点，而静态发生正是这一未来向当下的穿行，尽管这个总体叙事常被一些插入的章节打断。

《什么是哲学?》的根本主题也是这个发生。我们要澄清的第一个要点，就是此书同德勒兹以及他与加塔利其他作品的连贯性。尽管《什么是哲学?》使用的术语和其他作品不同，但是其整体主题是一致的。也就是说，虽然《什么是哲学?》的术语是特殊的，但是它们在德勒兹和加塔利论证中的角色同其他书中的术语是类似

10 克莱尔·科勒布鲁克(Claire Colebrook)，《导读德勒兹》(*Understanding Deleuze*)，Allen & Unwin: Crows Nest, NSW, 2002, pp. xviii-xix.

的。因此,即使德勒兹和加塔利在《什么是哲学?》中谈论一个无限速度下的俯瞰(survey)穿越诸多构件从而形成概念时,没有使用《差异与重复》的语言,比如说一个偶然点的穿行形成了观念元素
29 间的微分关系(differential relationship),但是这些多样的术语是彼此对应的,因为它们占据类似的结构位置。这也就意味着,《什么是哲学?》中的每个术语都必须在语境中,在它与其他术语的关系中被理解。这本书本身就形成了某种概念,书中的多个术语就是其组件。故而这种解读的重要推论就是,当德勒兹和加塔利在《什么是哲学?》中谈论艺术、哲学、科学和逻辑的时候,它们首先应该在更大的发生叙事中,借由它们在其中的位置被理解——而这个发生正是此书的真正主题。艺术对应着动态发生,哲学对应着意义的先验领域,而科学和逻辑对应着静态发生。因此,在艺术、哲学、科学和逻辑关联于世界上存在的东西之前(我们必须意识到,这也涉及德勒兹和加塔利如何拒绝把哲学定义为"认知"之形式[*WP?*,139]),它们是一个总体结构内的术语(这也从另一方面说明为什么艺术、哲学和科学不是三种彼此独立的"在混沌上勾画")。不过,这一结构难以识别的另一原因或许在于,如同德勒兹以及他和加塔利合著的其他作品,《什么是哲学?》并没有按照这种发生的顺序来叙述。首先被探讨的是哲学,其次是科学和逻辑,最终是艺术。在对德勒兹作品中发生概念的研究里,休斯指出了"故事"和"情节"的区别:故事,就是从无意识感觉出发直到有意识表象的真正秩序,而情节,则是这个故事被讲述的方式[11]。既然我们已经认识到德勒兹的每一本书都强调发生的不同方面,那么,德勒兹和加塔利在《什么是哲学?》中之所以按照哲学、科学和艺术的顺序来讲述这个故事,是因为他们在此书中主要想呈现哲学在发生

---

11 参见《德勒兹与表象之发生》(*Deleuze and the Genesis of Representation*),p.20.

中的角色。从这个角度来看,《什么是哲学?》的真正先驱是《差异与重复》(“思想的图像”以及“观念和差异之综合”两章)以及《意义的逻辑》(关于“永恒时间”[Aion],“事件的沟通”以及“单义性”的章节)。在德勒兹的作品中,这三本书可以被称为其真正的“哲学”三部曲。

那么,在何种意义上,哲学是《什么是哲学?》一书的真正主题?换言之,《什么是哲学?》中真正的哲学在哪里?正如我们所说,《什么是哲学?》中对哲学的定义与我们通常的理解不同。德勒兹和加 30
塔利认为哲学并不是反思、静观或者沟通,而是对发生的思考。他们将哲学的存在描述为某种“潜在性”,这种潜在性是从“生成”的角度出发对世界的概念化。事实上,哲学之所是有赖于在它之前和之后出现的东西。他们写道:“现实(the actual)并非我们之所是,而是我们之所生成,是我们在生成过程中之所是。”(*WP?*,112)这种对内在于现实之生成的思考,用我们之前提到的话来说,就是从可感物内部出发,思考可感物能够被思考的条件。但这也就是说,如果哲学思想作为可感物之发生的结果而产生,那么这种思想本身也属于这个发生。以一种述行(performative)的方式,哲学就是发生,或者变成了它所讨论的发生:它不仅讨论某种可感物内部的潜在性,而且它就代表了这种潜在性。从而这一切都指出,哲学作为一种思考不是外在于发生,而是从属于它。哲学不是在自身之中被把握,而只能在艺术、哲学和科学的关系中被把握。因此,德勒兹和加塔利认为哲学不是反思或者自我反思。这也是为什么他们说,不存在“所有概念之概念”(*WP?*,35)。那么,在《什么是哲学?》一书中,我们在哪里可以发现哲学被双重标记之处?换句话说,我们在哪里可以看到,哲学既是对发生的思考,同时又从属于这个发生?答案是“大脑”(brain)——像哲学一样,它是艺术、哲学和科学的“交叉点”(*WP?*,208)。类似哲学概念与其组件的关联,大脑构成了某种“无距离的俯瞰状态”(*WP?*,210)。也正是大脑,而非一般的哲学,在思考这个统一体。哲学只是构成大脑的三个“平面”(*WP?*,208)之一。但是我们必须强调,即使是大脑也无法进行最终的反思或者自我反思。大脑被分裂为一个进行反思的“主观”大脑,以及一个被反思的“客观”大脑(*WP?*,210),但是两者之间无法划出一条清晰的界限。德勒兹和加塔利坚持认为,这无关于任何“大脑之后的大脑”,而仅仅是大脑不借助任何“增补的维度”来俯瞰自身(*WP?*,210)。事实上,以一种极为复杂的等价,我们也许可以说,自我反思在发生之终点所产生的东西,
31 恰恰是某种类似最初混沌的东西。自我反思试图把握混沌,但最终却导向了它,这也是为什么发生的过程始终是未完成的。

因此,在这本解释《什么是哲学?》的导读中,为了引出发生的问题,我们重新安排了其章节的顺序。我们首先从艺术开始(“感知物,情动[*]和概念”一章),然后进入哲学的部分(“什么是概念?”、“内在性平面”和“概念性人物”这三章),最终到达科学和逻辑(“函项与概念”和“预期[**]与概念”这两章)。之后我们将以论大脑的章节(“从混沌到大脑”)以及涉及历史和地理哲学的章节(“地理哲学”)来结束。我们连接这两章的要点在于,思想在大脑中的发生——即哲学是在“突触缝隙”(*WP?*,206)之深处的思想的创造——恰恰对应着历史上和地理上哲学在古希腊众所周知的起源。在这两者中,哲学的绝对谜团(enigma)就在于它是一个不

---

* percept 在德勒兹这里和 perception 区分开来,强调的是它可以脱离主体的,故而 percept 译为感知物,表示被知觉到且被保留的对象/印象。而 affect 来源于拉丁语 affectus,在斯宾诺莎的使用中就是情感的意思,但是德勒兹区分了 affect 和一般意义上的感情(emotion),所以 affect 翻译为“情动”,以示强调。——译者注

** 这里没有使用《什么是哲学?》中译本的“前景”来翻译 prospect,译者的考虑在于,科学中的 prospect 强调的是确定的可预见性,“预期”相对“前景”一词更能表现这种确定性。——译者注

可定位的“事件”(*WP?*,112),这个事件必须与所有地点和当下区分开来,它仅仅出现在现实(the actual)中,在大脑中。稍作总结,这本书提出的问题之答案不在于此书任何个别的部分,而在于这整本书自身。除此之外,这个问题的答案无处(nowhere)寻求。哲学仅仅是它自身的生成,或者说它正是这个生成的存在。因此,我们可以明白为什么说这本书提供了某种概念的“教学法”(*WP?*,12)。德勒兹曾在别处提到,教学法强调的并不是“像……那样做”(doing like),而是“与……一起做”(doing with)(*DR*,23),这也就是说,哲学无法离开一个他者而存在。如果在某种意义上,哲学需要追随某个特殊的哲学体系,那么在另一个意义上,这个体系本身并不先于其追随者而存在。《什么是哲学?》的秘密就在于,这本书和它的主题、它的发生、它的评论都同时呈现在一个交互且不可分割的生成之中。这也就意味着它们每一个都不先于另一个,也都不能给出决定性的言说。正是出于这个理由,《什么是哲学?》这本书将永远向未来开放,德勒兹和加塔利将之定义为“一个从不终止,总是在产生之过程中的新世界”(*WP?*,112)。

3

艺　术

对于德勒兹和加塔利来说,艺术是什么? 人们肯定已经注意到,对艺术的重视不仅仅体现在《什么是哲学?》中,而且贯穿了德勒兹以及他和加塔利合作的几乎所有作品。就德勒兹而言,他写过大量关于特定艺术和艺术形式的研究著作。而德勒兹和加塔利,在《千高原》以及《卡夫卡:为弱势文学而作》中也广泛地涉及艺术。德勒兹和加塔利的评论者通常认为,艺术扮演了一个哲学的"他者",对应于两人从"外部"向思想发问的一般计划。因此,德勒兹和加塔利借助艺术来迫使哲学面对其界限,于是艺术被理解为某种对理性的颠覆,或是某些无意识欲望。就像西蒙·奥沙利文(Simon O' Surllivan)在《艺术遇到德勒兹和加塔利》一书中写的:"(艺术)挑战了我们平常习惯的在世存在方式,瓦解了我们的知识系统。我们被迫开始思考。"[1] 伊莎贝尔·吉努(Isabelle Ginoux)在她《作为一种美术(fine art)的哲学史》一文中,以更精致的方式写道:"吉尔·德勒兹的作品自身呈现为一组三联画,美学和哲学史就像左右边幅折叠在一起,而其中间幅则表达出对差异与重复之

1　西蒙·奥沙利文(Simon O' Sullivan),《艺术遇到德勒兹与加塔利:超越表象的思想》(*Art Encounters Deleuze and Guattari*: *Thought beyond Representation*), Palgrave Macmillan: Basingstoke, 2006, p. 1.

哲学的细致阐述。”[2]但这些论点都必须被非常谨慎地理解。艺术并不仅仅是哲学的一个外在界限,否则就像传统哲学一样,会让人认为最终是哲学思考了艺术的真理。但这也不是说,就像我们提
34 到的一些对《什么是哲学?》的解读,艺术平行于,却无关于哲学而构成了另一种“在混沌上的勾画”。

也许我们首先要承认,尽管两人以多种方式处理了艺术,但事实上德勒兹和加塔利并不是在通常意义上对艺术感兴趣。他们不关注多种艺术间适当的排序或关系此类问题。他们不在美学意义上评论艺术,也不打算建构任何类似的评价标准。除了极少的例外,他们从不参照公认的媒体、运动或者社会历史来讨论艺术。而且,在研究单个艺术家时,他们也不把结论一般化地应用于类似艺术形式或者艺术时期上,甚至不用于同一作者的其他作品。两人在《千高原》中写道:“我们一点也不相信纯艺术体系,(相反)我们相信多种多样的问题,在异质性的艺术中我们发现了这些问题的解决。”(*TP*,300)但他们并非对艺术没有兴趣。我们将看到,艺术在他们的思想中扮演着关键,甚至基础性的角色。不如说,贯穿德勒兹和加塔利分散的艺术研究中的问题是:艺术何以可能?或者,用他们常用的问法来说:艺术的可能性告诉了我们什么?那么,第一个问题的答案就是,对于德勒兹和加塔利而言,艺术是一种感知世界的方式。艺术所要求的,以及艺术所具象实现的,是某种对世界的知觉。我们在艺术中拥有的,以及艺术的结构可能性所代表的,首先就是一种与世界的联系以及对知觉的原初组织。

在艺术中,我们与尚未具有任何先在形式、范畴或者概念图型

2　伊莎贝尔·吉努(Isabelle Ginoux),“作为一种美术的哲学史:依据德勒兹绘出的概念肖像”(‘De l’histoire de la philosophie considerée comme un des beaux-arts: le portrait conceptuel selon Deleuze’),见于《鉴别:德勒兹主义美学》(*Discern* [*e*] *ments*: *Esthétiques deleuziennes*), ed. Joost de Bloois, Rodopi: Amsterdam, 2004, p. 23.

的世界发生关联。在艺术中，不存在政治或道德上的对错。我们
不必遵守任何预先制定的规范或规则。因此，德勒兹和加塔利在
某种先锋派的意义上说，艺术的唯一职责始终是给已有的储备增
加更多的“变体”（*WP?*，175）或“可能性”（*WP?*，177）。德勒兹和
加塔利借用了劳伦斯所描述的一个画面——在艺术中，我们仿佛
通过“雨伞上的裂缝”（*WP?*，203）来观看：艺术并非毫无期待地单
纯观看，而是要刺穿已有的期待。然后，艺术所做的就是“保留”
（preserve）或者“铭记”（monumentalize）这些感觉。艺术想要永久
地保存这些感觉，即使激发了它们的原初客体或者最初经验到它
们的艺术家都已不复存在。艺术作品成为*自在的*（in itself），只要 35
艺术具象其中的物质材料留存下来，那么原本属于某人或涉及某
物的感觉或知觉就能够留存下来。艺术之所是，或者艺术所呈现
的就是一个过程：这个过程展现出我们如何能够从最初对世界转
瞬即逝的印象到达某种足以持存千年的感觉。因此，在艺术的第
一个阶段，当一个短暂环节中两个分离的时刻被结合起来并被视
为“同一”之物，我们就捕捉到了对世界之流动的把握。这就是德
勒兹和加塔利称之为*感知物*（percept）的东西。在《什么是哲学?》
中，这种感知物的例子包括托马斯·哈代（Thomas Hardy）小说中
的荒野，赫尔曼·梅尔维尔《白鲸》中的海洋，以及弗吉尼亚·伍尔
夫《达洛卫夫人》中的镜子和伦敦城。每一个例子，都呈现了感觉
与其周遭环境的初次分离。世界的其余部分不断显现又消失，而
感觉与它们既连续又对立。紧随其后的是第二个环节，在这里，感
知物与观察者联系起来。这就是德勒兹和加塔利所说的*情动*
（affect）。《什么是哲学?》中也给出了情动的例子，比如亚哈船长
与莫比迪克的关系，或者达洛卫夫人与伦敦的关系。不过，在这个
阶段感知者本身并不外在于他们的知觉对象，故而情动的关键之
处就是两个感知物之间的关系。试着给我们最初的问题提供第二

个答案,可以说,艺术并不仅仅是知觉,也是对世界和世界之感知者的创造。毋庸置疑,正是出于这个理由,德勒兹和加塔利强调艺术的“非人”(inhuman)维度,严格来说它并非指后人类或者反人类的,而是在一种接近“非个人”(*WP?*,47)的意义上先于人的[3]。

换言之,我们必须认识到,在德勒兹和加塔利对艺术的处理中,感觉、世界、感知者它们每一项都无法凭借自身独立存在。感觉不外在于它具象其中的材料。世界不先于艺术存在,而是作为艺术之知觉的结果而出现。在艺术中,拥有这种知觉的、完全有意识的观察者也不会预先存在,因为观察者本身就是世界的一部分,他们正是凭借对世界的知觉而出现。就如我们所说,艺术并非从先在的范畴开始,而是涉及这些范畴如何被生产出来。我们在艺术中具有的并非已被表象的世界或者有意识的观察者,而是一系列的发生——凭借这些发生知觉可以从原初的混沌出发,进而形
36 成独立自主的感觉。这些感觉能够被记录,被分类,被识别。事实上,艺术只是一个更长过程的第一步,这个过程从转瞬即逝的物质流(flux)出发到达完全实现的客体,这些客体的表象能够被有意识的主体所分享。艺术代表的只是人类经验之形成的诸多阶段的第一步,不过这已经向我们展现出德勒兹和加塔利作品中经验与先验的标志性结合。某种发生穿越了感知物和情动,最终到达感觉的自由和解放。艺术正是凭借这一连串的发生才存在,才可能。我们可以看到,在德勒兹和加塔利关于艺术的诸多分析中,艺术不仅仅是这个发生的结果,而且它自身也揭示着这个表象的发生,由此我们才能够谈论它。

3　关于艺术“前人类”的状态,值得注意的是,德勒兹和加塔利把艺术与“动物”关联起来。他们在《什么是哲学?》里这样评述亚哈船长:“亚哈船长的确获得了对大海的知觉,但这之所以可能,正是因为他进入与莫比迪克的关系中,这个关系使得他成为‘生成-鲸鱼’,进而形成某种不再需要任何人的感觉团块:海洋。”(*WP?*,169)

我们试图澄清，对德勒兹和加塔利来说，艺术首先是整体发生轨迹内部的一个结构性位置，而非一个人类活动可区分的领域。值得注意的是，延续着《什么是哲学?》“感知物，情动和概念”一章对艺术的论述，我们在“从大脑到混沌”这章中可以看到同一个发生的连续环节。这一章纵览了大脑的各种能力以及它与世界的关系。德勒兹和加塔利在这里着手论证某种宇宙“生机论”（*WP?*，213）的构想，其标志在于大脑的“静观”（*WP?*，213），在静观中，两个分离的时刻或者元素被结合起来，而且感知者不外在于其感知对象：“（大脑）用它所静观到的事物填充自身，也就意味着它被自身所充满。”（*WP?*，212）我们还可以在多种自然现象中看到这种“收缩”（contraction），比如植物把构成它们的各种元素聚合起来，或者老鼠形成了某些习惯，这些习惯意味着它们直接的行为背后还存在其他过程（*WP?*，212-13）。随之而来的环节中，这些“收缩”本身被聚集在一起，从而产生某种反应或者它们间的“共振”（resonance）：感觉之形成有赖于其组合成分的收缩，且有赖于与其他感觉的组合，其他感觉转而也对这个感觉自身进行收缩。最终，感觉之形成的结论性环节在于，被抽离或取出的感觉割裂了与任何物理或者文化因果性的关系，变得独立于任何物质规定性：“因 37
此，感觉所在的平面不同于任何机械论、动力论或目的论的平面”（*WP?*，212）。这里出现了“俯瞰”（*WP?*，211）或观看世界的视点，以及“组合的平面”（*WP?*，211）或所有可能美学“变体”（*WP?*，213）的集合。正是在这里，艺术接近了哲学，几乎与哲学不可分离，或者说，艺术在大脑之中与哲学关联了起来（*WP?*，216）。

在德勒兹和加塔利的各种艺术分析中，我们都可以看到这同样的三阶段的发生以及它最终与哲学的关联。首先，就如上文所说，艺术不只是被当作一种特殊的实践或者产品，而是被认作对世界的知觉,这种知觉最初就在事物自身之中。这也意味着,知觉从事物之中,甚至从它的感知者那里移出来,然后才变成我们平常见到的艺术作品。这里就蕴含着关于艺术如何接近哲学的思考。因此艺术不再被当作哲学的他者,或者与哲学无关的存在,而是被当作哲学的先决条件(precondition),下一章我们会更仔细地讨论这一点。虽然关于艺术的章节在《什么是哲学?》的叙述中最后出现,仿佛它只能借由哲学和科学被思考,但这是种误解。相反,在《什么是哲学?》想要讲述的故事里,艺术最先登场,哲学和科学只有在此先行的基础之上才可能。为了呈现出标志着德勒兹以及他和加塔利所有艺术解读的这个三部分结构,以及艺术给哲学提供根本性条件的方式,我们试图围绕《什么是哲学?》来分析德勒兹和加塔利涉及艺术的四个文本,这些文本各自处理了不同的艺术形式:《千高原》中"1837 年:迭奏曲"一章处理了音乐;德勒兹的《弗朗西斯·培根:感觉的逻辑》(1981)主要讨论绘画;德勒兹的《普鲁斯特与符号》(1964)涉及了文学;而电影则是德勒兹《运动-影像》(1983)以及《时间-影像》(1985)的主题。

* * *

在《什么是哲学?》关于艺术的一章中,德勒兹和加塔利谈到了齿嘴园丁鸟(Scenopoetes dentirostris),也就是澳大利亚人所熟知的园丁鸟。这种鸟为了标记它们的领地(界域,territory),每天早上
38 都"咬断树叶,让叶子落在地面上,并且反转树叶从而让其灰白的内面朝向土地"(*WP?*,184)。在讨论艺术的章节里,德勒兹和加塔利居然谈到了自然,这看起来很奇怪。但他们论证说,艺术首先就是关于动物,或者说关于自然的。德勒兹和加塔利之所以反对很多其他的艺术理论(比方说康德的理论),是因为两人并不把艺术看作我们与自然割裂的标志,而是看作自然本身,或者更准确地说看作构成自然的那种断裂(break)。园丁鸟的例子事实上最早

出现在《千高原》中“1873 年:迭奏曲”一章,其主题是音乐。德勒兹和加塔利在那里论证到,园丁鸟领地性的标记与音乐中类似的“结域”(territorialization)(*TP*,312)在本质上并没有什么差别,那么,当然可以说园丁鸟是杰出的音乐家。在“迭奏曲”一章中,他们考察了大量涉及动物叫声或类似仪式行为的科学研究。通常情况下,人们认为这些行为仅具有进化的功能,仅仅是不同物种对空间的分割,由毫无意义的“攻击性本能”所驱动(*TP*,315-16)。只有在对界域进行最初的标记之后,音乐表现才得以可能。但德勒兹和加塔利不同意这种还原论式的构想。借助新达尔文主义生物学家雅各布·冯·于克斯库尔(Jacob von Uexküll)的研究,他们强调进化论不应该仅仅被理解为对预定编码的遵循。它更是编码与环境之间外成的(epigenetic)互动。于是他们指出,并非对界域的最初标记使得后续的表现自由得以可能,而是一个表现性的剩余(surplus)使得最初的标记得以可能,这个剩余进而导向了表现的扩展。他们写道:“界域并不先于质性的标记,是标记形成了界域。”(*TP*,315;以及 *WP?*,183)

在《什么是哲学?》中,对于德勒兹和加塔利而言,园丁鸟的行为事实上已经是艺术创造中的第二个环节。在此之前,是一种他们所谓的“振动”(*WP?*,168),也就是说,两个短暂的感觉在某一时刻由感知者连接了起来,从而第二个感觉出现时,第一个感觉还留存着。这种时刻常常让人联想到花,但不仅仅涉及花卉绘画(*WP?*,175),或者植物对其构成元素的“吸收”(contraction),而是指“人们认为田野中的百合花是在庆祝上苍的荣誉”(*WP?*,184) 39
的那种方式。不过,只有在类似园丁鸟标记领地的这种活动中,才出现某种与物质环境的断裂,而这个断裂足以使其他的“因果和目的”(*WP?*,184)得以可能。同时,这第二个环节也涉及德勒兹和加塔利所谓的“肉搏”(embrace)或者“扭打”(clinch)(*WP?*,

168),在其中原初收缩形成的两个感觉自身结合了起来。第二个环节除了作为对界域的标记被把握,也可以借助“房屋”(house)(*WP?*,186)或者“大地”(earth)(*WP?*,191)的概念来描述。在《千高原》中我们能看到同样的主题。在园丁鸟到来并标记它的领地之前,存在一个德勒兹和加塔利所说的“场所”(milieu),它是“一块由其组件的周期性重复所构成的时空”(*TP*,313),故而“振动”也是它的特征。那么园丁鸟对领地的标记活动,就是对两个此类场所之关系的考量,德勒兹和加塔利使用音乐的术语来描述它,这就是“对位法”(*TP*,318)。园丁鸟标记其领地并不是为了自己,而是要协调与其他园丁鸟的关系;同样的,蜘蛛织网是为了捕获飞虫,兰花鲜艳的色彩是为了吸引黄蜂(*TP*,314)。在第一个环节中不变的习惯或迭奏曲中,结尾总是重新回到开端;但是第二个环节与之相反,借助房屋或者界域的概念,事物必须在自身与其他事物的差异中被把握。事物并不保持同一,相反这里出现了一个潜伏动机(motif)的“连续变奏”(variation)(*TP*,340)。

那么最终,如果与场所的断裂使界域的生产得以可能,它同时也指向某种解域。如果说素材在建筑房屋的时候能够得到特定的意义和功能(举例来说,叶子就被园丁鸟用来建造它们的巢),那么这就暗示着,这些素材也可以进一步被去语境化(decontextualization)。德勒兹和加塔利写道:“在很多情况下,已经结域的、装配了的功能要求足够的独立性,从而能够去构建新的装配(assemblage),它或多或少是解域的,或者说在解域的道路之上。”(*TP*,324)德勒兹和加塔利在《什么是哲学?》中,给出了如下的例子(最初也来自《千高原》):苍头燕雀突然成千上万地聚集在一起,以及大群的龙虾集合
40 起来在海底大迁徙(*WP?*,186)。《千高原》还详细讨论一个关于长尾草雀的例子,这些草雀从巢中取出树枝,把它用于求偶仪式,从而树枝在此作为一个自发的或自由漂浮的元素,被传递在两个

已然分离的领地之间(*TP*,324)。这正是德勒兹和加塔利认为构成了感觉第三个环节的“撤回”或者“解开”:在这个环节中,感觉不仅与其他感觉相异,而且与其自身相异。差异不再只是界域间的差异,不再只是界域的一部分——现在我们得到了使界域得以可能的差异,这种差异使界域向其外部开放。这就是德勒兹和加塔利在《千高原》中谈到的“故乡”(Natal)一词的含混性:“界域在其最深之处有一个强度中心,但就如我们已经看到的,这个强度中心可以在界域之外,位于很多相当不同且遥远的诸多界域的交汇之点。”(*TP*,325-6)因此,“故乡”也回溯性地显现在感觉的第一个环节。正是最初出现的“节奏”(rhythm)驱使着感觉从一个环节的发生进展到下一个环节。界域故而无法与解域分离,就像解域也同时会导向再结域一样。

所有这些都可以借助音乐这个现实艺术形式中的术语来理解。当然,我们已经在讨论音乐了。就如我们所见,德勒兹和加塔利关于自然的构想,其核心就在于:节奏贯穿着,甚至构成了自然。园丁鸟“在它的歌唱棒(一根藤或细枝)上一展歌喉,这根藤枝刚好位于它所布置的舞台上方”(*TP*,331)。雄性的鹪鹩“占有着它的界域,并创造出一种‘音乐盒式的迭奏’来警告可能的入侵者”(*TP*,323)。棘鱼的求偶舞蹈是之字形曲折(zigzag)的,其中“曲(zig)是一种朝向舞伴的挑衅性的冲动,而折(zag)则是朝向巢穴的性冲动”(*TP*,317)。那么对人来说也同样如此,德勒兹和加塔利认为,人类音乐也类似地源起于这些“自然”目的。首先出现的,是他们所说的“歌声”或者“曲调”(air)(*WP?*,189)。它是不连贯时空之流的第一个综合,这个综合既是艺术的,也是演化的。歌声和曲调就是我们熟悉的童谣和儿歌(比如说,《两只老虎》*),在这些

---

* 这里原文是“Frère Jacques”(雅克兄弟),但这首歌的旋律就是我们所熟知的《两只老虎》,故而意译之。——译者注

41 歌曲中,我们在结尾回到开头,于是能够不断地重复它们而不做出任何改动。这种方式保证了在第二个环节出现之时,第一个环节并不会消失,从而两个环节在一个简单的“振动”(*WP?*,190)中结合起来。这是对混沌的初步框定(framing),几乎是混沌自身的重复,就好像“混沌跃出自身”(*TP*,312)。用标准音乐史的术语来说,它对应着德勒兹和加塔利称之为“古典主义”的时期,这时我们具有的是“形式的‘一—二’式分化”(*TP*,338)。不过,音乐艺术作为对此类曲调的表现性呈现,要将它们从其最初的语境中抽离出来。于是,它首先将两个曲调置于我们称作“对位法”的过程之中,其中的关键就是互动的关系,或者说两个场所(milieu)之间的“生成”。那么,这就对应着音乐中的巴洛克时期,比如莫扎特甚至贝多芬这样的作曲家,其中我们所具有的是“声部的‘一—二’式区分,它们彼此之间形成呼应”(*TP*,338)。这进一步在浪漫主义中得到拓展,比如瓦格纳或者马勒这样的作曲家,此类音乐中出现了某种“连续发展”的一般性法则,而且巴洛克的潜伏动机承载着无尽的变奏。就像德勒兹和加塔利说的,“(在浪漫主义中)普遍者变成关系和流变(variation)”(*TP*,340)。

不过,在浪漫主义的末期,在其主题和变奏中,在其唤出的风景或者界域中,音乐的扩张和开放也随之而来。在肖邦或者李斯特这些作曲家那里,作曲规则被打破了,音乐作为变奏却不再含有任何潜伏的主题。此时,作曲法的即兴中(*WP?*,190)出现了新的尝试:要去发现音乐物质材料极限的表现潜能,而不再受任何边界的限制。这就是德勒兹和加塔利所谓“现代”的起源。在现代音乐中,作曲家不再试图结合那些可辨别的动机;相反,存在的只是音乐组织性元素的完全离散,这个过程被德勒兹和加塔利称作“分子化”(molecularization)(*TP*,342)。此时,每一个声部都与其自身相异。从作曲的角度讲,这种离散采取了两个对立的形式:或者如瓦格纳那样,使用长的、不变的和弦产生出声音的"统一场";或者如德彪西那样,采用"断裂和孤立音调"的连续变奏(*WP?*,191)。现代音乐解放了纯粹的感觉,同时还解放了新的作曲可能性来表达 42
这种感觉(*WP?*,193)。音乐的"强度"(*TP*,343)被创造出来,同时潜伏在所有音乐之下的迭奏或者节奏也被发现了(*TP*,347-348)。与浪漫主义音乐中的回忆或者回首过往不同,现代音乐面向未来之人:现代音乐在当下并没有主体或听众;相反,这种音乐试图以自身的方式创造其听众。对现代音乐而言,重要的不再是大地,而是"宇宙"(cosmos)或者"世界"(universe)(*WP?*,191;*TP*,342)。

这样,所有这些都可以呈现为对音乐史的书写,但德勒兹和加塔利坚持这并不是他们的目标,至少不是他们的首要目标[4]。相反,两人论证说,他们提出的是一种对形式革新的解释:从未组合的曲调出发,经由对位法以及交响的变奏,最终到达音乐物质性的解放,从而他们提出了某种感觉的逻辑(*TP*,347)。可以说,每一个可辨别的音乐运动(古典、巴洛克或浪漫、现代)各自代表了知觉之发生中连续的不同环节。早期音乐是一种"振动"(*TP*,348),巴洛克和浪漫音乐是种"肉搏"(*TP*,339),而现代音乐则是感觉的"开放"(*TP*,342)。所以我们再次强调,之所以说这不仅是一个音乐史,是因为同样的"进程"在自然中也可以被看到:从最初的场所或者对空间的标记,经由对风景的结域或者框架,最终到达朝向宇宙(cosmos)的解域或者迁移。音乐是自然的一部分,或者,就自然和其倾听者都产生于音乐的节奏而言,音乐就是自然。音乐并不仅

---

4 这一点尤其体现在对每个"音乐运动"的代表性作曲家的选择上,这些选择很明显与我们通常的理解相左。在德勒兹和加塔利的分类学中,贝多芬甚至舒曼都被认作巴洛克的作曲家,因为他们大量使用了复调(*TP*, 270)。而且他们还认为,"在古典主义之下,已经酝酿着巴洛克的一切"(*TP*, 380),好像巴洛克在古典主义之后出现——但依照主流的音乐史,巴洛克先行于古典主义。

仅涉及那些能够倾听的人类或动物,因为人和动物以及它们所倾听之物都只在这个节奏之中出现。音乐同时是自然(感知物)和倾听自然者(情动)的浮现。不过,如果在某一方面我们在这里描述出了一段进程或者发生,那么在另一方面,这个进程并不存在(这也解释了,为什么德勒兹和加塔利在这里提出的并不是一种音乐史)。他们说:"我们归于某个特定时代的那些事物,在其先行时代已经存在了。"(*TP*,346)这就像我们在崇高那里所见到的:发生中的每一个连续阶段,都仅仅是其前置阶段的失败:第三个阶段标志着第二个阶段的失败,第二个阶段标志着第一个阶段的失败,而就第一个阶段而言,它就是我们试图把握原初混沌的失败。

* * *

43 在绘画中我们也可以看到类似的序列。德勒兹和加塔利在《什么是哲学?》里指出,绘画是一种"纪念碑"(monument)(*WP?*,164)。画作脱离了任何原初的模型(模特)以及绘画者,必须立足于自身。德勒兹和加塔利坚持说,画作保存了一个感觉,只要承载它的物质材料能够持存,这个感觉就能够持存下去。比方说,画中的少年会永远保持他的微笑,雕塑中的少女将亘古不变地维持其身姿(*WP?*,153)。不过我们必须要记住,严格来说,艺术所捕捉到的感觉并非始终保持同一;相反,它是一种永远向未来开放的"生成"(becoming)。但同时,德勒兹和加塔利也谨慎地提醒我们,如果没有某种框架,没有某种物质化,没有具象化,那么这个"生成"自身也无法存在。尽管感觉总是试图超越其物理性的再现,但它无法真正做到这一点。追随着梅洛-庞蒂(Maurice Meleau-Ponty),德勒兹和加塔利把艺术中的第一个环节称作"肉体"(flesh),在"肉体"的环节中,"世界和身体作为对应物彼此交流"(*WP?*,178)。这也许可以看作对知觉第一个环节中的"收缩"的复述。不过,这里他们也依据厄文·斯特劳斯(Erwin Strauss)和亨利·马尔蒂尼(Henri Maldiney)的研究(虽然依旧是现象学家,但这两人却与梅洛-庞蒂的"肉体"概念及其暗示的统一性主体概念分道扬镳),强调这个肉体自身太过脆弱和短暂,以至于无法使自身成为纪念碑。肉体依旧太过临近它由之而来的混沌,因而它是不确定的。在肉体之中,第二个环节到来之时第一个环节就无法再持存。德勒兹和加塔利在《什么是哲学?》中写道:"肉体是一个展现者,但在它展现出的事物之中,它自身却消失了。"(*WP?*, 183)所以和《千高原》中的说法一样,发生过程的第一个阶段还不足以形成艺术。只有伴随着"框架",也就是德勒兹和加塔利称作肉体之内"骨头"的东西,艺术才能真正存在,也因此第一个振动能够在第二个振动出现的同时还被回忆起来,或者被再生产出来。就像音乐中从曲调向动机的转变,也只有在这个结合点上(juncture),艺术才能真正与自然分开。

贯穿着《什么是哲学?》,德勒兹和加塔利不断强调,艺术始终
是个"框架"或者"框定"的问题(*WP?*,179)。正是框架生产了艺
术。如果说收缩作为第一个环节,它通过结合两个不同的时刻创 44
造出感觉,那么框架则孕育出了结合两个感觉的"生成"——因此,艺术总是感觉的"团块"或者"复合体"(*WP?*,164)。德勒兹和加塔利说,框架让我们能够把"不同朝向的平面"拼合在一起,从而形成"房屋"(*WP?*,179)。对他们而言,艺术就是对不同"平面"的组合,而且每一个伟大的艺术家都以其自身不同的和独特的方式进行这番组合。贾戈梅蒂(Giacometti)"那些消隐地平线平面从右到左的渐变,像钳子一样最终汇聚到物之上(比如说一个苹果的肉体)"(*WP?*,180)。苏丁(Soutine)的房屋"彼此支撑,防止任何一个重新落入混沌之中"(*WP?*,204)。莫奈的房屋则"像一条让混沌透入的裂缝,这混沌变成了玫瑰的视觉"(*WP?*,204)。本身并不直接彼此勾连的平面被并置在一起,情动从而产生,这便对应于

感知物发生中被称作“共振”的第二个环节。在《什么是哲学?》以及德勒兹或他与加塔利合作的其他作品中,与“共振”相关的另一个概念是“记忆”(*WP?*,176)。不过在框定的外在边界之处,所有平面拼合起来形成了世界(universe)或者一整个大平面(*WP?*,180)。这是对诸平面的总体性结合,但同时就框架或者房屋而言也意味着它们向外界的开放。我们建造墙壁构成房屋用来对抗混沌,但此时混沌作为宇宙之力或者强度重新返回。德勒兹和加塔利常常把这种强度联系到未调制的纯色块(*WP?*,180)。不过,如果说发生第三环节中的解域最后才到来,那么它事实上已然回溯性地在开端显现了。只有基于第三个环节的解域,第二个环节中的框定或结域才是可能的,或者说,第三个环节的到来恰恰指明了第二个环节要害之处的失败或者不可能性。开端处的混沌(其形象是肉体中断裂的骨头)作为一个抽象强度的等价物在最终“组合的平面”(其形象是一个单色的平面)里再次现身(*WP?*,189)。

事实上,《什么是哲学?》中考察绘画的这些术语——肉体和框
45 定、截面和房屋、颜色以及向宇宙的开放,很大程度上受惠于德勒兹在《弗朗西斯·培根:感觉的逻辑》一书中关于这位著名英国画家的讨论。培根的画作使用了渐淡、涂抹以及半抽象标记等技法,通过不断擦除和重新上色,以及对各种偶然与意外事件的混合,最终得以在主体构成自身之前捕捉到它们:那些主体还未被察觉,仿佛还处在产生的过程之中。如果培根被认作一个具象(figurative)画家,那么这里具象的意思并非指他对模型原件(模特本人)的再现性忠实,而是指形象的(figural)(*FB*,5),这是德勒兹从利奥塔那

里继承的一个概念。形象的*，是指在原初身体（也就是德勒兹所说的“无器官的身体”［*FB*,40］）的自我构造或者自我意识之前，这身体中已经有无意识的冲动在往复流转。德勒兹在此书开篇便写道：“如果画家坚持在形象之上，那么他就能使用‘形象的’与‘具象的’进行对抗。‘具象的’（再现）暗含了图画与其假定要描绘的客体之间的关系。”（*FB*,6）借助这本书的标题，这也就是说：感觉出现在意义（sense）之前。感觉并非仅仅是主体的知觉或者情感，而且是前-主体的感知物和情动。培根的绘画并非再现性、叙事性或者象征性的，相反，它在寻求的是一种与观察者神经系统直接的、无中介的关联（*FB*,32）。就像阿尔弗雷德·希区柯克（Alfred Hitchcock）的电影，培根所画的是尖叫本身，而不是尖叫的对象：感知物变成了情动（*FB*,34）。培根画中的主体也就是艺术的主体。不过进一步，我们在他的画中还看到了对这个主体的创造，或者借助艺术朝向这个主体的运动。培根的绘画，借助一系列连续的“振动”（*FB*,60）、“共振”（*FB*,61）和“受迫运动”（*FB*,61），呈现出一个主体（既是画中的主体，也是观看这幅画的主体）诞生的过程。换句话说，就如我们在德勒兹以及他和加塔利其他艺术讨论中见到的，培根的画被视作知觉之发生的乔装“寓言”。借助此书题目的另一半来说，这里论证的正是感觉的某种*逻辑*，这一逻辑揭示了培根艺术的诞生，以及艺术主体的诞生。

培根的作品开始于一连串看似偶然的标记、刮擦、修改以及中断，德勒兹把它们称作培根的“图形”（graph）或者“图样”（diagram）（*FB*,82）。但德勒兹强调，这些并非像我们通常理解的

---

* 在《弗朗西斯·培根：感觉的逻辑》的中译本（董强译），figurative 时而被译作“具象的”，时而被译作“形象化的”，而 figural 则被译为“纯形象的”或者“形象的”。为了强调两者的差别，我们这里把 figurative 统一译为“具象的”，而 figural 统一译为“形象的”。——译者注

艺术技法那样,仅仅是在最初空白画布上的准备性勾勒;相反,它们意味着与某些事物的断裂:那些在他开始绘画之前存在的事
46 物——混沌甚至是意见。德勒兹解释说,培根并非预设了形象,而是必须要抽取它或者把它孤立出来:要么对抗自然的消散来维持这个形象,要么把形象从叙事的假设中解放出来。这一点体现在那些线条、圆环以及色块的轮廓中,它们把形象从其背景中分离出来。或者,更准确地说,培根的形象是这种区分产生的结果。这个围绕着形象的背景,在德勒兹所说的那种心脏缩动(systole)或者收缩之中包围或者裹夹着自身。他写道:"材质结构盘绕在轮廓四周从而囚禁了形象……形象只能通过这个运动才成为形象。"(*FB*,14-5)一个张力或者颤栗在这里出现,这是一个痉挛(spasm),或者更准确地说,是"对痉挛的等待"(*FB*,15)。在其圆环中,形象并不只是保持静止,就好像它被一劳永逸地捉住了;相反,它被一系列力或感觉穿越,仿佛有某些内在的力在其中维持着,或者说那些浮现的身体之器官就是被维系住的力。我们可以说,培根那里的身体无非就是它对外物的收缩,不过某些别的东西从这里浮现了出来:身体的差异或者独立性从其原初的框定中脱离出来。就像德勒兹写的:"身体并不只是等着某些东西去实现它,它在自身之内努力去成为形象。"(*FB*,15)

培根的身体无法长久地维系这种张力、坚持或者歇斯底里。如果说培根绘画的第一个环节在于背景的收缩或裹夹(wrap)产生了某种静止或者固定,那么在紧随而来的第二个环节中,身体爆裂而伸向背景。如果在第一个环节中,背景以心脏收缩的方式在身体周围自身裹夹,那么在第二个环节中,身体以心脏舒张的方式在背景四周自身卷绕(wrap)。在内在的颤栗和聚拢之时,身体和其环境在一种脆弱的张力中联结起来,随之而来的则是变形或者张力的释放:或者借助它的一个器官,或者借助向外在对象的投射,

身体在此刻离开了自身。比如说，一个凭借尖叫而离开自身的嘴巴；不过培根的形象也可以通过雨伞的尖端、注射器的针头，或者通过《脸盆的形象》(1976)中排水口里的漆黑离开自身(*FB*,15-6)。在这儿，我们可以回到之前《意义的逻辑》中的分析：如果第二 47
个环节仅仅被视作对第一个环节的逆转，那也还是与之有所区别，因为它并非是部分间的连接(connection)，而是合取(conjunction)(*LS*,262)。身体并非它周围客体的简单结果，就好像它吸纳了这些客体；相反，身体也是这些客体的起源或者原因，仿佛这些客体是身体的图像或者反射。从这个角度来看，镜子是培根作品中的一个重要对象，它作为身体的反射而运作，即使事实上它并没有映现出身体(*FB*,17)。于是“感觉之秩序”中的第二个环节安置了一个心脏收缩-舒张的系统，这个系统构成了培根艺术的根基。区分内部和外部的那个框架并不仅仅是排外和切割，同时也是结合、开放和解域。不过，如果说框架或者轮廓容许我们把身体和其背景联结起来，那么它也使得绘画向无法框定之物开放，向框架之外开放。德勒兹举例说，我们在培根绘画的背景中看到的那些大色块，如果它们代表着诸平面在第二个层次上的结合，那么它们似乎也以某种抽象方式超出了画的边界(*FB*,111-3)。这一点尤其体现在培根的晚期作品中，那时他尝试不再去画身体，而是画出身体所代表的力：一股喷射的水流、一片波浪、一阵暴雨中的狂风(*FB*,28)。德勒兹对此最重要的例子来自英国著名小说家刘易斯·卡罗尔：在面容消失之后，微笑依旧保留了下来(*FB*,23)。

我们已经描绘了培根作品中关于感觉的三个不同“秩序”，看起来，这始终是个围绕背景和单一形象两者间关系的问题。尽管借助单一形象我们可以把握这一点，但把它应用到培根不同类型的绘画上，我们能更清楚地看到这个进程：仅仅描绘单一形象的画作(通常是单幅的)；描绘两个形象的画作(通常是双联画)；以及描绘三个形象的画作(通常是三联画)。德勒兹把单幅画与“振动”或者世界的最初显现联系起来。与双联画相关的则是“共振”或者第一个综合(synthesis)的再生产。而三联画则涉及“受迫运动”或者
48 对前两个综合再进行综合的尝试。在单一形象的作品中,形象由背景所固定。在两个形象的作品中,我们得到了一个关系(有时是跨过不同画幅的),它不再只是形象与其背景的关系,而是一个形象与另一个形象的关系。那么在三个形象的作品中,除了两个形象之间的关系,还存在第三个“目击者”或者“侍从”的形象(*FB*,59),就好像在第二个环节中至关重要的“肉搏”或者“共振”遭遇了某种撤退,或者共振的失败。在《意义的逻辑》中,德勒兹多次重复这种分类法,这让我们回想起《什么是哲学?》中谈到的那种区分。不过他进一步指出,虽然单一形象对应着“振动”,两个形象对应着“共振”,三个形象对应着“受迫运动”,但在每张画布上,三个环节都是同时存在的。就如德勒兹所说,“第二个阶段与其说与第一个阶段相冲突,不如说是对它的补充”,“对前两者的综合并不仅仅出现在第三个阶段”(*FB*,27)。换言之,如果说在培根艺术的终点浮现出了某种“力”(*FB*,49)或者“时间”(*FB*,53),那么这一轨迹也是“可倒退的”(*FB*,69),其终局在开端已然回溯性地在场了。

* * *

事实上,在此之前,在对小说家马塞尔·普鲁斯特的研究中,德勒兹已经阐述了感觉中的这种“顺序”(succession)。迥异于诸多对普鲁斯特1909—1920年的鸿篇巨著《追忆似水年华》的研究,德勒兹在《普鲁斯特与符号》一书中并不把普鲁斯特“非自觉记忆”这一广为人知的原则作为理解其小说的钥匙。众所周知,《追忆似水年华》讲述了叙述者马塞尔的故事,也告诉了我们他如何写下了读者见到的这些叙事文字。很明显,这本书是对普鲁斯特本人生活细致入微的自传式描写,其中囊括了20世纪初他在巴黎上

流社会的生活、他的多段爱情和这些感情不可避免的挫败,以及最终他选择与世隔绝——而正是隐居促使了这部小说的诞生。像德勒兹讨论过的其他艺术作品一样,《追忆似水年华》也可以被视作关于某种"学徒期"(apprenticeship)、某种教学法的故事,即普鲁斯特如何能够写出这部杰作的故事。德勒兹试图说明,普鲁斯特如何开始以他的方式感知世界,以及他如何开始写作小说,这两个过程是平行的(就像这部小说也向读者展示如何去感知世界)。换句话说,没有人能知道,到底是普鲁斯特创作了这部小说,还是这部 49
小说创造了那个普鲁斯特。普鲁斯特实际上成了他作品的读者或造物。作品并非再造了一个预先存在的世界;相反,作品也是世界的一部分(*PS*,98)。故而它一方面呈现了世界是如何出现的,另一方面也呈现了主体是如何在世界中出现的。在这个意义上,这本书并不能算是作者的自传,因为在他的书之前,作者还并不存在。那么,这也并不能说是通过反思作品之外的某些过程,从而写下这本书的故事;相反,它是真正的发生:在这一发生中,关于艺术(知觉)必然条件的叙述就是艺术本身,就是这一叙述使自我反思得以可能(*PS*,137)。

故而,《追忆似水年华》中真正的运动,是一个借助诸多符号秩序运作的进程,也是一个穿越了动态发生不同阶段的运动。生命的旅程在书中呈现为时间的必然"流失",且"理智"(intelligence)总是来得太迟,于是这意味着我们只有穿越其中每一个阶段,才能进入下一个阶段。每个环节都产生于其先行环节的失败,不过这些先前的失败在终点也得到了"救赎"。最重要的是,这是一个发生的问题,它涉及艺术作品如何从知觉中出现,又如何使某些知觉得以可能。德勒兹写道:"没有人比普鲁斯特更执着地坚持下述观点:真理是被生产出来的,它由运作于我们内部的机器秩序所生产,从我们的印象中被抽取出来。"(*PS*,129)德勒兹将第一种符号秩序称作“社交”(worldly)符号(*PS*,5)。这首先是马塞尔所处的那个社会环境中的符号,即社会习俗和礼节的领域,它让我们知道在特定情势下应该做什么或者说什么。这是种封闭或者隔开场所的势利话语,它规定了人群应该如何归类以及话语应该如何安排:“维尔迪兰夫人的话里没什么好笑的,而且她也并没有笑;然而戈达尔示意(makes a sign)他说出了某件可笑的事情,而维尔迪兰夫人则示意她笑了。”(*PS*,6)(从这个角度看,普鲁斯特非常接近培根:艺术首先是与意见的断裂。在《什么是哲学?》中,意见也暗指一种“场所”。)社交符号之后的秩序则是爱情符号。这里的问题是,作为叙述者的普鲁斯特如何学会去阅读爱情符号——它们代表了什么,它们真正说了什么。出于对其情人阿尔贝蒂娜的猜忌,
50 马塞尔想要找到预示她未来不忠和背叛的符号。他想要预测接下来会发生的事情,根据他已知的另一个女人的存在来做出猜测。在我们已经提到的社会法则中,总是存在这种倾向:试图用理智来把握事件,根据当下的情势对随之而来的后续做出预言。但这种尝试将不可避免地失败。就像习俗和时尚总是在改变,马塞尔总是太晚才看到不忠的符号,他只能回溯性地,而非在它发生之时看到它。将同一事物的两种情形拼合起来的尝试失败了,这尝试仅仅反映出一种主观或者客观的联想。对能力(faculties)自主地和有意识地运用不足以引出一般性规则,这种规则需要另一个更深层的符号秩序才能解释。

第二种可辨别的符号秩序,德勒兹将之称作“感觉”(sensuous)符号(*PS*,11)。这些符号正是《追忆似水年华》著名非自觉记忆的主题,它们对立于自主且有意识的解码(decode)努力,也对立于组织了社会符号和爱情符号的记忆。符号与其所代表之物的联系在这里更加抽象,它是非个人的,无关于任何主观或者客观的联想。《追忆似水年华》中众所周知的例子,就是马塞尔的玛德琳小蛋糕

和他年轻时代的贡布雷之间的关系:“贡布雷的所有美好在玛德琳的香气中浮现出来,但我们无法找到这种浮现的原因。”(*PS*,55-6)换句话说,非自觉记忆中既没有社会符号中那些本能或习惯的回应,也不像爱情符号中那样,尝试为最初体现差异的事物寻找共同性质。相反,符号与其指涉物借由彼此间的差异而相遇(*PS*,54)。如果说第一种符号秩序试图在当下结合两个事物,那么第二种符号秩序就仿佛是对第一种符号秩序之失败的思考,是对过去的思考,但这个过去实际上从未存在(符号和它通过回忆所唤起的客体从未共存过,而是居于迥异的时间性中)。因此,符号进一步摆脱了其客观的来源和主观的意识。超越任何外在的相似性,这里指出的是两个现象共有的某种“本质”(*PS*,60),就它悬置了时间且超越了空间而言,这个“本质”几乎是柏拉图式的(普鲁斯特也的确经常被如此理解)。不过,德勒兹坚称,这个解读还没有走到终点,还没有到达符号最深处的真理。尽管非自觉记忆摆脱了客体和主 51
体,但它还没能解释我们如何能够生产或者复制符号。它还没有给符号自身一个解释,一个真正的发生学,即符号如何出现或者什么导致了符号的产生[5]。

只有在《追忆似水年华》最后一个符号秩序中,我们才到达艺术本身,先前的符号秩序才开始从属于艺术。正是在符号之学徒期的最后环节,先前的环节回溯性地得到了其正当性和意义。在普鲁斯特的小说中,这主要体现于叙述者听到的作曲家凡德伊的奏鸣曲中:小提琴和钢琴彼此无尽地缠绕,仿佛复现了两者间某种“原初的斗争”(*PS*,47)。当然,这看起来很像非自觉记忆中两个

---

5 事实上,相对于“非自觉记忆”,此类本质最适合在艺术中寻找。就如德勒兹提到的,相较于艺术中的实体,非自觉记忆的实体“远不够精神化,远不够‘去物质化’”(*PS*,62)。不过,这个本质就是“差异”(Difference)——是“建构了存在,同时使得我们能够感知存在”的差异(*PS*,41)。

元素间的关系,这个关系跨越了两者间不可通约的差异。但第三个秩序的特殊之处在于,它实现了两个部分的最终统一。结果并不仅仅是两者间的“共振”,而且是在“变形”的意义上,每个部分都真正地变成了对方。艺术的风格实现了“变形”,德勒兹说道:“风格本质上是隐喻。而隐喻本质上是变形,它指出了两个客体在一个赋予它们共同性质的新介质中,如何交换其规定性、如何交换指涉它们的名字。”(*PS*,47)更准确地说,关键不仅是两个部分的统一,而且从它们的斗争中,一个“高位视点”浮现了出来——德勒兹将之称作“绝对和终极的差异”(*PS*,41),它指的不再是事物间的差异或者差异间的差异,而是事物的自身差异。不过,我们再次强调,必须认识到第三个环节并非简单地外在于前两个环节,而是对它们失败的思考(*PS*,132)。也许一方面,这个视点可以被理解为超出任何主体视角的非物质性撤回;但另一方面,它无法完全非物质化,无法在它所看到的东西之外存在。

1972 年,德勒兹给《普鲁斯特与符号》增添了一个额外的章节:“反逻各斯,或文学机器”。此章写于《意义的逻辑》之后、《反俄狄浦斯》之前,故而它给我们提供了极好的机会来审视德勒兹的文学批评与其哲学的交叉。正是在“反逻各斯,或文学机器”一章中,德勒兹首次使用了后来《什么是哲学?》中的一些术语来讨论符号秩
52 序。首先,他将社会符号和爱情符号描述为“部分客体”,这一方面指“不构成总体的碎片、封闭的瓶子以及相分隔的景象”,另一方面则是指某种一般性法则,但这个法则并没有“统一整体”,没有“覆盖距离、消除分离或者取消间隔”(*PS*,133)。德勒兹将这种秩序(要记得,这个秩序很接近世界原初的混沌)与“死亡”联系起来(*PS*,132),由此指出,它仅仅居于当下的时刻,或者“年华虚度”的领域。随后,德勒兹谈到了带来“共振”的第二种符号秩序,这是“联姻中不可描述的结合”(*PS*,134),它超越了一般性法则下凭借

相似性建立的联系，尝试用另一种方式将那些部分客体结合起来。德勒兹讨论第二个秩序时使用了两个术语：其一是爱欲（eros），一种“如此强烈的快乐，足以使我们无惧死亡”（*PS*,55）；其二是过去自身，它使当下的流逝得以可能（*PS*,56-7）。最终，德勒兹讨论了第三种秩序，也就是艺术的秩序，这里的关键术语是“受迫运动”：共振中两个环节的差异在此“无限地扩张”且两者“同时接触”，它也被联系到死亡（Thanatos）或者死亡驱力。只有在最后的秩序中，我们才能够说时间被重新寻回——时间被找回了，因为它总是还未到来（*PS*,141）。第三种符号秩序中“力”（*PS*,161）和“本质”（*PS*,136）概念，极为类似于《什么是哲学?》中所谈到的“强度”以及“组合的平面”，而这两者出现在对艺术最后阶段的讨论中，从而将把我们带向哲学。事实上，《普鲁斯特与符号》最初版本结论章的题目就是“思想的图像”，它勾勒了艺术与哲学的关系，并且把艺术中的“高位视点”和后来《什么是哲学?》中谈到的“偶然点”关联了起来。

严格来说，《普鲁斯特与符号》中的艺术只开始于第三种符号秩序，在那里风格得到了发展——风格将两个不同客体结合在一个“展现性介质”（*PS*,47）中，这个介质赋予二者以共同性质。这不同于第二个阶段中的非自觉记忆，因为在那里，两个时刻的感觉性联结指的只是“不同之物的关系”（*PS*,58）。不过，这和德勒兹与加塔利在《什么是哲学?》中的说法有所出入，那里艺术被认作开 53
始于第二个阶段的“框架”。这也不同于两人在《千高原》中的论述。根据《千高原》，艺术开始于琴鸟以及它们对领地的标记。但重要的是，《普鲁斯特与符号》中三层符号之间保留着同样的秩序和关系，那么我们最终可以论证说，这三者对应着《什么是哲学?》中德勒兹和加塔利讨论艺术的三个环节。而且，德勒兹在《普鲁斯特与符号》中指出，虽然说以风格为形式的艺术只现身于长久追忆的终点,但在开端之时,艺术其实也已然在场,正是它驱动着普鲁斯特作品的叙述:“所有阶段都通向艺术,我们终将到达艺术的显现:之后我们回顾这些阶段,把它们整合进艺术作品自身中,在艺术的连续实现中我们认出了它们的本质,而且不同程度的实现都应获得它们在作品中所占据的位置和意义。”(*PS*,64)所以我们再次强调,如果前两个秩序等待着第三个秩序作为其完善,那么第三个秩序只有经过第一和第二个秩序之后才得以可能——这正是普鲁斯特小说中最重要的发生与创造。值得注意的是,德勒兹恰恰是在完成论述康德的作品之后着手写作《普鲁斯特与符号》的,那么更具体地说,每一个秩序都产生于其先行秩序的失败。这便是“失望”的主题(*PS*,25),以及理智总是来得太迟的含义。在“思想的图像”一章中,德勒兹甚至明确把它与康德的崇高逻辑关联起来:“感觉符号对我们行使着某种暴力:它调动回忆,使得灵魂开始运动;而反过来灵魂也激动思想,把感性的限制传递给它,迫使它去构想本质——这是唯一必须要构想的。”(*PS*,166)思想总是发生在某种限制之下,它无法自发运作,只有关联到某些超出它的事物才能够运行。这也意味着,如果说普鲁斯特的小说不仅仅是艺术作品,更是某种对艺术本身的反思,“是一个向自身施加效果的艺术作品”(*PS*,136),这不是说它是某种自我反思或者自传,而是说它在自身内生产裂隙,这个裂隙我们便可以称之为视点。

* * *

在与加塔利合作了《千高原》之后,德勒兹写了两卷电影研究:
54 《运动-影像》和《时间-影像》,这两本书深远地影响了电影理论。它们打破了当时由电影符号学和精神分析所主导的电影赏析模式——这些模式都把电影理解为某种“语言”,故而分析的任务就是发现被隐藏或压抑的内容与意义。某种程度上,在他的书中,德勒兹从一个先行于此的环节出发,这个环节使电影语言得以可能。

他没有分析电影图像的意义，而是关注影像自身及其形成过程。类似于德勒兹所有的艺术研究，在电影中，我们同样发现了知觉的历史和感觉的逻辑。电影揭示出的关键问题是，知觉能够在先于人或者没有人的情况下发生。镜头的意义就在于，我们能够在电影中得到另一种知觉。德勒兹写道："电影超越了人类知觉而走向另一类知觉，在此意义上，它触及所有知觉的发生学元素：变化的转折点，促使知觉变化之物，以及知觉自身的差异化。"（*MI*，83）尽管亨利·柏格森不喜欢现实的电影，但正是他的思想帮助德勒兹勾勒出通过电影思考知觉的根本条件。柏格森的核心洞见在于，电影并不是把运动附加在最初静止的图像或快照之上；相反，它一开始就作为运动着的影像而存在，甚至可以说，影像仅仅由于运动才存在，即运动-影像。这从属于柏格森一个更宏大的论点，即知觉并不产生于世界外部（比方说，人类意识），而必须发生学地被理解为从世界内部产生——德勒兹在其作品一开始就接受了这种观点。那么，以同样的方式，我们可以说，电影艺术中的影像并非关于世界，而是形成了世界：

> 我的眼睛，我的大脑，都是影像，是我身体的一部分。我的大脑作为影像之一，如何可能再包含影像？外部的影像作用于我，把运动传递给我，于是我回到运动中。影像怎么可能存在于我的意识之中，毕竟我本身就是一个影像，也就是说，一个运动？（*MI*，58）

德勒兹的《运动-影像》和《时间-影像》似乎提供了某种电影
史的梳理：从早期格里菲斯（Griffith）、卓别林、爱森斯坦
（Eisenstein）的默片出发，经由好莱坞和意大利新现实主义，直到戈 55
达尔（Godard）、赫尔佐格（Herzog）和文德斯（Wenders）的现代电
影。不过，我们再说一次，就像德勒兹所有艺术研究一样，无论是

跨越整个音乐形式的研究——比如说《千高原》中的音乐;还是对单个艺术家作品的讨论——比如说《感觉的逻辑》中讨论的培根,德勒兹处理的都不仅仅是艺术史,而且是尝试讲述知觉中连续阶段的"寓言"[6]。事实上,这两卷电影著作中德勒兹提到的历史,异乎寻常地接近《什么是哲学?》中的论述。在《运动-影像》中,德勒兹发现的第一种影像是"知觉-影像"(*MI*,64)。电影中所有其他影像都从它开始。在这里,基于某种对世界的基础性把握或理解,相异的诸知觉仿佛初次被统一于单个瞬间。德勒兹认为它很类似于对原初混沌进行"冷却"(*MI*,68)所产生的结果,从而使对世界的初始取景(framing)得以可能(而且,知觉-影像和电影图像使得我们能够经历一种逆向发生,也就是从人类知觉的"固体"稳定状态,返回到其液体流动状态,以及最终回到原初"气体"的扩散状态[*MI*, 84])。苏联电影导演和制作人吉加·维尔托夫(Dizga Vertov)的《持摄影机的人》(1927)可以说是对知觉-影像经典的电影表现。在这部电影中,我们沉浸在前所未见、杂乱且令人目眩的颤动世界里,在其中没有任何超越材质的高位视点,而且事物在飞速的剪辑下转瞬即逝。影像不包含任何叙事和统一意识,而仅仅是被串在一起——或者说,如果有什么意识,那也不过是诸多"图像"之一。感知者(《持摄影机的人》中的摄像师)也只是被感知到的东西。他们的意识只是他们看到的东西:"这是振动,是在每个时刻构成运动的基本动机,是伊壁鸠鲁唯物主义的偏斜(clinamen)。"(*MI*,83)

德勒兹辨认出的下一种影像是特写镜头或者"情感-影像"

6 乔·休斯就主要从这个角度,非常出色地考察了德勒兹两大卷的电影解读。参见乔·休斯(Joe Hughes),"精神分裂分析与电影现象学"('Schizoanalysis and the Phenomenology of Cinema'),见《德勒兹与电影的精神分裂分析》(*Deleuze and the Schizoanalysis of Cinema*), Ian Buchanan and Patricia McCormack (eds), Continuum: London, 2008, pp. 15-26.

(*MI*,65)。特写从背景抽离出客体,进而好像创造了“部分客体”,这样的话,看起来它并没有超出知觉-影像的原则,也实施着类似的取景。但德勒兹拒绝这种说法,他把情感-影像安置在比知觉-影像更高的层面,并强调前者与“部分客体”毫无关联(*MI*,95)。
事实上,情感-影像可以说进一步减速或冷却了图像间的关系,在 56
图像间安置了更大的距离。德勒兹解释说,特写中的面容由两个不可分离的部分组成:被反映的面容,以及反映性或者进行反映的面容。在前者中,面容直接回应它所感受的东西。它是种“强度的”形式,“从一种性质(quality)转移到另一种性质,又不断在新性质上浮现”。而在后者中,面容并不直接回应其周遭环境,反而在环境中造成断裂或暂停,仿佛它自己正在思考或者反映什么。在这个意义上,面容自身表现某种性质,将自身组合成一个整体。德勒兹写道:“这(一方面)是主体和客体的一致,(另一方面)也是主体感知自身的方式,或者说,是主体‘从内部’经验或者感受自身的方式。”(*MI*,65)换言之,就进行反映的面容而言,与其说它回应了客体,不如说它回应的是那个回应客体的它自身。如果第一种知觉-影像创造或者导致了事物间的差异,那么第二种情感-影像则把这种差异关联到各个事物自身。这种进一步的“抽象”使得德勒兹可以用“潜能”或者“可能性”(*MI*,98)这些术语来讨论情感-影像,其标志性的例子就是红色或者特写中的刀:重要的不是红色,而是红色的潜能;不是恐惧,而是恐惧的可能性。这也是为什么德勒兹把特写镜头关联到某种精神性的“选择”:这并不是把我们抛回世界之规定性的现实选择,而是有待做出的选择,于是每一个现实选择做出后,其他的可能性都还隐藏其中。

德勒兹考察的第三种影像是“行动-影像”(*MI*,65)。从历史的角度看,可以说这对应着好莱坞电影:从 20 世纪初叶格里菲斯的作品到 1950 及 1960 年代初的西部片和黑色电影。这类电影关注的是社会,是叙事的连续性,以及角色间、角色与其环境的关系。这种关系能够以下列两种方式来呈现:德勒兹把第一种叫作行动-影像的“大形象”(large figure),在这里,情势(situation)起作用于角色,而角色在回应情势的时候也能改变情势。德勒兹如此写道:“整体围绕着人群、角色或者家庭弯曲自身,从而构成了一个包
57 围。”(*MI*,131)在这里他使用了《双虎屠龙》(1962)的枪战作为例子:这部电影中,分散的多股强大势力聚集到单个焦点事件上。第二种方式被德勒兹称作“小行动”,这与“大形象”相反,指的是角色的行为改变了情势,而情势反过来又能改变角色。这就不再是强大而疏远的势力在同一行动上的聚集,而是一个“行动中或两个行动间微小的差异,它导致了两种情势的巨大区别”(*MI*,162)。卓别林的《大独裁者》(1940)里有个这样的例子:当独裁者辛格尔(Adenoid Hinckel)“一模一样”地重复笨拙犹太理发师的手势时,这些手势一下子变得丑陋和可怕(*MI*,172)。像这样,行动-影像或许能让我们想起德勒兹两年前培根一书中的论述,它自身也是一种“收缩-舒张”(*MI*,151)的尝试性综合。也就是说,虽然我们能够在行动-影像中区分出大小形式,而且不同的导演在二者中各有侧重,但这两者是无法分离的,每个导演都必须同时处理两者。最终,行动-影像整合了大小元素,把差别最大的事物结合在一起,而把看似最接近的事物分隔开来。德勒兹写道:“使整体统一起来的并非线索,而是那连接异质元素且保持它们异质性的东西。”(*MI*,194)

不过,在《运动-影像》临近结尾之处,德勒兹指出:行动-影像也失败了,并且在“二战”时期引发了欧洲电影的危机(不过这危机究竟是出于社会-历史的原因,比如说战争造成的破坏;还是出于内在的理由,比如说知觉发生过程中要经历的门槛,依旧是个开放的问题[*MI*,211-12])。我们看到,这一危机在许多不同的形式中

呈现出来,比如说希区柯克对经典恐怖片和惊悚片套路的反思,以及战后很快出现的罗伯托·罗西里尼(Roberto Rossellini)和维托里奥·德·西卡(Vittorio De Sica)代表的新现实主义电影。在希区柯克的影片中,围绕最初的罪行而构成的复杂人际联合以及心理关系逐渐替代了行动。而在意大利新现实主义的影片中,空间参照总是缺失或不清晰的——电影总是拍摄于刚刚解放的城市废墟上,角色的行为不依赖任何潜伏的社会秩序。德勒兹在此引出 58
了行动-影像所带来的综合或界域的一个反题:"(在行动-影像的危机中,)影像不再指涉任何整体化或综合性的情势,而指向某种弥散的情势……那些将一个事件延续到另一个事件的线索,或者把空间中不同位置连接起来的世界中的纤维,全都断裂了。"(*MI*, 207)危机的结果便是,电影中叙事性事件的勾连减弱了,电影对其讲述故事的能力仿佛失去了信心。这让我们想起德勒兹和加塔利在艺术发生第三个环节中描述的"撤回",或者更一般地说,那种塑造了当代艺术的"镂空"(hollowing out)(*WP*,195)。

不过,最终我们得到的不仅仅是旧形式的危机,同时也是新形式的诞生,这种形式被德勒兹和加塔利称作时间-影像。无疑这指的是戈达尔、雷乃(Resnais)和塔可夫斯基(Tarkovsky)等导演创作的"现代"电影。其标志在于,现实与潜在混淆起来(原则上,我们不再能判断电影中所见物的状态:是现实还是梦境,是当下的行动还是闪回的幻觉),并且声音和图像从任何现实存在的来源中得到解放(没有关联的声轨和难以辨认出处的图像是此类电影的特质)。这些电影暗示了一种不同的时间形式,不再是那种当下来自过去,而又指向将来的线性时间,而是某种当下和过去共存的时间——德勒兹将之称为"永恒时间"(Aion)或时间的先验条件(*TI*,81-2)。德勒兹常常把这类电影描述为关于"思想"或"大脑"的电影,它是对希区柯克式心理关系电影的延续或者补完。事实上,我们甚至可以说时间-影像的电影就是哲学,但这并非指它是种哲学思考或者处理了哲学问题,而是说,就它代表了“艺术”之后知觉发生的下一个阶段而言,它占据着哲学的位置。在《时间-影像》中,德勒兹谈到了从影像到思想,从感知物到概念的发生过程,而时间-影像具备所有那些相关于哲学的特质。它产生于“认知”
59 的失败(*TI*,4),它是对时间之纯粹形式的思考(*TI*,81-2),它开始于一个形而上学表层或者内在性平面(*TI*,68-9),它引入了现实和潜在的不可分离性(*TI*,273),而且它甚至也是某种教学法的形式(*TI*,248)。

* * *

我们已经考察了德勒兹以及他与加塔利合著作品中四个艺术研究的例子,那么,我们能从中发现什么?拿这些例子与《什么是哲学?》中的艺术讨论相比较,我们会注意到,它们即使不是严格同一的,也必定具有某种相似性(就《什么是哲学?》而言,它提供了对诸多先前研究的总结)。我们的起点是“混沌”,是直接但转瞬即逝的显象,它服从于“无限的速度,任何形式在其中具形之时便即消失”(*WP?*,158),故而无物可以被思考或呈现。之后则是“振动”,它“由于反复的起落而得以持存”(*WP?*,168),从而形成了第一个感觉的团块,在其中可感物被记录且被保存于当下的时刻。接下来是“肉搏”或“扭打”,这里两个感觉的团块“彼此共振”(*WP?*,168),于是它生产出某种回忆或记忆,如同时间之绵延在过去中展开。最终的环节是“撤回”,两个感觉的团块在此“彼此分开、彼此释放,但目的在于重新结合”(*WP?*,160),未来因此得以开启。在《千高原》中,我们从“混沌”(*TP*,311)出发,经由“分化了最初统一体”的古典主义“振动”,以及包含“共存与连续之结合”(*TP*,330)的巴洛克“对位法”和浪漫主义“肉搏”,最后到达现代音乐的“解开”,声音材质被“分子化”,从而能够“驾驭无声的力量,比如绵延或强度"(*TP*,343)。在《弗朗西斯·培根:感觉的逻辑》里,最初存在某种"给定物"或者"陈词滥调"(*FB*,71),而"振动"在此产生了身体的"纯粹在场"(*FB*,45)。随后出现了"共振",其中两个感觉像"摔跤手"(*FB*,57)在对位法中扭抱在一起。结尾处则是"受迫运动",节奏获得了"极大的振幅",并且让我们感受到了某种"未来之力"(*FB*,51)。在《普鲁斯特与符号》中,我们从"虚度的年华"开
始,在那里事件仅仅穿过我们却不留痕迹。之后爱情的"重复"出 60
现了,它"把特殊转化为一般"(*PS*,72)。然后是非自觉记忆的"共振",其中"过去与当下共存"(*PS*,87)。最后是"更大幅度的受迫运动",在这里"时间被重新获得"(*PS*,24)。在《运动-影像》和《时间-影像》中,我们的开端是一个"内在性平面"——不要把它和《什么是哲学?》中的"内在性平面"混淆——这里它指的是"所有影像的无限集合"(*MI*,58)。然后则是知觉-影像,"两个不同影像的彼此关联"在此得以呈现(*MI*,82)。随之而来的情感-影像则是某种"发生性或差异化的符号"(*MI*,110),它统一了"在先和在后的时间"(*MI*,122)。最终是行动-影像及其危机,至此"知觉摆脱了它的外部驱动物,行动摆脱了赋予它情势的线索,情感摆脱了对角色的归属或依从"(*MI*,215),行动-影像完成了自身,但同时超越了运动-影像,于是它转变为时间-影像及其新的"思想经验"(*TI*,215)。

这种相似性不只存在于德勒兹以及他与加塔利合著作品中涉及艺术的讨论,在那些看似无关艺术的作品中,我们也能看到发生第一个环节中同样的三分结构。《差异与重复》首先谈到不连续物质的"刺激"(*DR*,96),它从属于一个"收缩"过程,在"收缩"中两个不同时刻被"沉思的灵魂"结合在一起,于是构成了"作为当下的时间"(*DR*,79)。"共振"紧随其后,它不仅仅是对两个流逝时刻的综合,而且引入了"另一个使得第一个综合能够发生的时间"(*DR*,

79)。最后,我们得到了“受迫运动”(*DR*,117),在这个运动中当下无法再被表象,而只是自身差异,因此开启了某种“时间之整体”(*DR*,110)。紧接着,在《意义的逻辑》中,我们从深处开始,在那里身体和事物任意混合,彼此间没有明确界限。然后在某种“混合物”(*LS*,186)中,一个当下浮现出来并“衡量着原因与身体的行动”。随之而来的则是某种过去和未来,它“分割了每个时刻的当下,并进一步将之无限细分为过去和未来”(*LS*,188)。最后,在绵延时间(Chronos)或线性时间中的两个当下之间,出现了“通往永恒时间的脉络,它指向某种永恒性或无尽未来”(*LS*,191)。在德勒
61 兹和加塔利的《反俄狄浦斯》中,我们的起点是碎片式且无法辨别的客体和流(*AO*,324)。然后是第一个“生产的连接综合”(*AO*,69)。接下来则是“肯定了不相交诸项”的“记录的析取综合”(*AO*,76),于是引入某种缺失或缺席的形式。最终,在第三个“消费-完善的合取综合”中,在对“临界的跨越”中,一种摆脱了所有“形式与性质”的“纯粹强度”得以产生(*AO*,84)。

这组理论上的平行关系,超出了《什么是哲学?》或其他文本中艺术讨论的范围,而指向很多看似并不相关的主题,比如说,使同一得以可能的差异(《差异与重复》),从身体之深处浮现出的语言(《意义的逻辑》),以及欲望生产的根源(《反俄狄浦斯》)。那么这一系列的平行揭示出了什么?真相在于,所有这些都代表着表象之总体生产中动态发生的环节。这才是德勒兹或他与加塔利的真正主题,即揭示经验如何不依赖先在的范畴而形成,以及反过来,这些范畴如何从经验中产生。这就是说,他们的计划根本上是后康德式的。在《纯粹理性批判》的先验演绎中,康德试图阐明:借助一系列认识综合的手段,我们如何能够从无序显象的杂多出发,过渡到可被思考之客体的统一形式。这些综合把一组概念范畴应用于直观中最初被给予的东西,把它们转换为一系列的表象,这些表

象进而构成关于世界之知识的基础。(在第一批判的建筑术整体
里,借助综合,时空直观获得了概念规定性;而借助图型法的回溯
性操作,抽象的概念规定得到了时空现实。)综合三阶段中的每一
阶段都牵涉到一种特定的能力及其独特运作。第一个综合是直观
中把握(apprehension)的综合,是借助感性对先天杂多的概观。在
这里,时空本身以及时空中呈现者的繁杂性被整合起来,且被表象
为同一个时刻。随之而来的是第二个综合,即想象力中再生的综
合,这次是借助想象力对杂多的综合。它对应着一种必然性:虽然 62
第二个综合到来之时第一个综合已经完成了,但为了得到经验的
"完整表象"[7],第二个综合必须召回第一个综合。最后则是第三
个综合,即概念中认知的综合,它涉及统觉对两个先行综合的统
一。它出现的原因在于,第二个综合以及它对第一个综合的再生
还不足以完成表象,除非我们将它们认作同一的,或者属于同一个
主体。这一步通过设定客体=X 来实现,它是某种使得主体能够将
诸多表象认作同一物的一般客体形式。范畴提供了知识中一般客
体规定性的法则,而正是第三个综合依据范畴统一了前两个综合。
于是,通过三个综合,时间的线性形式和先验形式同时产生(需要
注意的是,第三个综合不再像前两个那样是被动的或无意识的):
在这种形式下,直观中的感觉被统一,而且自我得以感触自身,也
就是说,能够思考或者成为自我意识。在康德先验演绎的结尾处,
我们得到了一般客体的形式,在这个形式下表象被统一起来,而且
主体能够将表象归于自身。对康德来说,上述这些作为诸能力的
通常运作,在根本上都从属于统觉的统摄能力。正是统觉从一开
始就支撑着诸综合的连续演替,并且保证了客体之概念形式和能
够思考它的主体两者间的成功结合。

---

7 伊曼努尔·康德(Immanuel Kant),《纯粹理性批判》(*Critique of Pure Reason*), A 102, Palgrave Macmillan: Basingstoke, 1985, p. 133.

就如我们所见,德勒兹以及他和加塔利在动态发生学的框架中,基本上重现了康德式的序列。许多评论者已经指出,也许是在《差异与重复》中"差异自身"这一章中,德勒兹最清楚地给出了他关于动态或被动发生的构想,这一方面重复着康德的原型,但更重要的是与之相区分[8]。借用我们相对熟悉的术语,也就是艺术讨论中已经得到考察的那些概念,我们可以说:我们从混沌开始,混沌中"一个情形(instance)的出现伴随着另一个情形的消失"(*DR*,70)。这很接近康德综合过程开端之处的杂多。接下来则是"想象"(Imagination)的综合,作为第一个环节,它就像"一个感觉的盘
63 子,在另一个情形(或时刻)出现的时候,还保留着前一个情形"(*DR*,70)。这对应着康德那里的感性能力,感性聚集了最初的繁杂而产生出一个直接的把握,若是接受海德格尔在《康德与形而上学疑难》中的解读,也可以说,一个当下从中得以产生[9]。被动发生的第二个环节是"记忆",其中"前一刻的当下被表象于此刻当下中"(*DR*,80)。这对应着康德的想象力,它再生旧经验的同时也感受到新的经验,从而旧的经验并没有消失而得以持存,因此生产出一个过去。最终,被动发生的第三个环节是"思想",这里"一个被动自我经验了其自身的思想——它的理智,使得它能够说"我"的那些东西——在它内部的运作"(*DR*,86)。这对应着康德哲学中统觉的能力,也就是说,想象对过去的再生是不充分的,还需要某种将先前时刻与后来时刻认作同一的方式,于是这打开了一个未

---

8 关于德勒兹的动态发生学以及这种构想与康德的关系,可以参考凯斯·福克纳(Keith Faulkner),《德勒兹与时间的三种综合》(*Deleuze and the Three Syntheses of Time*), Peter Lang, Berne, 2005; 以及詹姆斯·威廉姆斯(James Williams),《吉尔·德勒兹的时间哲学:一个批判性介绍与导读》(*Gilles Deleuze's Philosophy of Time: A Critical Introduction and Guide*), Edinburgh University Press, Edinburgh, 2011. 要注意,德勒兹所处理的,以及我们这里所讨论的先验演绎,也就是所谓的《纯粹理性批判》1781 年版本的演绎。

9 参见马丁·海德格尔(Martin Heidegger),《康德与形而上学疑难》(*Kant and the Problem of Metaphysics*), Indiana University Press: Bloomington, 1962, pp. 184-6.

来。在德勒兹以及他与加塔利所有处理艺术的文本中，即使有些作品关注的艺术媒介表面上并非时间性的，但它们的核心问题始终都是时间，而且不只是时间的经验性维度（过去、当下和未来作为明确区分的时序），更是时间自身或者先验时间（海德格尔式的“时间之前的时间”或者过去、当下和未来三者的“同时性”，正是这“同时性”使三者间的时序区分得以可能）。德勒兹和加塔利在《什么是哲学?》中写道：“在对流逝年华的追寻中，（普鲁斯特）捕捉到了感觉的复合体，而组合的平面就从中一点点浮现出来，直到时间在它之内被重新获得，而纯粹时间的那个力量，或者说那些力量，也变得可被感知。”（*WP?*，189）

不过，如果说借助动态发生讨论艺术时，德勒兹和加塔利重复了康德分析的某些侧面，那么他们也与康德有着显著不同。与康德相同的是，不同能力或操作的秩序使我们从无法持存的非连续繁杂性出发，从而在一个美学的（aesthetic）组合平面上得到了感觉的复合团块；但与康德不同的是，诸能力并不外在于彼此，也不存在一开始就能保证诸综合之成功的先验能力[10]。德勒兹在《差异与重复》中说得很清楚，第三种“思想”的能力只有借助前两种能力（事实上是它们的失败）才能出现，而且它自己也没有像康德的统觉那样，完全成功地统一了前两者（*DR*，88-91）[11]。艺术最后的“撤 64
回”（*WP?*，168）中，并不存在最终的统一体或者认知，而是像德勒

10 但这一点相当复杂。在我们上述的例子中，虽然综合的第三个环节被视作已然回溯性地在场——比如说“宇宙之力总是在一开始就存在了”（*TP*，350），“最终，除了三联画外什么也没有”（*FB*，70），“艺术的符号给予我们一个绝对的起源时间，这个时间包括了其他所有时间”（*PS*，24），“这个结晶揭示了隐藏的时间基础”（*TI*，99）——但这种回溯性在场不应被理解为康德式的统觉，而是作为“序列中的第三个时间”（*DR*，90），是永恒轮回中的持续生成的一部分。

11 这里与康德的区别可以体现在：在康德那里，我们在认知中得到了客体的最终统一体；但与此相反，在德勒兹《差异与重复》“重复自身”一章中，动态发生结论环节的那个未知的客体 =X，被描述为“差异的自在存在”，“自身-差异”，以及“不同方式的差异”（*DR*，119）——这些就是艺术作品。

兹和加塔利在《什么是哲学?》中形容的那样,只有一个“更高的解域”(*WP?*,197)。在艺术“历史”的结论之处,存在的只有德勒兹和加塔利所说的那种充满“力量”(*WP?*,181)的“彩色虚空”(*WP?*,181),以及“时间形式从模糊向清晰的转化”(*WP?*,182)。事实上,在体现为“发散”(*WP?*,196)、“去框定”(*WP?*,187)以及“向无限宇宙开放”(*WP?*,197)的某种“抽象”乃至“升华”中,先前实现的结合被打断了。而动态发生的第三阶段以及艺术“史”的结论,也同样以这个中断为标志。哲学继承了这种元素的“消散”,并且由此开始。(事实上,我们在德勒兹和加塔利对艺术“早期”和“晚期”形式的区分中也可以看到这条潜藏的轨线。前者是具象和透视法的艺术,其中“感觉在质料之中被实现”[*WP?*,193],就像我们已经看到的那些综合;而后者则是抽象艺术以及对透视法的克服,其中“质料自身转化为感觉”,仿佛“升入一个美学的组合平面”[*WP?*,193],这个平面在“几乎潜在性”[*WP?*,183]的意义上呈现为去质料的,而且接近了哲学中“概念的上限”[*WP?*,181]。)如果说在德勒兹和加塔利的动态发生之终点没有确定的客体-形式,那么同样的,这里也没有主体。对康德而言,整个综合过程都由第三个综合中能动主体的统觉所统摄,但对德勒兹和加塔利而言,意识主体的回溯性担保并不存在,存在的是他们称作“美学形象”的东西。这个美学形象被描述为“艺术生产情动的条件”(*WP?*,66),它并不在发生过程之外,而是只能从此过程内部产生。甚至可以说,在发生的终点,当那些感觉的“平面”或“框架”(*WP?*,187)无法再维持时,它也会与客体一起消失。因此,我们要注意,德勒兹和加塔利所说的动态发生并不覆盖从原初杂多出发,进而形成一般客体形式以及能够表象客体和自身的主体的整个跨度。动态发生仅仅是更长过程的第一个阶段。

在这些问题上,毫无疑问德勒兹和加塔利追随着现象学家埃德蒙德·胡塞尔(以及海德格尔,相对少一些),尤其是他们对《纯粹理性批判》中"先验演绎"部分的再思考。虽然德勒兹和加塔利在《什 65
么是哲学?》中对现象学始终持批判态度,但事实上他们在艺术的概念架构中对康德的重塑,延续着胡塞尔在其《纯粹现象学和现象学哲学的观念》(以下称《观念》)第一卷(1913)中的一个重要洞见。在《观念》第一卷中,胡塞尔论证说,在第一版《纯粹理性批判》(1781)里,虽然统觉能动的且有意识的能力构成了主体性的先验根基,但它还是依赖于由感性和想象力所完成的被动且无意识的综合。不过,胡塞尔也指出,在1787年第二版《纯粹理性批判》中,统觉在一开始就明确被给出,而其他诸能力只能在统觉之内进行综合。胡塞尔在《观念》第一卷中如此评价第二个康德对第一个康德之洞见的偏离:

> 在我们看来很明显,康德的关注重点始终是[现象学],虽然他没能正确理解它,没能把它当作一个工作领域,一种清楚严格的真正科学。因此,举例来说,第一版《纯粹理性批判》的先验演绎已经是在现象学的领域运作了,但康德把这个领域误解为心理学的,因而他自己放弃了第一版中的论证。[12]

可以看到,胡塞尔之后提出的现象学方法,可以说就来自这个洞见。在他第一个"静态"现象学中,他尝试通过现象学"还原"来观察对象自身,也就是要悬置我们的"自然态度"——包括我们的假设、预期以及与此相关的日常行为。将对象以这种方式抽离出来,我们也许就有可能发现潜伏在事物表面秩序之下的真实且规

---

12 埃德蒙德·胡塞尔(Edmund Husserl),《观念1》(*Ideas 1*), Kluwer Academic Publishers: Dordrecht, 1998, p. 142. 想要了解德勒兹哲学视角下胡塞尔对康德的批判,可以参阅乔·休斯(Joe Hughes),《导读德勒兹〈差异与重复〉》(*Deleuze's Difference and Repetition: A Reader's Guide*), Continuum: London, 2009, pp. 88-96.

律的原则。这种现象学的最终目的,就是要揭示出事物如何能够在作为世界之起源的意识中显现。但在他第二个“发生”现象学中,基于他对康德的批评,他不再试图观察事物“自身”(in itself),也就是事物如何显现给预先形成的意识,而是要揭示这个显象本身如何出现或者构成。因此,我们不再描述显象,而是分析显象。
66 显象不再被理解为某种原子式的,通过逻辑或现象学还原从环境中抽离得到的还原终点,而是在时间中,在与身体的关系中被生产出来的东西。这里的身体也不再是某种源头,而只能作为更大网络中的一部分被把握。胡塞尔在晚期的《形式逻辑与先验逻辑》(1929)中写道:

> 在这种情况下,在处理对象“静态”构成的研究中,对象与一个已发展的主体性相关。而与此相对应的,是一个对先天(apriori)发生性构成的探究,这个探究以前一个为基础,但逻辑上必然先行于它。[13]

在《什么是哲学?》的某些地方,德勒兹和加塔利称赞了胡塞尔,并且把他的计划,即先于或外在于先验范畴来思考经验,与艺术提供的洞察进行比较:“现象学必须变为艺术的现象学,因为从生命体验(vécu)到达先验主体这一过程的内在性,只能在一种超验的功能*中得到解释,这个功能不仅规定了经验一般,而且穿越

---

13 埃德蒙德·胡塞尔(Edmund Husserl),《形式逻辑和先验逻辑》(*Formal and Transcendental Logic*), Martinus Nijhoff: The Hague, 1969, p. 250.

* 这里对《什么是哲学?》的引文中,作者把法语的“fonctions transcendantes”翻译为了“transcendental function”。但德勒兹明确区分了“transcendantal”(比如前文的先验主体:sujet transcendantal)和“transcendant”。于是我们这里不遵循作者,而根据法语原文译为“超验的功能”。理论上,正是超验功能使得包含了先验主体的内在性过程得以可能,所以它和先验主体不在一个层面上,故而是超验的,而非先验的。——译者注

了其中每一个此时此刻。”(*WP?*,178)不过,这段话也指出,虽然德勒兹和加塔利称赞胡塞尔成功地把现象学和经验之发生性构想联合起来——这种经验对于艺术的生产以及我们如何遇到并理解艺术来说是至关重要的,但就像他们对康德的批评一样,他们也批判胡塞尔没能坚持自己的洞见。就像康德虽然承诺对经验进行批判性的,也就是内在性的考察,却依旧赋予了诸种不同能力特权的地位,胡塞尔虽然承诺了一个发生现象学,也就是说在其中没有什么先于经验,一切都只能在与经验的关联中出现,却还是保留了主体的范畴。[14] 德勒兹和加塔利论证说,胡塞尔假定了所有经验都内在于一个先在的主体,这违背了他在其他作品中提出的那种真正的发生现象学:“当内在性变为了从属于主体的内在性,现象学就无法阻止主体从新的知觉与预期的情动中提取并形成的无非是些陈词滥调的意见。”(*WP?*,150)与此相对,德勒兹和加塔利在借助艺术所勾勒出的发生第一环节中,尝试完成康德和胡塞尔所开启的革命:艺术的经验不是内在于某个先在的主体,而且即使在动态 67
发生的终点主体也没有被建立起来,或者说,主体在结尾也许已经被消除了。于是《什么是哲学?》提出的方案是:我们在艺术的结论阶段发现了某种抽象的“组合的平面”,艺术的材料和技巧都产生于这个平面(但这个平面并不外在于它们),同时被发现的还有“作为俯瞰对应物的(从主体与感觉中的)撤回”(*WP?*,211)。这两者都是发生下一阶段,即哲学的先驱。哲学将带来一个潜在的“内在性平面”(*WP?*,35),我们从这个内在性平面中抓取出哲学概念的组件,然后“概念性人物”(*WP?*,62)以“无限速度”(*WP?*,59)将

---

14 德勒兹对胡塞尔的批判借鉴了让-保罗·萨特的《自我的超验性》(1957),这本书指出,胡塞尔晚期把主体置于世界之中还不足够,更进一步,只有依赖于一个思考主体的他者(Other),主体才能够被设定。在《什么是哲学?》的开端,当德勒兹和加塔利谈论“保留内在性的权利”(*WP?*,47)以及“他人”(*WP?*,17-19)概念的时候,他们就借助萨特的这种“非个人先验领域”来反对胡塞尔。

这些组件拼合成概念。我们可以说,艺术中向“组合的平面”的过渡以及对主体的“撤回”,代表着经验的“升华”或者“美学化”,而这将悖论性地构成哲学“自我-设定”和“自我-指涉”的发生学前提。

4

哲学

虽然《什么是哲学?》的写作顺序并非如此,但在表象的发生中,哲学出现在艺术之后。就如我们所见,艺术位于动态发生的领域,它带领我们走出原初的"混沌",经过三个连续的综合,最终到达"组合的平面"。在第三个综合的结尾处,我们得到了凭借差异而彼此相关的自由元素、对"力"或者"强度"的生产、向"未来"开放的时间形式——而一个撤回的"美学形象"俯瞰着这一切,它把这些元素结合起来,同时也使得它们向宇宙开放。在德勒兹以及他和加塔利关于艺术最终阶段的所有讨论中,我们都可以看到这个特点。在《千高原》中,"横贯线"(transversals)(*TP*,296)把诸多美学组件结合在一起。在《感觉的逻辑》里,感觉的界限在受迫运动中被突破,并且"节奏自身"(*LS*,61)变成了感觉。在《普鲁斯特与符号》中,更大的振幅推动过去不断倒退,进而在时间中构建出"地平线"(*PS*,141)。以及在《时间-影像》中,角色变成了"观察者",他徒劳地"移动、奔跑、充满活力",但"他所处的情势远远超出了他的能力范围"(*TI*,3)。于是,以不同方式,艺术组合的平面都可以被视作哲学内在性平面的必要前件,构成哲学概念的诸多组件贮藏于后者之中,等待被结合。艺术的构成物是凭借差异彼此相关的析取复合体,而它们就像是建构哲学概念的组件,这些组件

70 彼此“区分”、“异质”,但“不可分离”(*WP?*,19)。艺术中的“力”以及“向未来的开放”可以被视作哲学中的“强度”以及哲学带来的“事件”(*WP?*,23)。而艺术中“撤回的”美学形象及其“去框定”的操作(*WP?*,187),类似于哲学中的“概念人物”及其“俯瞰”(*WP?*,20)和“解域”(*WP?*,67)。于是艺术和哲学就像同一个现象学道路上的连续步骤,这条道路将最终通往个体化客体以及自我意识主体。在这个意义上,哲学很接近艺术之动态发生和科学与逻辑之静态发生的中间点,它是两种不同现实性和物质性之间的潜在性和无形体性(incorporeality)。

不过,对《什么是哲学?》中德勒兹和加塔利所表达的哲学之概念的很多解读,并没有认出这一点。我们之前已经指出,对此书最常见的解读认为,艺术、哲学和科学是三种本质上无关的思考形式,每一种都以其独立的方式“在混沌上”勾画“平面”,并且从中提取出与混沌不同的东西。或者,好像哲学只是介入对艺术的讨论,仿佛它可以选择这么做,也可以选择借助其他对象来反思自身——这尤其常见于对德勒兹电影研究的理解。在《什么是哲学?》中,我们的确能找到一些文本依据支持这种立场。有些时候,德勒兹和加塔利似乎确实如此讨论艺术、哲学和科学,仿佛三者是无关的,没有什么共同点:“这些平面以不同的方式切入混沌,进而在平面上产生出现实——我们把这些现实(艺术、科学和哲学)叫作类混沌(Choaides)。”(*WP?*,208)或者,他们有时似乎把三者间的关系设想为完全偶然的,其关联并不遵循特定秩序:“[平面上的]第一类互相干涉出现于以下情况:哲学家试图创造感觉或函数的概念组件,或者科学家试图创造感觉的函数,甚至概念的函数。”(*WP?*,216-7)但书中还有些地方,德勒兹和加塔利似乎支持另一种观点,即三个领域间的关联并非外在和偶性的,而是内在和必然
71 的。它们并不是基于偶然的交叉以任意秩序出现,而是始终遵循

同一个秩序，从而指向某种发生性连续："大脑-主体的前两个方面或层次，也就是感觉和概念，都还非常脆弱……科学构成了一种认识的活动，它指涉一种知识的能力，而这就是大脑-主体的第三个层次。"（*WP?*，213-14）

在《什么是哲学?》中，艺术与哲学并非毫无关联或暂时混淆的，相反，两者是明确区分且彼此连续的。不过，我们也能理解，为什么这本书表面看来并非如此，以及为什么它通常不被这样阅读。尽管《什么是哲学?》并没有明确说出来，但第三个被动综合结束于某种综合的失败。它并不像在康德那里一样，给出了由统觉引导的认知，进而导向意识中统一客体的概念，也不像胡塞尔那样，提出一种结合相似者、区分相异者的"联想综合"。相反，在认知综合的失败中，客体消散了，而进行感知的自我也消解了。对于德勒兹和加塔利来说，恰恰因此才出现下一个阶段的哲学——因为在艺术的结尾处，表象的发生还没有完成。也正是因此，德勒兹写到，哲学开始于与"可感物"（sentiendum），或"只能被感受之物"的相遇（*DR*，140）。或者，在另一篇经常被引用的文章里，他提醒我们注意第三阶段发生中的悖论性张力或析取综合："这个问题所表现的绝非某种客观的不确定性，相反，就心灵面对着事物显现的地平线而言，它表现了这个心灵的客观等价物：这是理查德还是威廉?"（*LS*，67）[1] 哲学并没有解决这个困境，其解决还要等到下一个涉及

---

1 也许我们在这里已经可以开始思考哲学与艺术间的差异：艺术中的感觉与客体断裂，但并不能规定客体；哲学中的概念与客体断裂，同时也规定着客体。事实上德勒兹勾勒了概念之规定的三个不同环节（*DR*，169）：1. "相对于概念的对象而言，是尚未规定的"，在这个环节，观念"最初"不依赖任何客体出现。2. "相对于经验中的客体而言，是可被规定的"，在这个环节，观念在它与一个客体的关系中得以差异化。3. "相对于理解的概念而言，是无限被规定的"，在这个环节，观念可以被看作完全同一于它的对象。所谓对"难题"的解决事实上就是从第一环节到第三环节的过渡，但"难题"本身也恰恰在于：这三个环节总是同时存在，且彼此不可分离。

科学和逻辑的发生阶段，相反，哲学勾勒了这个问题的条件及其必要性。沿着德勒兹论证的脉络，最终追溯到柏格森，我们可以说，哲学与其说是回答问题，不如说是提出问题（*B*,15）。也就是说，哲学并不在理查德和威廉之间作出选择，而是思考为什么我们没办法做出选择，以及如何在不消解两者各自同一性的基础上继续思考它们。在某种意义上，哲学建构概念是为了最大化概念的应用与奇异性（singularity），或者，如德勒兹所说，在规定概念的时候，尽可能不预先限制它们的性质，以及它们能够应用于哪些对象或个体。德勒兹和加塔利眼中的艺术，也许很接近我们通常对现代
72 艺术的理解，它是完全非选择性的，向新的经验开放，不断带来新的“变体”（*WP?*,175），而不被任何道德、技术或者交流的欲望所局限。在德勒兹和加塔利的意义上，艺术是典型的激进实验性领域。哲学继承了这种开放性，从而它处理经验时，能够不被任何可辨别的形式约束，也不被任何已有感知或感受的再生产所约束。

不过，如果哲学试图处理艺术中发生第三个阶段的残留问题，也就是认知的问题，那么它必须采取与之不同的组织形式。于是，在《什么是哲学?》中，德勒兹和加塔利列举了一系列艺术与哲学的差异。虽然承认两种活动之间交叉的可能性，以及两者也可以互相转化，但他们坚持两者必须被区分开，这样才能确保它们是不同的思想方式。艺术的组合平面不是哲学的内在性平面：在前者中我们发现了所有艺术素材和技术，而从后者中我们裁出了哲学的组件。尽管在其作品中，德勒兹有时认为两个平面是互相接触的，或者有时认为内在性平面很接近混沌，但两者不可等同。艺术作品，即使它始终“生成他者”（*WP?*,172）且见证着一种去物质化，但从没有到达哲学中绝对无法现实化的“具现事件”（*WP?*,176）。艺术中的美学形象的确可以成为哲学的主体，而且这解释了哲学如何触动我们，但美学形象并不是哲学中的概念人物，后者不能等

同于任何真实的作者或者虚构角色,并且超越了任何情动(*WP?*,
65-66)。总而言之,即使艺术摆脱了它最初的参照物,从而能够
“立于自身”(*WP?*, 164),即使艺术在其单色画或者不变的声墙
中越发抽象,它依旧是物质性且具体呈现的,它涉及的始终是感
觉,从而总是依附于我们的身体与世界。与此相反,哲学从某种绝
对的潜在者、某种非物质状态出发,它解除了与任何环境或规定性
的关联,无论这种环境或规定性是身体的、社会的,还是历史的。
艺术在其自身展开中具有相对的自由或无规定性,但最终它还是
绑定在由规则、风格或技术所构建的组合平面上。与此相对,哲学
是绝对自由的,它以一种偶然甚至赌博式的方法把诸概念结合起 73
来。即使与最前卫的艺术作品相比,哲学也更少受限于规则或惯
例的约束。

正是出于这个理由,如果说一方面哲学产生于某种发生,发生的过程中其他环节先行于它,那么另一方面,哲学似乎外在于任何发生,不依赖任何先前的原则——这也解释了为什么人们常常把握不到艺术与哲学的真正关系。进一步说,对德勒兹和加塔利而言,哲学的本质特性之一就在于它赋予自身其起源或发生。这不仅仅是说哲学没有起源或不依赖任何其他事物,更是说,哲学实际上在寻求解释自身,甚至在某种过程中产生自身:德勒兹把这叫作“双重发生”或“准-因果性”(quasi-causality)(*LS*,123)。德勒兹在1956 年“什么是奠基(grounding)?”的课程中,就在这一点上体现出了他与海德格尔的差别。在海德格尔式的问题中,我们寻求哲学的某种最终起源,某种前本体论的存在或本质,但与此相反,德勒兹那时受到麦蒙和费希特这些后康德主义者的影响,旨在追问哲学之根基这个概念本身的含混性。这个概念既涉及某种假定的自然起源,又涉及哲学体系的结论:“根基必须被理解为事物自身

之中的原则,抑或只是我们关于事物的知识?”[2]这个含混性的问题大约十二年之后,再次出现在《差异与重复》中,此时德勒兹指出了追问哲学之根基这种姿态内部的分裂——它一方面指向“非表象的起源”,另一方面只能在它建立的哲学体系中被思考:“简言之,充足理由或根基诡异地弯曲了:一方面,它依赖于它所建基之物,也就是某种表象的形式;但另一方面,它转化为某种超越了根基的无根基性,从而拒斥所有形式,并且无法被表象。”(*DR*,274-5)在《什么是哲学?》中,为了捕捉到这种含混性,德勒兹和加塔利谈到哲学既是“被创造的”(*WP?*,5),又是“自创制的”(auto-poetic)(*WP?*,11),既是由哲学家署名的(*WP?*,5),又是“独立的”(*WP?*,11)。事实上,这本书不断在强调哲学是一种“创造”,但常常被忽略的是,这种创造至少部分地是概念的“自我创造”。概念不仅仅是被署名的哲学家所创造的,更产生于哲学体系自身。

74 对德勒兹和加塔利来说,这便是哲学绝对的含混性。他们像海德格尔一样,认为哲学是对起源的追问,哲学试图回到思想的开端。在《什么是哲学?》中,德勒兹和加塔利分析的每一个主要哲学体系,无论是柏拉图、笛卡尔、康德还是胡塞尔,都脱离了既定事物,试图揭示任何显象或表象背后的发生性原则。在柏拉图那里,借助“仿佛预先存在的假定前提”(*WP?*, 29),也就是真理的概念,我们从事物的显象中脱离出来。在笛卡尔那里,哲学摆脱了柏拉图依赖的“所有明确客观预设”(*WP?*,26),进而在任何客观保证或保护之外,开始对真理进行直接的主观陈述。而康德则超越了笛卡尔,他追问真理主观陈述的可能条件,于是我思“必然把它对自身所重复的思想活动理解为一个他者”(*WP?*,32)。连续的

---

2 吉尔·德勒兹(Gilles Deleuze),“什么是奠基?”(‘Qu’est-ce fonder?’),Deleuze.com (online), p. 33.对这个文本有一个很好的解读,可以参阅克里斯蒂安·克斯莱克(Christian Kerslake),《德勒兹与内在性的眩晕》(*Deleuze and the Vertigo of Immanence*), Edinburgh University Press: Edinburgh, 2009. 尤其是“导论:内在性难题”(‘Introduction: The Problem of Immanence’)这章。

每个哲学体系都不断地回溯,想要揭示之前哲学体系视为当然的、未被言明的假设。在每一个体系中,我们都不断接近这个假定的思想之"开端",开端之前什么也没有,而开端什么也不依赖。对于德勒兹和加塔利而言,这意味着把哲学史视作一种对"内在性"(*WP?*,44)的思考,也就是不断尝试去生产"无图像的思想"(*WP?*,54-5)。这也就是要努力摆脱所有先验物,摆脱所有被当作原初的,或外在于发生过程的那些哲学范畴。事实上,在两人对康德的超越中,德勒兹和加塔利也试着把自己归属于这个哲学史。在康德那里,他们发现了未经质疑的主体性,于是内在性依旧是内在于某个东西:"康德拒绝了综合的任何超验应用,但他把内在性归属于体系中进行综合的主体,内在性于是变成了某个新的、主观的统一体。"(*WP?*,46)不过,悖论在于,声称没有任何思想是原初的或外在于发生的这个论断本身,被其自身所颠覆——因为它自身就是某种外在于发生的思想。以某种矛盾的方式(也就是我们上面谈到的这种矛盾),也许可以说,这种追寻表象之发生的思想不仅仅逃离着发生,而且也只有这个外在于发生的思想,也就是哲学,才能够思考表象的发生。

* * *

德勒兹和加塔利所说的"内在性平面",就是哲学给予自身的 75
"思想的图像"。每个独特的哲学体系都建构出不同的内在性平面,而每个体系也都要依赖它自身特定的内在性平面。德勒兹和加塔利把内在性平面描述为一连串自由漂浮或者尚未规定的组件的集合,每个哲学体系从中选取组件然后组成其概念。也许它可以被理解为哲学可能性或哲学组块(philosophome)* 预先存在的

* ome 的词缀来自希腊语 ωμα,具有抽象团、块的意思。在科学中,比如说"genome"一词通译为"基因组",组可以被理解为互相作用的元素的集合。而德勒兹著名的根茎(Rhizome)概念也具有这个词缀。于是这里我们将之译为"哲学组块",也就是可能构成哲学概念的组件的集合。——译者注

仓库或储藏(reservoir),当这些哲学可能性或哲学组块以不同的方式组合起来,便产生了我们在历史中看到的那些具体的哲学体系。德勒兹和加塔利以一种不可避免的抽象语言写道(抽象是因为,我们要记得,如果对两人来说内在性平面构成了思想的图像,那么位于哲学起源之处的,也就是他们自己想要创造的东西是某种“无图像的思想”):

> 平面上多变的曲线维持着无限的运动,这些运动在不停的交换中返回自身,但同时它们也不断解放其他被维持的运动。于是概念能够标记出这些无限运动的强度坐标,就好像这些运动自身是有限的,同时它们以无限的速度形成了铭刻于平面上的多变轮廓。(*WP?*,42)

在此意义上,内在性平面也许类似于艺术中组合的平面,在那里所有艺术技法和可能性都以最自由和独立的状态展现,而艺术家可以从中选择。不过,就如我们所见,组合的平面上无拘束的艺术方法和哲学内在性平面上尚未规定的组件之间,存在一个巨大的跳跃。前者依旧是物质的、具现的和感觉的,而后者则是潜在的、无形体的且概念的。事实上,哲学正是凭借着内在性平面与艺术组合的平面相断裂,于是哲学表面上仿佛出现在发生之外,仿佛不依赖任何先在的东西,甚至不依赖内在性平面本身。

德勒兹和加塔利在《什么是哲学?》中很多地方都提到,内在性
76 平面的确可以被看作某种先行于哲学的“储备”或“贮藏”(*WP?*,36),哲学家从中提取组件进而创造他们的概念。它就像不同哲学共享的一个通用的水池或仓库,使我们的哲学史写作得以可能,即追溯诸多组件如何在特定的哲学体系间转移,同时,根据这些组件在不同的哲学体系中不同的结合方式,它们的意义如何改变。在这个意义上,德勒兹和加塔利谈到内在性平面是“交叉叠合的”

(*WP?*,50),它由同一个深层实体的不同切面或截面构成,而这个实体自身无非就是那些切片。记住这一点,我们就可以把内在性平面视作某种潜伏的基础,借助于它,不同哲学才能彼此交流、彼此对抗,最终在发展的哲学史中彼此替代。不过,更进一步,内在性平面甚至先行于任何特定的哲学基础(ground),而且使这些体系中的基础得以可能。因为这些“基础”就其自身而言只不过是另一个哲学组件,它是由某个哲学体系从内在性平面给出的可能性范围中提取出来的。事实上,正因如此,德勒兹和加塔利认为,基础或开端在任何哲学体系中总是出现两次:它既是概念的组件,又是使得概念可能的潜在物。他们写道:“即使是第一个概念,也就是哲学由之开始的那个概念,也具有多个组件。因为‘哲学必有开端’并非是自明的,而如果它的确规定了一个开端,那么这个开端必然与某种视角或基础(根据)有关。”(*WP?*,15)因此,内在性平面可以被视作“前概念的”,甚至“前哲学的”(*WP?*,40)。它不等同于哲学体系内任何现存的概念,而是对应于某种“直觉的”或“非概念的理解”(*WP?*,40),从而使得其中的组件能够被选择,然后结合起来形成概念。在柏拉图那里,这是“已思之物的潜在图像”,它重复了每个概念。在笛卡尔那里,这是“我思”隐含预设的某种“主观理解”。甚至在海德格尔那里,他付出了大量的努力去思考基础或者使得基础可能的东西,这对他来说是某种“前本体论的理解”(*WP?*,40),它驱使我们朝向对存在的思考。

不过,如果说内在性平面先行于哲学概念,那么它也并不预先 77
存在——这就是我们谈过的“双重发生”或“准因果”的问题。如果它被认作“前概念的”或“前哲学的”,那么这种前概念或前哲学也只能在哲学概念之后出现。内在性平面并非所有存在物的整体,并非把握整个世界的努力——德勒兹和加塔利坚持说,它不能被理解为任何普遍化的“所有概念之概念”(*WP?*,35)。相反,它在一开始就是从某个特定视角对世界进行的选取。内在性平面不是包罗万象的,否则它就变成了“混沌”。只有借助哲学体系每次像“筛子”(*WP?*,46)和“滤网”(*WP?*,206)一样的运作,内在性平面才能被勾勒出来。因此德勒兹和加塔利说,如果内在性平面被比作一面墙,它将是面干巴巴的石墙,没有水泥粘合那些石块(*WP?*,23)。或者,如果它是一片沙漠,那这片沙漠“除了部落迁徙其上的地区外一无所有”(*WP?*,36-7)。这就是内在性平面的悖论:它既先行于哲学,又是哲学的结果。它既是哲学的先验条件,又先行于一切先验条件,而且使所有先验条件得以可能。也许不同于所有对德勒兹和加塔利的解读,这意味着内在性平面并非一劳永逸地实现的,相反,它是一个持续的斗争。甚至我们可以说,内在性*就是*为了实现内在性而不断重来的努力。一旦内在性或内在性平面被决定性地陈述为哲学的条件,那么它就变为先验的了,或者用德勒兹和加塔利的话来说,变得“内在于”某物(*WP?*,45)。与此相反,真正的内在性必须被思考为内在与先验之间持续的运动,也就是说,内在的总是会变为先验的,但这个转变是为了另一个内在的,也就是先验的条件[3]。因此,德勒兹和加塔利写道:“内在性平面既是必须被思考,又是无法被思考的。”(*WP?*,59)而且,对我们的目的来说也许更重要的是,他们接下来提出,关键“与其说是去思考内在性平面,不如说是要呈现它的存在,它以未被思考的方式存在于每一个平面中”(*WP?*,59)。

78 对于德勒兹和加塔利来说,毫无疑问斯宾诺莎是最伟大的内在性思想家。借助斯宾诺莎的哲学,他们得到了内在性平面的概

---

3 米格尔·德·贝斯蒂吉(Miguel de Beistegui)写到“内在性的肯定与超验性的幻觉不断地彼此对抗”,选自“内在性的眩晕:德勒兹的斯宾诺莎主义”(‘The Vertigo of Immanence: Deleuze’s Spinozism’),载于《现象学研究》(*Researeh into Phenomenology*),35,2005,p. 89.詹姆斯·威廉姆斯(James Williams)在“作为不可分割之过程的内在性与超验性”(‘Immanence and Transcendence as Inseparable Processes’)中也持有同样的观点,载于《德勒兹研究》(*Deleuze Studies*),4(4),2010.

念,而且追随着斯宾诺莎,对内在性平面的思考成了哲学的决定性检验。也是从斯宾诺莎那里,德勒兹得到了他“双重发生”或者“准因果”的概念,这个概念以不同的名字出现在他 1968 年国家博士论文(Thèse d' État)《斯宾诺莎与表现问题》中。(在《差异与重复》中,这个概念是某种形式的“重复”[*DR*,93];在《意义的逻辑》中,它是“反-实现”[*LS*,171];在《反俄狄浦斯》中,它则被叫作“单身机器”和它的“自我触动”[*AO*,17]。)德勒兹继承自斯宾诺莎的著名问题是:实体、属性、样式之间是什么关系?在斯宾诺莎的一元论本体论中,神圣实体包含神的所有性质。属性是我们关于神所能认识的东西(思想和广延)。通过样式我们才能认识神(样式是神的造物)。这样便出现了一个困境,一个中世纪神学就面临的难题:到底是先有神圣实体,然后实体通过其世界上的属性使得自身被看到;还是说先有导致了事物多样性的属性,然后回溯性地导向一个神的幻觉?在第一种情况下,神和它的产物或者流溢之间存在着绝对的距离,于是“存在”或者任何其他谓词都只能在类比的意义上应用于神。这便导致了我们话语中真实的歧义性:同样的话语用于神的时候,完全不同于用于它的创造物或表现的方式。在第二种情况下,神和它的属性之间完全没有区别,于是这里就有一种存在的绝对单义性,它以同样的方式应用于世界上所有东西,甚至外在于世界的东西。以第一种方式理解斯宾诺莎会面临这样的指责:他所设定的是一种超验的、最终不可知的存在,就像新柏拉图主义或否定神学一样,关于神我们什么也不能言说,而神也无法发挥任何道德或伦理的作用。以第二种方式理解斯宾诺莎则面临另一种指责:他是一个泛神论甚至无神论者,对他来说不可能有神,类似地也没有任何道德或伦理。这种争论在斯宾诺莎死后就从未中断,人们以两种不同的方式解读他:既是唯心主义又是唯物主义,既是保守的又是激进的,既是宗教的又是反宗教的。这一争

79 论吸引了多样且有力的解释者,比如 18 世纪的莱辛,19 世纪的黑格尔,以及 20 世纪初期的罗素,中期的阿尔都塞,以及末期的哈特和奈格里。

正是为了克服这个解读的困境,德勒兹发展或者发明了斯宾诺莎哲学中的“表现”概念。“表现”被当作斯宾诺莎理解其作品中实体、属性和样式之间关系的方式。德勒兹在《斯宾诺莎与表现问题》中写道:“每个属性都表现了实体的本质,它的存在或现实性……但每个属性也在其下属的样式中表现自身,每个这样的样式都表现了属性的一个分殊(modification)。”(*EP*,13-4)不过,这里德勒兹到底是什么意思?德勒兹革新了“表现”的传统用法,而把握这个概念的关键在于,它始终是双向的过程。实体借助样式被表现,同时,实体也只能通过样式才出现。样式表现了实体,同时,样式也造就了实体。借用中世纪评论者阐释 6 世纪罗马哲学家波爱修斯(Boethius)时使用的词汇,德勒兹写道:“事物内在于神,且神包含(complicate)了事物。而神隐含(implicate)于事物之中,事物展开(explicate)了神。”(*EP*,175)。通过这种方法,德勒兹试图克服长久以来围绕斯宾诺莎的解读困境:现在,关键不仅仅是某种更高的东西以内在或包含的方式,在更低的东西中表现自身;也不仅仅是某种更低的东西以隐含或展开的方式,表现更高的东西——两者始终同时存在。用斯宾诺莎自己的话来说,神产生自身,就等于说神产生自然,一个产生神的自然:“神是万物的原因,在同样的意义上,等于说神是自身的原因。”(*EP*,164)就斯宾诺莎而言,这种递归性(recursiveness)便是“适恰”(adequate)观念的定义:“观念并不将其再现的对象作为其原因,相反是因为观念表现了原因,它才能够再现一个对象。”(*EP*,139-40)[4] 事实上,我们在

---

4 关于斯宾诺莎那里“适恰观念”与“不适恰观念”之间更加清楚的区分,可以参阅奥德丽·瓦瑟(Audrey Wasser),“德勒兹的表现主义”(‘Deleuze’s Expressionism’),《理论人文学》(*Angelaki*), 12(2), 2007, pp. 58-9.

内在性平面和哲学概念之间,也能看到这种递归性。如果说一方面,是内在性平面导向了概念,那么在另一方面,是概念产生了内
在性平面。概念产生了那个产生概念的内在性平面。或者,把这 80
个逻辑转化到自然和思想的关系中,也就是斯宾诺莎那里实体的两个属性间的关系,或者转化到《什么是哲学?》中描述内在性平面和概念的方式中,我们可以说,自然和思想两者间有一种必然可逆性,有一道“闪电”或者一个“无限运动”(*WP?*,38)。在这里,我们说思想效仿自然,就等于说我们发现只有通过思想之表现,自然才能出现。

把内在性平面和斯宾诺莎联系起来,这也能帮助我们去思考什么是内在性思想,或无图像的思想。自然和思想之“表现”关系的关键在于,一方面哲学是完全向世界开放的,而另一方面世界也完全出于哲学的创造。更进一步,我们可以说,思想之所以能够适恰表现世界,并不在于某种朝向世界的假定的开放性——这种康德或现象学家的思路,最终结论只会是给可能经验提供规则,或者把世界视作内在于一个超验主体性;相反,适恰表现之所以可能,是因为世界被彻底地定义为思想的结果。这一点揭示出,思想自身就是自然的彻底表现,同时自然就是思想使其所是之物。最终结果就是,我们不可能判定到底是自然产生于思想,还是思想产生于自然。不过,有必要再次重复:在这个内在性中没有任何东西是最终实现的,存在的只是自然和思想、被表现者和表现之间的来回摆动。事实上,对德勒兹而言,最终是尼采而非斯宾诺莎,在实体和样式之间的可逆性或可回溯性的问题上走得最远(*DR*,304)。尼采永恒轮回学说最重要的教诲便是:所意愿者都是命定的,而命运就是我所意愿的。思想者一方面要完全按照世界之所是来效仿它,而另一方面世界本身只有作为思想者意志的结果才能出现。一方面,在永恒轮回中,世界首次完全摆脱了任何更高或上层的领

域——在这个意义上,尼采的作品可以说构成了一个对康德的隐含批判;但另一方面,世界必然依靠不属于它自身的根据才能被理解(这也就是德勒兹和加塔利对康德"强度=0"[*AO*,326-7;*TP*,153]这个公式的重新解读:世界在其彻底的内在性或平面性上等
81 于0,这也见证着某种强度或意涵[5])。事实上,正是被表现者及其表现之间从未停息的来回摆动,解释了永恒轮回在一个热力学的世界中如何可能——德勒兹在《差异与重复》中谈到了这个问题,毕竟根据热力学的物理法则,万物终将耗尽或消弱(*DR*,228)。不过,在斯宾诺莎那里,表现总是指向被表现者,以同样的方式,尼采那里的强度或者说内在性平面也并不会耗尽。这不是因为提前准备了某种仓库或储备,或者哲学只是部分地表现了内在性平面——如果是这样的话,毫无疑问它总会耗尽;相反,这是因为强度或者内在性平面是作为其表现的结果而出现的。于是这指向了哲学的永恒任务,它总是会失败但又不断重新开始:去表现使它产生之物,去解释自然,而也正是这个自然使得哲学能够解释自然。

* * *

通过一个双重因果的过程,我们从艺术被动综合的第三个环节过渡到了哲学。哲学的内在性平面一方面是哲学的起源,也就是说内在性平面产生于一个它自身无法把握的发生,而只有哲学能看到这个发生;而另一方面这也是哲学能够把握其起源、去思考这个发生的条件。一方面,内在性平面就像预先存在的仓库,哲学从中抽取各种组件;而另一方面,只有在哲学概念及其对组件的安

---

5 这就是为什么德勒兹对微积分感兴趣:虽然导函数 dy/dx 中两个现实的量可以不断趋近于0,但这两个微分之间的关系能够持存(*DR*,172-3)。参见西蒙·达菲(Simon Duffy),"德勒兹微分逻辑与形而上学的数学"('The Mathematics of Deleuze's Differential Logic and Metaphysics'),见《潜在数学:差异的逻辑》(*Virtual Mathematics*: *The Logie of Difference*), Simon Duffy (ed.), Clinamen Press: Manchester, 2006, pp. 119-20. 在下一章中我们还会回到微积分的话题,德勒兹和加塔利在《什么是哲学?》中借助数学来解释静态发生。

排中,这些组件才能够存在并且获得意义。因此,哲学概念既是外在规定的、“外容贯的”(exoconsistent)(*WP?*,20),又是内在规定的、“内容贯的”(endoconsisitent)(*WP?*,19);既是“相对的”,又是“绝对的”(*WP?*,21);既是由他者创造的,又是“自创制”或“自我设定的”(*WP?*,11)。不过,到底什么才是德勒兹和加塔利所说的概念?概念又如何组合那些构成它的各种组件?在《什么是哲学?》中,德勒兹和加塔利给出了一些哲学概念的例子,比如说柏拉图的理念(*WP?*,29-32)、笛卡尔的我思(*WP?*,24-7),以及康德对我思的重构(*WP?*,55-7)。不过我们这里将从《差异与重复》中德勒兹给出的几个例子开始:古希腊哲学家伊壁鸠鲁原子的观念 82
(*DR*,184),法国生物学家艾蒂安·若弗鲁瓦·圣伊莱尔(Étienne Geoffroy Saint-Hilaire)有机物的观念(*DR*,184-5),以及马克思社会的观念(*DR*,186)。每一个观念都由一组最初自由漂浮的元素构成,随后这些元素被回溯性地规定,进而我们得到了一组完全差异化的奇异性,而每个奇异性都对应着观念的某个特定方面。这些观念与其外在语境切断了联系,而且只能通过它们自身被理解,于是它们都是潜在的;但这也是说,它们把其语境吸收在自身之内,把其语境变成了观念的组件之一。(事实上,并非所有观念,甚至没有观念完全满足这个标准,因为总是有某种物质的或外在的东西保留下来。比方说,圣伊莱尔有机物的概念局限于骨头这种解剖学元素,现在DNA超出了这些解剖学元素,能够更彻底地表达一种“回溯且完备的规定性”[*DR*,185],但即使这样也依旧残留有物质和外在的规定,而没能满足观念的彻底标准。)在其他地方,比如说在《意义的逻辑》中,德勒兹谈到了刘易斯·卡罗尔《爱丽丝漫游仙境》中像“蛇鲨”(snark)或“怒气冲冲”(fruminous)(*LS*,60)这类混成词所揭示的那种语言结构,也谈到了以创建者命名的那些科学发现,比如说开尔文(Kalvin)效应、塞贝克(Seebeck)效应或者塞曼(Zeeman)效应(*LS*,82)。德勒兹将这些作为概念的例子,至少是对概念的类比。丹尼尔·史密斯(Daniel W.Smith)在他题为“论概念的本性”的文章中,甚至分析了德勒兹《褶子》一书中发展的“褶子”观念,作为概念的实例。史密斯如下写道:

> 褶子的概念是一个奇异性,因为褶子是多样的,每个褶子都是不同的,都凭借差异化而折叠起来。没有任何两个事物以相同的方式折叠,无论是两个石头,还是两张纸。也并不存在任何一般的规则,规定同一个事物总是以同一种方式折叠。在这个意义上,到处都是褶子,但褶子自身并不是一个普遍者。相反,它是一个“差异器”(differentiator),一个“微分”(differential)。褶子的概念始终是个奇异性,它只能通过自身多样化、分岔或者变形的方式获得其领域。所有的褶子都彼此差异,且自身差异。[6]

那么,从这样的概念中我们能发现什么?史密斯认为,德勒兹
83 的褶子概念并非我们通常理解的范畴或者分类。褶子概念的所有例子间没有任何共同点,或者说,没有什么预先规定的性质,使得每个例子必须符合这些性质才能归属于范畴。相反,每个例子都以某种方式与所有其他例子相区分,从而对全部例子而言,它们最终毫无共同之处。换种说法,当我们给原有的所有例子增加一个新例子时,这个新例子总是会揭示出,我们之前认作所有例子共同点的东西并不必然为真。也可以说,每个新例子都试图说出其他

---

6 丹尼尔·W.史密斯(Daniel W. Smith),“论概念的本性”(‘On the Nature of Concepts’),《视差》(*parallax*),18(1)),2012, p. 66-7. 德勒兹曾经写过一篇名为“如何认识结构主义?”(‘How to Recognize Structuralism?’)的文章(*DI*, 170-92),在那里他把结构主义与我们这里所说的哲学结合起来。事实上,德勒兹所说的结构主义可能更接近后结构主义(詹姆斯·威廉姆斯[James Williams],《理解后结构主义》[*Understanding Poststructuralism*], Acumen Press: Durham, 2005, p. 53)。因此当我们把德勒兹所说的“褶子”当作概念或观念来思考时,我们可能会联想到德里达的延异(différance)、利奥塔的歧争(differend)、鲍德里亚的仿真(simulation),等等。

所有例子的共同点,试图扮演一个陈述规则的例子;但总是会有另一个例子在它之后出现,揭示出原来那个新例子其实和其他所有例子一样,只能在与其他所有例子的关系中获得其意义。于是我们得到了一系列的例子,而每个例子都试图说出它们的共同点,试图穷尽概念的规则;但另一方面,在后续出现的例子看来,每个例子都是局限的,仅仅与其他例子有所不同。因此,每个例子都试图说出其他所有例子共有的基础或内在性平面——这就是为什么德勒兹和加塔利认为,概念的组件来自内在性平面。随着概念不断前进,它也就变得更加分明,或者用德勒兹和加塔利的话来说,更加差异化,更可理解。这就意味着,随着概念逐渐包含更多的例子,覆盖更多的差异,变得更加精练且具体,它就更为接近那个使得它能展现差异的终极"差异"。只有当我们得到一系列毫无共同点的例子或组件时,概念才是最终差异化的——虽然在某种意义上,这在现实中从未出现。在那时,每个实例都是绝对个别的(singular),彼此之间没有任何共同点,但概念覆盖了所有事物,在其自身中包括了整个世界。举例来说,斯宾诺莎的实体就类似于这种概念:"唯有以无限的方式或样式运作于无限的事物中,实体才具有绝对无限存在的力量,而样式受动的能力就对应着这个力量。"(*EP*,95)概念通过其例子逐渐差异化的过程,很接近德勒兹谈到的"伴随"(adjunction)这种数学操作,它并非逐渐地趋近现实,而是要解决一个内在"难题",这个难题的结果规定着何为现实:"从一个基本的'域'(R)出发,这个域的连续伴随(R',R",R"')使得我们能够越来越准确地界定一个方程的根。"(*DR*,180)[7] 不过这里存 84

7 关于"同一个"概念不断被其组件"差异化"的想法,可以参考德勒兹在《差异与重复》中反复谈到的直到"n"次方的差异(*DR*,8,64,141,243)。而且,德勒兹借鉴谢林的想法,提出观念就像"越发耀眼、不断分叉、越来越可怕的闪电",不断提高自身的潜能,如同 A,A^2,A^3(*DR*,191)——同时,谢林"从同一中产生差异"(*DR*,191)的构想也告诉我们,这里的关键始终是对所是之物的加倍,也就是说,给所是之物提供一种完全不同的解释。

在一个悖论,即概念之中总是存在某种界限,概念越是变得完美,它便越接近混沌。于是不存在包含了所有其他概念的一个大全概念,或者说解释了整个世界的概念。这并非因为概念自身实际能力不足,或者世界有某种无法逾越的剩余,而是因为概念能被产生或世界能被表现的条件,总是外在于它自身(*WP?*,34)。

在所有这些推理中,我们始终能看到德勒兹对康德的反驳。当然,在康德那里,借助知性能力所保证的统觉之综合,范畴和直观能够被结合起来——这就是德勒兹和加塔利所说的哲学必需的那种思想和自然之间的"可逆性"(*WP?*,38)。而且,康德并非简单地把范畴置于经验之上,尽管的确有一些研究者这样理解康德,甚至这样理解德勒兹对康德的解读。事实上,在德勒兹关于选理查德还是选威廉的那个例子里,他的真正目的在于:要在思考经验的同时,不把经验还原为可认知物。康德的知性范畴相对于经验事实而言,其实是敞开的(capacious)和回应性的。就像康德在《纯粹理性批判》中写道:"不过,对于这些概念,就像对于所有的知识一样,即使不能在经验中找出它们的可能性的原则,也至少能够找出它们产生的偶因。"[8] 德勒兹在《差异与重复》中提醒我们注意,"康德对于这种(时间和空间的复杂性)有着最强烈的预感,因为时空既不能还原为概念的普遍性,也不能还原为此时此刻的特殊性"(*DR*,285)。但德勒兹的要点是,康德的方法最终会导致一个微妙的循环甚至某种无限倒退。如果经验是由范畴所塑造的,那么就这些范畴而言,它们其实已经是类比经验被理解的。他写道:"很清楚,康德从某种心理学意识的经验行为中,找到了所谓的先验结构。"(*DR*,135)事实上,德勒兹经常被讨论的"先验经验主义"(*DR*,56-7),无非就是对此的回应。他批评康德犯了经验主义的错误,因为他"把被分离者留在外面";同时他也批评后康德主义者犯

---

8 《纯粹理性批判》(*Critique of Pure Reason*), p. 121.

了教条主义的错误,因为他们"填满了那个进行分离者"(*DR*,
170)。他对此的回应,并非是要减少经验主义或教条主义,而是要
*更加*经验主义、*更加*教条主义:这种经验主义全然就和经验一样,
而这种教条主义与经验完全无关。我们可以看到,德勒兹所讨论 85
的那些观念,其中的规则无非就是彼此差异的一系列例子。它们
只不过是与其自身的差异,是一系列已经包含未来出现物的连续
"流变"(*WP?*,20)(这与艺术中的无尽"变体"[*WP?*,175]相对,
变体的每次产生,都好像是第一次)。这也就是说,例子好像直接
就是规则,它完全在自身内陈述一切将会发生之物,进而要求所有
其他例子展开它,使它差异化。以一种激进的方式,也许德勒兹在
《意义的逻辑》中会这么说,物*就是*词。概念使得我们在所是之物
中每次都能看到新的东西,它不断地分化(differenciate)经验,在其
中生产越来越精致的区分,同时也包含越来越多的事物,而这就相
当于概念差异化(differentiate)自身。事实上,用德勒兹自己在《意
义的逻辑》中使用的术语,"内隐"(esoteric)的词或词=X,等价于
"外显"(exoteric)的现实或物=X(*LS*,78):两者都是异位的、奇异
的、不可一般化的。无论是应用于"性态"(sexuality)或"巴洛克"
这种观念,还是应用于阿尔茨海默病或阿斯伯格综合症等医学状
况,或者应用于"蛇鲨"或"怒气冲冲"等混成词——这些词都使得
我们初次看到了它们所指涉的对象[9]。

---

9 参见"论概念的本性"('On the Nature of Concepts'), p. 66.事实上,尽管史密斯(以及德勒兹在《意义的逻辑》的说法)可以从概念命名的角度来谈论医学或者科学中的发现,但是在《什么是哲学?》中,德勒兹和加塔利区分了科学和哲学中名字的不同使用方式:"显而易见,科学命题及其坐标系也像哲学概念一样,是被创造并且署名的……但是,即使专名澄清并锚定了这些思想陈述的历史本性,它们依旧不过是其他生成过程的面具。"(*WP?*,23-4)事实上,史密斯就概念所谈到的"分叉"更适合《什么是哲学?》中的科学函项(*WP?*,123),而那些"例子"更适合描述"分化"(differenciation)而非概念的"差异化"(differentiation)(*DR*,206-7)。

考虑到所有这些,我们可以说,概念穿越了所有的例子,同时把诸例子结合起来,并且展现它们之间如何区分。用《什么是哲学?》中的语言,我们的确也能够说,这些例子就是在概念间传递的组件。更准确些,至少就概念能够像“偶然点”(*WP?*, 152)穿梭于组件中而言,德勒兹和加塔利把概念描述为某种“无距离”(*WP?*,20)的俯瞰。不过,这是什么意思?这个俯瞰又到底位于何处?事实上,概念作为“无距离”或外在于“增补维度”的“俯瞰”(*WP?*,210),意味着它无非就是构成它的那些组件。如果我们返回褶子的那个例子,就会看到,每个组件都曾是一个概念,每个组件都像概念一样试图说出其他组件或例子的共同点,而同时每个概念在另一个概念的视野中也仅仅被视作另一个组件。德勒兹和加塔利在《什么是哲学?》中谈到的一个例子可以帮助我们更好地理解这一点,这也就是笛卡尔的我思:

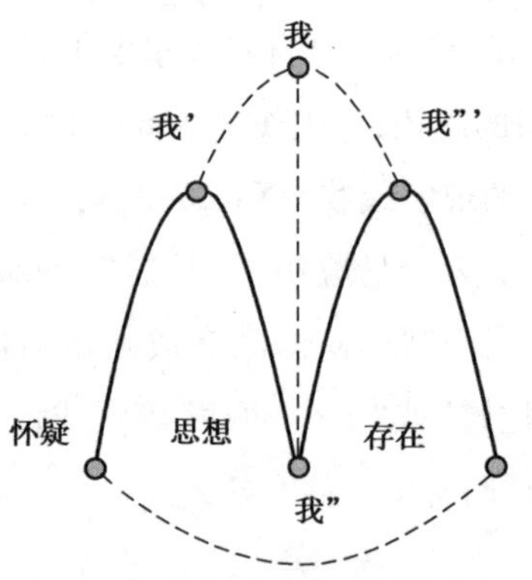

86　我思由三个组件构成:我'(怀疑)、我"(思想)、我"'(存在)。但德勒兹和加塔利强调,这并不仅仅是把三个组件累加起来,好像最终的概念就是它们的总和,仿佛每个组件的意义都可以凭借自身被理解。相反,每个附加的组件都改变了先前组件的意义,先前的组件将借助新加上的组件重新被理解。在某种意义上,每个组件都“加倍”(*WP?*,15)了其他组件,成为某种以不同方式解释其他组件的“先验”基础(这也就是说,每个新组件都与内在性平面相关)。如果说最终产生的概念——我思或者我——只有伴随着最后一个组件的出现才能被确定或者完成,那么这也就意味着组件间的运动、组件间彼此差异的状态在那里被创造了出来。使得我们看到组件间差异的那个共同性,它自身也不过是另一个独特的组件。所以,概念并不外在于组件,而只是组件间的关系。德勒兹和加塔利写道:“概念是振动的中心,每一个概念都在其自身中,同时每一个概念也都关联于其他概念。”(*WP?* 23)这就指出,我们总是可能增添新的组件,新组件将再次改变所有其他组件的意义,给其他组件提供新的基础,从而使得我们能够看到组件间新的差异。(在这个意义上我们可以说,差异总是潜藏在同一之下。)在我思的这个案例中,“我是思想存在”这个片段且暂时的总体性能够重新被打开,比如说,我们给它加上“无限”的组件(或者在另一个 87
案例中,我们将会谈到如何给它加上“时间”的组件):“在通往其他概念的桥梁或道路上,我们可以过渡到其他的存在形态。因此,‘在我的诸观念中,我具有无限性的观念’就是从自我概念向上帝概念过渡的桥梁。”(*WP?*,26)

这些就构成了德勒兹和加塔利的模型的基础,这个模型描述了哲学的发展以及不同哲学体系的彼此关联。这不是通往某个目标的连续进展,好像随着一系列逐渐附加的组件我们将通往最终真理——德勒兹和加塔利对哲学之为“流变”的构想并非如此。这也不是对什么共享现实或者通用术语之意义的争论或争辩。这种争辩对德勒兹和加塔利来说,只不过是把哲学还原为了“意见”(*WP?*,80),或者更糟,还原为一种“坏品味”(*WP?*,80)——更一般地说,他们劝告道:“当一个哲学家听到有人说‘让我们讨论这个吧’的时候,他或她马上就会逃跑。”(*WP?*,28)因此,哲学史与其说是前后结构,不如说是上下结构;与其说是历史的,不如说是“地质学的”(*WP?*,80);与其说是发展的,不如说是“层累的”(*WP?*,58)。与其说哲学和哲学家彼此交流,不如说他们是彼此区分的。哲学家对特定哲学体系中个别术语的争论,或者对新的术语增补,总是依赖于对这个体系彻底的重新解读。所以德勒兹和加塔利认为,毋庸置疑“在同一个平面上不可能共存两个伟大的哲学家”(*WP?* ,51)。或者,回到我们最初讨论的哲学概念的双重方面,我们可以说:每个哲学体系一方面补完了其先前的哲学体系(哲学体系或现实,两者是同一的),完全追随着它;而另一方面则彻底颠覆了它,给先前体系提出了新的根据。在这个意义上我们能够说,一方面哲学是绝对自由的,因为所有事物都可以在不同的方式下被重新解读,所以德勒兹并不相信什么“形而上学的终结”;而另一方面哲学也是绝对被规定的,因为在任何时候都只有一个组件能够填补前一个哲学体系中的裂缝[10]。因此,德勒兹和加塔利指出,我们很难判定一个具体的哲学家是他先行哲学体系的“批判者”还是“追随者”(*WP?*,57-8),这也是为什么他们认为,从柏拉图开始,我们就很难在哲学中区分谁是“朋友”、谁是“对手”(*WP?*,4)。
88 为了呈现一个哲学体系如何介入另一个哲学体系,我们可以考察德勒兹和加塔利的另一个例子,也就是康德对笛卡尔的重新解读。康德对笛卡尔的我思概念到底做了什么?他并非从某些其他体系出发,简单地反对或者抗议笛卡尔这个概念。相反,康德在笛卡尔的我思概念上增加了一个“时间”的组件,进而对它提出了某种先

---

10 德勒兹对哲学有一个广受争议的评论,他说哲学是“一种鸡奸”(“致一位严厉批评家的信”[‘Letter to a Harsh Critic’],选自吉尔·德勒兹[Gilles Deleuze],《哲学与权力的谈判》[*Negotiations 1972-90*], Columbia University Press, 1995 p. 6)。我们不妨在此对这个评论稍作解读:他想要表达的是,对哲学系统的评论者而言,只有一个洞或者地方让他们进入或者插入这个系统。哲学是一个暴力的行为,但同时它也只有在其对象的“许可”下才能实施这种暴力。这就是为什么说,哲学并非从一无所有之处开始,而总是从“另一种”哲学那里开始(*WP?*,16),即使所谓的“另一种”体系有时其实是回溯地建构出来的。

验问题:笛卡尔那个作为“我思”的“我在”,在什么时间获得其规定性?换句话说,康德以一种“综合”关系替代了笛卡尔那里“我思”和“我在”之间的“分析”关系:曾经同一的东西现在被视作差异的,而只有时间作为介质才能勾连两者。现在“我思”和“我在”都只能凭借某种时间形式才能存在。德勒兹和加塔利写道:

> 因此,康德“批评”笛卡尔“我是一个思想实体”的说法,因为没有什么能够保证这个对“我”的断言。康德要求在我思中引入一个新的组件,一个笛卡尔那里被压抑的组件:时间。因为只有在时间中,我尚未规定的实存才是可规定的。(*WP?*,31)

事实上,这一点也体现在德勒兹和加塔利他们自己与康德的关系中。我们刚刚提到,康德在笛卡尔的我思之中引入了时间。于是他更为接近对哲学真正“发生学”的解释,因为他指出“我思”和“我在”间的关联不应当是被假定的,而只能发生在时间中。但对康德来说,这依旧是某种“内在”时间,或者仅仅出现在“主体”之内的时间(*WP?*,46)。如果说一方面,“我”被认作发生的而非预设的,那么另一方面作为先验地平线,它依旧是预先构成的。否则,我们也可以在这个先验地平线内,找到另一个内在性过程。先验的“我”依旧是某种未规定的我或者我思,虽然穿行于概念的诸多组件中,但它自己却无涉那个它俯瞰的过程。在《什么是哲学?》中,德勒兹和加塔利把所有这些都转化到他们对康德的图解性(diagrammatic)再创造中。所谓图解,他们解释说,这是受到法国雕刻家让·丁格利(Jean Tingueley)创作的一些伟大哲学家肖像的启发,那些作品由很多金属和机械碎片拼凑起来,构成某种奇怪的鲁布·戈德堡式装置,这种装置围绕自身无尽地旋转,毁坏着自身同时也创造着自身。

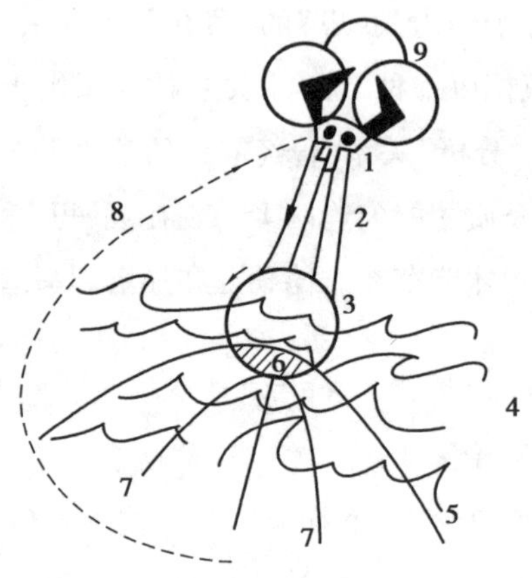

89 如果我们试图用语言描述德勒兹和加塔利所画的东西,那么这里的要点是:对康德来说,先验演绎从主体出发得以展开,但这个主体外在于发生——但他们的图解与康德相反,在这里,康德体系的每个方面都与其他方面相关联,且无法外在于其他方面被理解。也就是说,可能经验诸范畴的演绎体现了一个循环系统,它一结束就又重新开始,换言之,诸范畴隐秘地依赖于它们所规定者。借助一个能够用"我思"标记其全部表象的先验主体(1),以及在其所有表象中保持同一的先验客体,经验统一体中的统觉使得某些范畴(2)的演绎得以可能。这些范畴经由图型(3)的中介,能够应用于直观中给定的对象,进而这些对象能够获得概念形式。时间(4)和空间(5)就是思想获得对象的方式,从而它们能够提供经验性知识。进而,由时间和空间中呈现的直观对象所塑造的被动自我(6),开启了先天综合判断(7)的形成过程,这些先天综合判断使得不同的谓词能够被归属在对象之上,即使对象并不必然包含这些谓词。然后,我们便能借助与可能经验(8)相符的经验实例来拓展知识。最后,当我们不知道对象实际上是什么的时候,为了让概念能够附属于可能对象,我们不得不引出超越经验可能性的先验理念(灵魂、时间和上帝)(9)。这些理念统辖着理性的行动,而且

证明了先验统觉开端处谓词与对象的一致性。 90

那么，在德勒兹和加塔利对康德的重新描绘中，概念是什么？它并不像康德可能认为的那样，是系统的一个部分——对他而言也就是先验主体，相反，概念只是系统各个部分的关系。或者，即使我们说概念是系统的一个部分，比方说主体的概念，它也只是诸部分关系的一个名字，是一个“空间”——在这个“空间”中，每个部分都与其他部分处于最大的差异中，而它们在其差异中彼此相似。（出于这个原因，德勒兹接受了麦蒙对康德二元性的批评，也就是进行规定的概念和被规定的直观间的二元性，进而继承了麦蒙提出的“双向规定”作为替代［*DR*,173］。[11]）因此，我们现在得到的不再是康德意义上规定我思的时间，也就是在其中“我思”能够变成“我在”的内在或主观时间。相反，我们得到了规定概念自身的时间——它从尚未规定的、自由漂浮的、彼此无关的组件出发，然后诸组件在双向规定的过程中彼此关联，最后到达概念的完全规定，这时概念由一系列独特且不可替代的奇异性构成，每一个奇异性都绝对不同于其他奇异性[12]。换句话说，德勒兹和加塔利把康德先

---

11 列维·布莱恩特以另一种方式解释了康德体系中不同元素间的这种“相互性”：“图型的确扮演着概念和直观之间的中介，但在康德的论证中，图型本身之所以得以可能，恰恰依赖于概念的图型化操作”，参见“德勒兹的先验经验主义：通往先验唯物主义的笔记”（‘Deleuze’s Transcendental Empiricism: Notes Towards a Transcendental Materialism’），《在德勒兹与康德之间思考》（*Thinking Between Deleuze and Kant*），Edward Willatt and Matt Lee (eds), Continuum: London, 2009, p. 35. 在这本文集中还有两篇涉及德勒兹对《纯粹理性批判》的解读：马特·李（Matt Lee），“调平杠杆”（‘Levelling the Levels’）；以及爱德华·维莱特（Edward Willatt），“认识的发生：作为康德读者的德勒兹”（‘The Genesis of Cognition: Deleuze as a Reader of Kant’）.

12 也就是说，德勒兹借助但超越了康德，把康德对笛卡尔“我思”的再考察当作哲学自身运作的范本。对康德而言，“我思考”是一种规定活动，它把规定性赋予时间中尚未得到规定的“我存在”（*WP?*,31）。那么类似的，在康德那里，“通过类比经验中的对象（理念赋予经验对象以统一体），理念的对象也间接得到规定……最终，理念的对象获得了完全且无限规定的理想”（*DR*,169）。

验主体的演绎重写为概念之规定的结果。康德的计划变成了哲学自身的"寓言",因为所有哲学体系最终都如此运作。德勒兹和加塔利谈到的几乎所有内在性模型的进路,都不能算彻底的内在性,因为它们没能满足哲学彻底的"发生学"要求,最后总是认为概念内在于某种超验物。概念的规定并非发生于康德所说的"主观"时间,而是位于德勒兹和加塔利所说的"永恒时间"(*LS*,73-5)或"永恒"(Aternal)(*WP?*,111)中,这个时间"先行"于所有主观时间。在德勒兹和加塔利对康德的复兴中,他们竭力避免把时间构想为对象显现于其中的纯粹直观,也就是经验的先天条件之一。相反,他们希望阐明,是概念"先在"(priori)的结合产生了康德式时间的可能性(事实上这是必然的,先前章节中艺术所试图生产的,以及
91 后续章节中科学和逻辑将要实现的,就是某种类似康德式时间和空间的东西)。永恒时间是时间"之前"的时间,概念在那里被建构起来,它从尚未规定的元素变为奇异的规定性,而这就是德勒兹所说的观念之"充足理由"(*DR*,171)。那么,如果永恒时间并非时刻彼此相连的线性时间,而是一个未来已经来临,但又从未到来的时间,这就意味着,概念不是渐进地被规定的——对德勒兹和加塔利的很多解读都承认这一点。而且,永恒时间也是概念消解或者未到来的时间,也就是说,概念从未完全地被规定。或者,换一个角度看,就像我们在下一个章节会谈到的:即使在完全规定的概念中,组件得到了其固定的意义,找到了它在系统中确定的位置,我们也必须能够把它视作差异的、非固定的、未规定的,始终向其他接受它的概念开放,其他概念进而能够以不同的方式重新与它结合。通过链接和拆解组件的过程,哲学不断地"生成"(*WP?*, 112-13)。即使最伟大和最持久的哲学体系也总是能够通过增减组件的方式被重新创造,就像德勒兹对其他哲学家的很多评述那样。哲学的悖论在于,其概念最终规定的时刻,也就是一个体系得以完

成从而无法再改变的时刻，恰恰也是它最无规定性的时刻，此时概念最大程度地包罗万象，其组件彼此到达了最大的差异，于是这些组件就最容易被其他概念所捕捉。

* * *

以上，我们处理了德勒兹和加塔利对康德的重构，在那里，最终的概念代表着各个组件间不断运动的“空间”。一方面，这个空间可以被命名为“概念”；但另一方面，它也无法被命名，它仅仅占据所有组件之共同“基础”的位置，这样的话，它也开启了其他概念可以占据的空间，它是所有组件，包括现在这个概念共有的基础。这个在组件间移动，为概念所代表的“空间”，德勒兹和加塔利把它
称作“人物”(*WP?*,62)。事实上，始终有一个问题贯穿了德勒兹 92
和加塔利对概念的描述：是谁或者什么东西，把组件结合起来构成了概念？当然，一方面我们可以说，只有从内在性平面上被截取出来之后，组件才存在；但另一方面，的确要有某人或者某些东西把它们截取出来。在哲学概念之内，所有组件都是必然且彼此证成的，所以它们必定是同时被选择的；但问题是，它们是基于什么被结合起来的？毕竟现实中它们是依次接续被组合的。德勒兹和加塔利在《什么是哲学?》中对概念“人物”的讨论，就是为了回答这些问题。他们写道，这个人物具有一种“朦胧的存在，它位于概念和前-概念平面之间”(*WP?*,61)，而且它“在(哲学)概念的建构中发挥着作用”(*WP?*,63)。不过这到底是什么意思？人物如何能够满足上述谈到的概念的双重要求？在最明显的意义上，人物可以被理解为哲学体系内代表了哲学家的某些形象或者身份，也就是哲学家言说时假想的某个声音或角色。众所周知，哲学就开始于这样的形象，柏拉图便以他老师苏格拉底的名义进行言说(*WP?*,9)。不过，德勒兹和加塔利注意到，就哲学是把概念结合起来的某种形式的“建构主义”(*WP?*,35)而言，它与人物是不可分离的。

也就是说,每个现实的哲学体系都必然创造它独特且可辨别的人物:柏拉图的苏格拉底、康德的“单身汉和他的吊带袜”(*WP?*,73)、库萨的尼古拉(Nicolas of cusa)的“白痴”(*WP?*,64)、帕斯卡尔的“赌徒”(*WP?*,73)、克尔凯郭尔的“信仰骑士”(*WP?*,74),直到德勒兹和加塔利的“一无所有”的老人(*WP?*,1)。不过,对德勒兹和加塔利来说,在哲学史上,毫无疑问尼采是最伟大的人物发明者和探索者:《悲剧的诞生》中的日神阿波罗和酒神狄俄尼索斯、《敌基督者》中的敌基督者、《善恶的彼岸》中的憎恨女人者,以及《查拉图斯特拉如是说》中的查拉图斯特拉。

毋庸赘述,每个这样的人物都可以被传记地、社会地乃至历史
93 地分析。显然,在哲学的每个阶段,哲学家都只能在特定范围内进行选择。不过,德勒兹和加塔利强调,概念人物不能被还原为外在因素,也不能被外在因素所解释。人物并非直接是传记性的、自传性的,或者在字面上等同于哲学家。哲学家常常会构想一个他们不同意的反题式人物,比如莱布尼茨在《人类理解新论》中的做法;或者展示几个人物间的对话,而他们明显并不认同那些其他人物,比如休谟在《自然宗教对话录》中的做法。而且,当尼采在其生命的末期写到“最令人不悦、最困扰我谦逊的东西,就是历史中每个名字在根本上都只是我”[13],这就意味着,一方面所有的立场都可以归属于他,而另一方面,任何立场又都能被另一个立场所反对。即使那些看似没有人物的哲学家,他们那种直接、理性且毫无中介的言说,也不过体现了另一种人物——哲学家扮演着所有立场的伪-中立法官或立法者的角色(*WP?*,72)。在所有这些方式中,哲

13 弗里德里希·尼采(Friedrich Nietzsche),“致雅各布·布克哈特的信,1889年1月6日”(Letter to Jakob Burckhardt, 6 January 1889),《尼采书信选集》(*Selected Letters of Friedrich Nietzsche*), Christopher Middleton, University of Chicago Press: Chicago, 1969, p. 347.

学都不能被还原为“哲学史”（*WP?*,83）或者任何“心理类型”（*WP?*,67）的分析。相反，哲学的真正任务，就是要从“个人生活经历的历史事态中”榨取思想，“从而能够把这些事态转化为概念人物的形象，或者转化为思想展开之平面上的思想-事件”（*WP?*，70）。不过，尽管概念人物不需要历史或传记的中介，但它也不能直接等同于一个人物角色。所以，德勒兹和加塔利拒绝把概念人物设想为任何虚构角色或者美学表现（*WP?*,65），拒绝引入任何“戏剧逻辑”（logodrama）或“形象研究”（figurology）的解释方法（*WP?*,66）。虽然艺术组合的平面和哲学内在性平面在某些方面彼此相交，但哲学概念必须与艺术中的感知物和情动绝对地区分开。出于类似的原因，德勒兹和加塔利也拒绝像东方宗教或者某些古希腊思想那样，把哲学视作某种形式的宗教“智慧”（*WP?*，52），把哲学家视作某种形式的“圣人”（*WP?*,3）。再次强调，这并不是说我们可以通过直接认同于某个人物，进而得到某种“被揭示的真理”，好像它在哲学概念之外存在。德勒兹和加塔利分析基督教哲学家帕斯卡尔和克尔凯郭尔时，说得很明白：如果他们的宗教 94
信仰涉及某种超出理性思想的，完全生存论的“信仰之跃”，那么这个“跳跃”本身就是一个哲学概念，与其说它是某种与内在性断裂的超验性，不如说它重组了，或者加倍了内在性（*WP?*,74-5）。

事实上，如果仔细阅读《什么是哲学?》，我们会发现，人物不仅仅位于内在性平面和概念之间，也就是说它选择并结合组件进而创造概念，而且，人物也出现于内在性平面之前。德勒兹和加塔利写道：“人物和内在性平面彼此预设”（*WP?*,73）。这就指出，概念人物的真实起源以及它所代表的那种力或功能，开始于艺术动态发生的第三个阶段——虽然两者并不能简单等同。如我们所见，在艺术的结尾，剩下的只有“力”、一种未来感，以及试图把感觉结合起来的那个撤回的或游牧的形象。在第三个被动综合中，首先出现了对不连续物质的把握,接下来是在再生产性的纯粹过去中对显象的记录,之后,在认知的综合中,我们尝试将前两者结合起来。就像在康德的先验演绎中,对象统一体在把握中符合主体的统一体,于是我们的表象能够被认作我们自己的,那么我们一旦生产了它们就无需再重复它们。不过就如我们所知,对德勒兹而言,这个认知的尝试总会失败,因为这里不存在进行统一的统觉,进而主体无法在客体中看到自身的图像。比方说,德勒兹在《运动-影像》中写道:“(伴随着行动-影像的危机,)情势-行动、行动-反应、刺激-回应之间的联系,简言之,就是感官-驱动之间的联系,也变得危机重重。”(*MI*,206)或者,他在《普鲁斯特与符号》中也谈到,在总体性断裂的某个点上,我们只剩下了“无法再被复原的残片,以及无法再嵌入拼图的碎片”(*PS*,101)。在这些情况下,艺术的主体消解了,其感觉四处飘散,无法再被拼合起来。这就是我们在《什么是哲学?》中看到的艺术的“镂空”以及“同一性的消解”(*WP?*,187)。不过,我们也能看到,对德勒兹和加塔利来说,新的主体和新的秩序规则恰恰出现于这一点。在《差异与重复》中,难
95 题由“学徒”(apprentice)设定(*DR*,164)。在《意义的逻辑》中,“赌客”投出了他们的骰子,从而把不依赖任何先在规则的微分元素结合起来(*LS*,75)。最后,在《什么是哲学?》中,这个新的主体当然就是哲学人物。

事实上,之所以说尼采是关于哲学人物最伟大的思想家,正是因为他把人物理解为第三个被动综合失败之后所出现的新原则。在《差异与重复》中,借助法国小说家和散文家皮埃尔·克罗索斯基(Pierre Klossowski)的作品,德勒兹在“强力意志”和“永恒轮回”两个学说间做出了一个区分,虽然两者通常被认为是同一的。“强力意志”,更多地涉及艺术向哲学之过渡的问题:它在这里被描述为某种“感受”,更准确地说是对“距离”的感受。在这种感受中,自

我或者经验到感受的个人消解了,剩下的只有“强度”(*DR*,243)。它们无法再把秩序赋予世界,于是那些被结合的元素再次分散开来,最后我们落回到无尽差异中,在那里无物返回,无物被认知。德勒兹写道:“(事件和行动)转身反对本已等同于它们的自我,将自我彻底粉碎,仿佛新世界承载者孕育出的那种复多性所带来的冲击,将它自身冲散了。”(*DR*,89-90)不过,紧随其后,在永恒轮回中,出现了一个新的秩序原则。德勒兹所说的“破碎的我”在自我之消解的复苏中出现,它穿过残留的那些断片,并且在其中发现了迄今还未被认出的一个组织,特定对象在这个组织中可以被视作再次回归。世界不再是单纯差异的,不再归属于没有尽头的变形(transfor-mation),相反出现了事物的持存或收敛。德勒兹写道:“相对于时间的秩序而言,我是破碎的;相对于时间性的序列而言,自我是分裂的。两者彼此对应,并且找到了它们共同的派生物,这个派生物的碎片被一个崇高图像所吸引”(*DR*,90)。但我们必须澄清,永恒轮回如何在强力意志失败之后引入新的秩序原则。实际上,它并不是在所是之物上引入某些新的拱悬的范畴。它并不
限定什么能被认知,什么能够回归。它也并不迫使经验符合已知 96
之物或者任何先天的东西。相反,我们也许可以说,它不过是重复了第三个被动综合的失败。它认识到事物在那里没有被认知、没有被重复,从而把对此的认识变成了一种新形式的认知。无尽的差异与变形从而如此被把握到,而在这个把握之中,另一个原则得以产生。这个原则既位于差异之外,又保证无物外在于它。(就像在概念人物中:在第一次追溯到概念中的组件之后,它又以此为开端重新开始。但是这个开端不再是同一个开端,因为现在只有借助在它之后出现的人物,它才能被看到。而相对于概念而言,什么也没有被重复,因为组件间的每次穿行都产生了某些差异物,这些差异物就是组件的概念,概念恰恰就是组件间的穿行。)

在德勒兹早期的专著《尼采与哲学》(1962)中,我们能看到强

力意志与永恒轮回的差异。德勒兹在尼采两个最著名的人物间做出了一个区分:《查拉图斯特拉如是说》中的查拉图斯特拉,这个人物涉及强力意志;以及《悲剧的诞生》和《查拉图斯特拉如是说》中的狄俄尼索斯,他与永恒轮回相关。德勒兹首先指出,查拉图斯特拉必须被理解为狄俄尼索斯的"前置条件"(*NP*,192)。没有查拉图斯特拉,狄俄尼索斯就无法存在。但同时他也强调说,狄俄尼索斯是"无条件的"(*NP*,193),它不依赖任何东西,是自明(apodictic)且自因的。那么,这一区分的关键是什么?为什么这个区分又无法严格维持?为什么狄俄尼索斯一方面追随在查拉图斯特拉之后,另一方面又与他无关?而且,为什么这个含混性对于理解狄俄尼索斯而言是至关重要的?德勒兹澄清说,查拉图斯特拉是"变形"的先知或原则(*NP*,191),是他首次把否定转化为肯定,把意义的失败或更高价值的缺席转化为一种新形式的意义与价值(*NP*,170)。不过,如果说查拉图斯特拉陈述了变形以及认知之失败的规则,那么他依旧希望外在于这个过程。他能够把世界视为命定的,不需要任何更高秩序或未来目标来评判它,但是他依然把自身当作这个命运的来源或起源。我们甚至可以说,对查拉图斯特拉而言,或者是他意愿这个世界,或者世界是命定的,但他无法同时
97 思考两者。只有狄俄尼索斯才能做到这一点。德勒兹指出,在狄俄尼索斯那里,第一个肯定(他意愿这个世界或者世界注定了他的命运)总是伴随着第二个肯定(世界注定了他的命运或者他意愿这个世界)[14]。换句话说,在狄俄尼索斯那里我们得到了斯宾诺莎式的递归性,在这种递归性中,他并不是从外部意愿这个世界,因为

14 德勒兹在《尼采与哲学》中写道:"肯定是双重的:作为第二次肯定的对象,第一次肯定自身被再次肯定,在双重的肯定中,差异提升到其最高的力量。生成就是存在,复多就是统一,机遇就是必然……但只有当第二次肯定把生成、复多和机遇当作对象进行反思的时候,存在才属于生成,统一才属于复多,必然才属于机遇。"(*NP*,189)

世界同时也命定了他。德勒兹认为查拉图斯特拉只能以中介的方式运作,思想与其原因之间始终具有某种“延迟”或“纠缠”(*NP*,193),而在狄俄尼索斯那里,则不存在这种延迟。狄俄尼索斯绝对同一于他所说出的原则。因此,如果说查拉图斯特拉试图从外部陈述事物无尽的变形,从而最终消失在这些变形之中,那么与之相反,狄俄尼索斯以一种悖论的方式,在他自身的消失中存活了下来,因为他就是他自身的变形,也就是思想者和其概念之间的那个关系。正是在这一点,概念命定了那个命定它的世界,于是它变成潜在的,得以摆脱所有的语境,能够仅仅依靠自身被理解。德勒兹写道:

> 狄俄尼索斯的规定性不同于查拉图斯特拉,它等同于绝对的原则,没有这些原则所有的条件(condition)都依旧是无力的。这就是狄俄尼索斯的至高伪装:他的产物从属于那些条件,而那些条件反过来也从属于他,于是那些产物自身又超越了条件。(*NP*,193)

不过,如果谨慎地阅读《什么是哲学?》,我们会发现,就人物而言,甚至存在第三种可能的立场:它不在第三种被动综合的结尾和内在性平面之间,这是向哲学过渡的人物;它也不在内在性平面和概念之间,这种人物筛选组件从而构造概念;第三种人物,出现于概念之后。覆盖了所有这些可能性,德勒兹和加塔利如此写道:“组成建构主义的三种行动不断地彼此过渡,第一种行动创造概念作为对难题的解决;第二种则展开平面或者平面上的运动,为难题的提出创造条件;而第三种则发明了人物,标记出难题中的未知之物。”(*WP?*,81)换句话说,有时候人物出现于内在性平面和概念之前,有时候人物出现于内在性平面和概念之间,而有时候人物出 98
现于内在性平面和概念之后。那么,我们应该如何理解上述这些?

人物现在可以往返于内在性平面之前和概念之后,这到底是什么意思?某种程度上,人物可以被理解为一种驱动概念之创造的“强度”(*WP?*,66)或者“动力”(insistence)(*WP?*,76)。也就是说,虽然不能混同于历史或传记意义上现实存在的哲学家,但人物必须回应这样一种必然性:当概念被完全规定或区分之后,它需要实现或具象在现实的身体与客体中。换言之,就我们把概念描述为经验的“结构”(*DR*,57)甚至“心灵对象”(*WP?*,207)而言,在概念产生之后,它们应当被直接地放回经验中去。回想一下德勒兹事业背后康德的启发,人物可以说扮演着类似康德图型的角色,也就是在推出可能经验的范畴之后,先天范畴如何能够应用于直观对象的问题。在德勒兹这里,这也就是当概念在动态发生的第三阶段中与物质性断裂之后,又如何能够重新被物质化的问题。这个“强度”产生于动态发生的最后阶段,它驱动了内在性平面上对组件的截取和筛选,而且驱动了组件的结合从而形成概念,最后还驱动了概念在客体上的体现——但我们总是无法捕捉到它。虽然概念试着赋予它形式,但这个强度总是外在于发生的诸环节,尽管这个发生驱动着它,而且它也驱动着这个发生。在《什么是哲学?》里,尤其是德勒兹和加塔利对很多概念的讨论中,我们总是能看到这一点。当我们考察他们画出的笛卡尔之我思的图解时,有必要提问道:那个往返于“我思考”“我怀疑”“我存在”之间的“我”到底是什么?这个“我”与其说等于我思,不如说先行于我思,潜藏于我思之下。它就是笛卡尔体系中我们所说的“人物”,是一个言说的位置。它无法在概念中被定位,但又不外在于概念。这同样也可以应用于德勒兹和加塔利对康德《纯粹理性批判》给出的图解:虽然说系统中的每个部分都代表着这个“我”,但问题是,在不同元素间运动的那个东西是什么?或者说,图解中那些线条、齿轮以及虚线指的
99 是什么?一方面,连接着系统中不同部分的虚线就是那个“我”或

者先验主体,整个系统都"内在"于它(*WP?*,57);但另一方面,它就是康德的概念人物。我们必须意识到,德勒兹和加塔利把概念和人物都当作安置诸组件的"事件"和"俯瞰"。在"事件"中,概念能够变得更加分明,能够包括更多的差异;而作为"俯瞰",尽管它外在于任何距离,但它看到的总会比所是之物更多。

* * *

哲学史并不存在。把哲学概念从一个体系完整地转移到另一个体系是毫无意义的。通过双重发生的过程,每个哲学体系都创造它自身的条件,所以任何哲学体系都无法与另一个进行比较。不过,尽管如此,德勒兹和加塔利还是能够讨论好哲学和坏哲学,或者至少做出下列这种区分:真正的(authentic)哲学和赝品的哲学、一流的哲学和单纯的评注、哲学和哲学史(*WP?*,96)。事实上,这种区分很接近《什么是哲学?》中德勒兹和加塔利使用哲学一词的两种意义间的差异:书的前四章中哲学一词的意义(这里哲学指的是概念之创造)以及"预期与概念"这章中哲学一词的意义(作为"静观、反思和交流"的哲学[*WP?*,6])。德勒兹和加塔利如下总结这个区分:"没有创造的批评是哲学的瘟疫。驱使这些争辩者和评论者的只是一种怨恨(ressentiment)。当他们用空洞的一般化反对别人时,他们谈论的仅仅是他们自己。"(*WP?*,28-9)不过,这个区分的基础是什么?我们能严格维持这个区分吗?德勒兹和加塔利用来区分好哲学与坏哲学,或者区分哲学与逻辑、哲学与意见的标准是什么?德勒兹和加塔利肯定不会根据某种真理或者与事物的符合(adequatio ad rem)来评判哲学——这种方法属于预期或者命题,而在那种情况下,答案已经预设在问题中,而客体不过是主体的投射。相反,德勒兹和加塔利从是否"有趣、引人瞩目、重要"(*WP?*,82)的角度来评判哲学。那么一个"引人瞩目"的哲学
做了什么?与其说它提供了解答,不如说它提出了难题。这些问 100

题并没有最终的答案,而是一种对所是之物无尽的“加倍”(doubling)。它并不直接地对抗或批判世界,因为对德勒兹和加塔利来说,这样只不过是构建了另一个“公理”(*WP?*,106)或“相对的解域”(*WP?*,98),从而它将依赖于它所批判之物,也就能够被任意等价的说法所替代。相反,这些问题给世界提供了新的根据或条件,在这些条件下只存在一种对问题的解决方式。这些新的条件一方面绝对地回应着它所由来的体系,并补完了这个体系,而另一方面赋予这个体系新的根据,这些根据并不属于体系自身。这就是德勒兹和加塔利追随尼采所说的“全面批判”(*NP*,89),它意味着把康德内在性批判的方法推到极限,于是,那些在批判体系名义下被借用的工具和价值(在康德的例子中,也就是灵魂、世界和上帝这些先验理念)被抛弃了,同时,所有的条件自身都显现为有条件的。但这一论断只有结合到其反面才是可能的,借助斯宾诺莎对适恰观念的定义,我们可以说:批判自身是绝对无条件的,它产生了自身,或者说它是其自身原因的原因。

那么,由于这种“加倍”的操作,我们无法在哲学体系间进行比较,每个体系只能通过自身被解释;但同时,体系也的确是由哲学家创造的。不过,我们已经解释过,这并不是说哲学家依次选择概念,然后把它们结合起来,因为概念间的搭配并不存在选择,或者说所有概念必须同时被选择。这也就是为什么德勒兹和加塔利强调说,哲学体系中的各个组件是“不可分离的”,哲学并不是从先行的内在性平面上选择仿佛已经存在,但还未规定的概念。既然每个哲学体系都创造了自身的条件,那么我们就很难去评判它们。不过,既然概念涉及对组件的筛选,德勒兹和加塔利还是坚持某种概念创造的“品味”(*WP?*,77)。德勒兹和加塔利提到,概念人物有五种性质,而“品味”与其中第四种相关。这五个性质分别是:受

迫的(pathic)、关系的、动力的、裁判的(juridical)以及生存的。“受 101
迫的”,指的是迫使思想者进行思考的东西,或者驱使人物“疯狂”的一种相遇。“关系的”,指的是不同哲学体系间的关系,这一关系由作为朋友或对手的哲学人物所中介。“动力的”,指的是人物在概念之戏剧化和分化过程中扮演的角色,依靠这个角色,完全差异的概念才能够在客体中实现。“生存的”,指的是人物和现实哲学家之间的关系,人物可以说是哲学家在其体系中的化身。而“裁判的”,则不仅仅涉及某些哲学家那里的法则性人物,比如说康德、莱布尼茨,甚至尼采的哲学人物,而是说,选择一种人物,就意味着判断哪些组件真正属于概念。不过,我们还可以继续追问:什么是这类判断的基础?毕竟内在性平面、概念和人物彼此依赖,它们甚至是彼此的界限,故而在彼此的关系中悖论性地不可比较。而德勒兹和加塔利这样描述他们所谓“精致的概念”:“‘精致’指的不仅仅是概念的稳定,更是某种激发、某种调节,在这种激发或调控中,概念活动只有相对于另外两个无界限的活动(人物和内在性平面)而言,才具有界限。”(*WP?*,77-8)

在《什么是哲学?》中,德勒兹和加塔利对比康德的三种能力来安排哲学的任务:内在性平面之展开对应着理性,人物的介入对应着想象力,而概念之创造对应着知性。不过我们也知道,德勒兹和加塔利与康德并不一样,或者说他们重新解读了康德,因为在康德的批判计划中,这些能力自身并没有被批判。虽然他摆脱了笛卡尔“外部错误”(*WP?*,52)的观念,而提出某种内在于哲学的“幻相”或“无能”(*WP?*,5)作为替代,但他依旧坚持诸能力在某种“和谐”(*DR*,133)运作中具有各自特定的位置和目的,就此而言,他并没有推出其批判的真正结论。在康德那里,他首先从时空的杂多或多样性出发,接下来是感性中对这种杂多的概观或接受,进而想象力的综合把这些材料结合起来,然后知性的范畴把形式的统一

102 赋予这个综合,而理性的理念俯瞰着这整个过程——正是理念使得知性的范畴在某种共享的“常识”中,能够应用于想象力的综合之上。但对德勒兹而言恰恰相反,没有什么自然秩序、更高的能力或者“思辨旨趣”引导诸能力的自发结合(*KCP*,27)。相反,从最初的强度出发,一团感觉经历了三个连续的被动发生,其中每一个环节都试着弥补前一个环节的失败,最终的结果并非统觉保证下主体和客体的统一,而是产生于认知之失败或者被动自我之消解的某种“破碎的我”及其“分散的部分”(*DR*,90-1)。很多评论者常常质疑,德勒兹在何种程度上严肃地接受了康德关于能力的学说,而且很多人都认为,他只是出于解释学的目的使用这些术语,或者他只是在他著名的“自由间接”* 的风格中曲解了康德。但重要的是,我们可以看到,在《什么是哲学?》中,当德勒兹和加塔利在暮年以自己的声音说话的时候,他们依旧坚持,在哲学“结尾”处的认知失败中,我们需要某种关于“绝美”(*WP?*,8)的词汇。毫无疑问,德勒兹和加塔利所说的“绝美”,就是某种比美更美,或者“崇高”(*WP?*,8)的能力,他们说,在这种能力中“甚至怪物和矮人都是精致的”(*WP?*,78)。也许就像康德的崇高概念一样,他们想要借此指出,作为表象发生中的连续环节之一,哲学不仅仅是艺术之失败的结果,更是对这种失败的承认,也就是从其他能力的失败中,制造出一个新的能力。

在《什么是哲学?》中,我们可以在内在性平面、人物以及概念的关系中发现这种崇高或绝美的能力。德勒兹和加塔利认为它是某种“先验物”(*DR*,143),也就是说,在创造概念的时候,它代表着诸能力在最高或更高层面的运作。就康德的美者而言,每种能力都是提前给定的,而它们在一个整体的目的论中占据各自的角色;

---

* 也就是转述别人的话语,但其实是为了自己的论点。——译者注

但德勒兹认为在哲学中并不存在这种诸能力间的"和谐"关系。相反,哲学中具有的是一种"非一致和谐",在那里,无物是预先给定的,并且每个能力只有相关于其他能力才能得到其自身同一性。在康德的《判断力批判》中,只有想象力被推到了其极限;但在德勒 103
兹所说的这种"非一致和谐"中,每种能力都被推到了极限,遭遇到了那些无形式的、不可理解的或者无法认知的东西,而这些东西使得每种能力都超越了它与其他能力的关系。因此,这些不同的能力无法被直接被比较,而只有在他们彼此的不可相比性中,才可以得到比较。在《什么是哲学?》中,这一点体现在标志了哲学的那种对"未规定物"的品味(*WP?*,78)。他们接下来说,这种品味,就像"三种不同类的实例(理性、想象力、知性)间的对应规则……这三种活动是严格同步的,它们仅仅具有不可通约的关系"(*WP?*,77-8)。在德勒兹早期论述康德的专著《康德的批判哲学》(1963)中,我们也能够看到这些说法。德勒兹在那里类似地指出,康德的第三批判充当着前两个批判之间的"桥梁"[15],但这并不是说它比较然后沟通了两个预先存在的能力,而是说它迫使不同的能力达到各自的极限。《判断力批判》的主题是想象力的能力,但它并非仅仅被添加到《纯粹理性批判》中的知性以及《实践理性批判》中的理性之上。相反,想象力必须借助知性和理性才能被把握,但同时它又完全改变了知性和理性。更具体地说,在"审美判断力批判"的结尾出现的崇高,一方面仅仅重复了前两个批判中已经呈现的东西,仅仅在康德整体的"建筑术"中占据着属于它的位置;但另一方面,它意味着康德的整个批判计划必须从结尾重写,前两个批判必须要依据不属于它们自身的根据被重新理解。在《康德的批判哲学》发表的同一年,德勒兹还写了一篇题为"康德美学中的发生

---

15 伊曼努尔·康德(Immaneul Kant),《判断力批判》(*Critique of Judgement*),Clarendon Press: Oxford,1952, p. 37.

观念”的文章,在其中他进一步发展了之前那个论证:“这意味着,《判断力批判》在其美学的部分,不只是补完了其他两个批判,事实上,它奠基了前两者。它发现了诸能力间的自由协调,而这恰恰是另外两个批判所假定的基础。”(‘G’,60)

我们可以慢慢展开这一点。在《纯粹理性批判》中,出于一种拱悬的“思辨”旨趣,诸能力在知性的立法中达到了“协调”(*KCP*,21)。在《实践理性批判》中,出于某种“实践的”,或者说道德的旨
104 趣,诸能力这次在理性的立法中进入了新的“和谐”(*KCP*,34)。因此我们也许可以设想,根据某种“常识”(*KCP*,21),也就是说不同能力要平等地履行其责任,那么现在轮到想象力来给其他两个能力立法,也许以感受或者审美愉悦的名义(*KCP*,47)。不过德勒兹坚持认为,康德在《判断力批判》中发现的,与其说是对其批判计划的补完,不如说是前两个《批判》间的调节性一致或和谐,在这里,不同的能力之所以能够在第三个能力的帮助下有所关联,是因为三者首先都位于一个“自发”(‘G’,60)的互相关联中,这个关联不被其中任何个别的能力所统辖。首先,在“美者的分析”中,存在着“自由”的想象力和“未规定”(*KCP*,49)的知性间的关系。然后,在“崇高的分析”中,康德勾勒了想象力与理性间的关系,但这个关系并非出于简单的一致,反而是基于某种“异识”(dissensus),于是理性与想象力的统一体是“超感官的”(*KCP*,51)。因此,崇高开启了真正的发生学原则:在这里诸能力间的一致不再像前两个批判,甚至“美者的分析”中那样,仅仅是假定的或者“主观的”。相反,它一开始就是被生产出来的。在题为“康德美学中的发生观念”一文中,德勒兹写道:“那么,这就是《判断力批判》的意义:在诸能力间被规定和被约束关系之下,它发现了一个自由的、未规定的且无约束的一致(而正是这个一致使得这本书得以可能)。”(‘G’,68)这个统一体出现的位置,或者说使得诸能力间无规定且超感官的连

接得以可能之物,就是“灵魂”。灵魂是“‘收缩’之点,是把活力赋予每个能力的生机原则,这个原则驱使了每个能力的自由运作,以及诸能力间的彼此一致”(‘G’,68)。而灵魂,甚至说“天才”(‘G’,66),也将成为德勒兹和加塔利的概念人物。

所有这些都意味着,至少就德勒兹的解读而言,康德的崇高就是哲学自身的寓言。诸多组件(知性、理性和想象力)结合起来,进而组成崇高概念这一过程,就像是诸概念组件结合起来,进而组成概念的过程。甚至我们可以说,每个概念都是一个关于哲学的寓言。无论不同概念实际的内容或者对哲学的态度是什么,但只要 105
特定概念是通过对组件的结合而形成的,那么它就总是会涉及某种“伴随”或“协同适应”(*WP?*,77),这就是说,每个组件一方面规定着其他组件,而同时又被其他组件所规定。这一点也体现在《什么是哲学?》里,德勒兹和加塔利对康德的讨论中:在第一批判里,先验主体被认作外在于发生的过程,但是在德勒兹和加塔利对的图解性重构中,我们看到,虽然的确是这个主体引发了被动自我的综合活动,但它无法外在于这个综合活动被把握。毫无疑问,德勒兹和加塔利自己在《什么是哲学?》中对哲学的构想也符合这种描述:哲学的每个组件(内在性平面、概念、人物,甚至包括艺术、哲学科学)都既是可比较的,又是不可比较的;既规定着其他组件,又同时被其他组件所规定。但是,包括德勒兹和加塔利自己的体系,没有任何哲学体系能够完全实现这种抽象的“图解”(*WP?*,51)或者“机器”(*WP?*,55-6),能够最终反思或反省这种位于其发生之内的崇高的未规定性。我们不可能直接地讨论这个崇高,而只能间接地或寓言地谈论它,就像它所产生的内在性平面一样。就像德勒兹和加塔利所说的,哲学由之开始的崇高非规定性必然始终是哲学“前概念”或者“前哲学”的条件。哲学与其说思考了它,不如说“呈现出它的存在,它以未被思考的状态存在于内在性平面中”。

哲学总是试图思考先验者背后的内在性,但又总是把这内在性变为另一个先验者。这就使得另一种哲学能够去思考这个先验者的内在条件,那么这样的过程又重新开始。所以,真正呈现出内在性的,并非是哲学说了什么,而是哲学做了什么。以一种悖论的方式说,正是哲学中不断的继承和重新创造见证了内在性。于是,德勒兹和加塔利在《什么是哲学?》中借助暮年老人这个概念人物指出,内在性总是涉及某种“疲惫”(*WP?*,24)。或者,在另一篇评论萨缪尔·贝克特——另一个思考了内在性与某种疲惫之间关联的思想家——的文章中,德勒兹写道:

> 于是存在这样一种语言,它无关于对象的列举或结合,也
> 106 无关于声音的传递,而仅仅涉及不停被置换的内在界限——
> 那些裂隙、孔洞或断裂。如果不是突然被拓宽,仿佛从外部或
> 其他地方接收到了什么东西,那么我们可能永远不会留心这
> 些断裂,而仅仅把它们归咎于疲劳罢了。[16]

16 吉尔·德勒兹(Gilles Deleuze),“穷尽”(‘The Exhausted’),见《批判与临床》(*Essays Critical and Clinical*),University of Minnesota Press: Minneapolis, 1997, p. 158.

5 107

科学与逻辑

在这一章,我们将考察《什么是哲学?》中处理科学与逻辑的两
个章节:“函项与概念”“预期与概念”。它们位于哲学的章节之后,
而在艺术的章节之前。首先要澄清的是,它们不仅仅是类似艺术
和哲学,“在混沌上勾画平面”的第三种尝试。毋宁说,它们构成我
们这本书一直在勾勒的那个发生过程中的第三个,且是结论性的
环节。在艺术的被动或动态发生、哲学的意义或潜在性之后,我们
把这第三个环节称作主动或静态发生。事实上,在《什么是哲学?》
中,主动或静态发生中有两个区分且连续的环节:一个是“函项与
概念”中的科学,这对应着静态的本体论发生;另一个是“预期与概
念”中的逻辑,这对应着静态的逻辑发生。在这两章中,德勒兹和
加塔利进一步把科学与逻辑分为三个不同的秩序,他们称之为三
种“预期”:第一种是函项的预期,即“推论系统中出现的科学函数”
(*WP?*,117);第二种是逻辑命题的预期,即对“既成事态或物体”
的“指涉活动”(*WP?*,138);第三种是意见的预期,即“对鉴赏判断
的主观评价”(*WP?*,141)。事实上甚至可以说,伴随着第三种意
见的预期,完全形成的表象和能够占有这种表象的意识最终到来,
而我们这本书试图勾勒的那个发生过程终于得以完成,并且回溯 108
性地得到证明(不过,我们将会发现,这个发生过程其实从来无法

真正完成)。

换句话说,类似于我们之前考察过的艺术和哲学,德勒兹和加塔利这两章中关于科学和逻辑的概念在根本上是比喻的或至少是定位的。在被应用于我们通常认作科学或逻辑的那些事物之前,这种概念首先指的是发生进展过程中的特定环节。(但这样就出现了一个复杂的方法论问题:因为如果科学和逻辑对应于发生中的某些环节,其中首次出现了我们所习惯的那种具有客观意义的参照性,那么它们就不仅仅是哲学概念。)在德勒兹以及他和加塔利的作品中,科学和逻辑的"指涉物"不断地变化,由此我们便能看到这种定位性。在《褶子》中,微积分被用来讨论第一种动态发生,其中知觉借由"成千上万的微分的微知觉"构成(*F*,81)。在《差异与重复》中,如我们所见,微积分被用来讨论发生中的下一个环节,其中"双向规定"的诸组件构成了观念(*DR*,183)。而最终,在《什么是哲学?》中,它被用来讨论静态发生的结论性环节,其中哲学遗留下来的潜在奇异性在此被"分化"(*WP?*,126),进而产生出实现了的物体(body)[1]。的确,在其遗作集《荒岛及其他文本》中,德勒兹谈到了数学和科学如何构成某种"技术模型"(*DI*,220)。不过,在《差异与重复》中,他也谈到科学与其他非科学的领域间可以存在"非相似的对应"(*DR*,184)。因此,这使得许多评论者的工作变得更加复杂(完全没有贬低之义),因为德勒兹所讨论的并非严格意义上现存的数学和科学,于是很多评论者努力去呈现一种由德

---

1 虽然被翻译为"差异化"(differentiation)(*WP?*,126),但事实上德勒兹和加塔利这里讨论的是"分化"(differenciation)(《什么是哲学?》法语本:*Qu'est-ce que la philosophie?*,Éditions de Minuit:Paris,2005,p. 119)。混淆"分化"和"差异化"就忽略了两者间重要的区分:"差异化"指的是观念潜在内容的规定性,而"分化"指的是这个潜在性的实现(*DR*,207)。(译者这里使用"差异化"和"分化"来保持这个区分——译者注)

勒兹启发的“小众”的数学和科学[2]。《什么是哲学?》中处理数学和科学两个章节在题目中都包含了“概念”一词,这意味着,数学和科学在这里首先是被哲学地理解的,它们是德勒兹和加塔利试图建构的哲学特定概念的组件。

事实上,“函项与概念”、“预期与概念”两章都试图探索某种现实化的进展过程。它们沿着这样一个运动展开:首先从哲学概念的潜在奇异性和内在关系出发,经由科学中完全展开以及个体化 109
的物体,最终到达逻辑与意见中一般的种类与范畴。就此而言,《什么是哲学?》中所勾勒的整体轨迹可以描述如下:首先是感知物和情动中对无主体、前个人的强度的被动综合;进而经过概念的升华与象征化,客体之生产的规则得以出现;最后在知觉和情感的主动综合中,主体和客体的符合终于到来。于是,我们也可以说德勒兹和加塔利追随着这样一条弧线:它开端处是发生第一个环节中未分化的现实性,接下来则是发生第二个环节中去质料化的潜在性,而现在则又返回到第三个环节中分化了的现实性。科学和逻辑又把我们带回了艺术中的出发点。不过,上面的说法都还太过简化。艺术中的现实物(the actual)同科学与逻辑中的被实现物

---

2 基于德勒兹以及他与加塔利的作品,重新思考科学的尝试,我们可以举出三个令人瞩目的例子:马努埃尔·德兰达(Manuel DeLanda),《强度的科学与潜在的哲学》(*Intensive Science and Virtual Philosophy*),Continuum: New York, 2002; 米格尔·德·贝斯蒂吉(Miguel de Beistegui),《真理与发生:作为微分本体论的哲学》(*Truth and Genesis: Philosophy as Differential Ontology*), Indiana University Press: Bloomington, 2004; 彼得·加夫尼(Peter Gaffney)编,《潜在之力:德勒兹、科学与哲学》(*The Force of the Virtual: Deleuze, Science and Philosophy*), University of Minnesota Press: Minneapolis, 2010. 我们的要点是:在“重新思考”科学之前,必须要明确,在德勒兹以及他与加塔利的体系中,科学也像艺术和哲学一样,占据着一个结构性位置,它不仅仅指的是科学本身,同时也是我们这里试图阐明的“主动发生”这个环节的一个名字。当然,上述这些研究者并非不知道这一点,比如说,德兰达在他的书中就附上了一篇名为“德勒兹的语词:论《什么是哲学?》”的文章,其中部分地回应了这个问题。

(the actualized)并不一样。前者是未个体化且无序的,而后者则是个体化且有序的。前者从发生过程起点处的混沌之多样性出发,而后者则在意识与可再生产的表象中得到完成。最终,就如我们将要看到的,艺术同科学与逻辑间的确存在某种真正的连续体(continuum)。第三个被动发生结尾处所产生的强度,正是驱动着主动发生中个体化过程的驱力。结对、共振和受迫运动,这三个我们在被动发生中看到的连续阶段,以某种方式重复在主动发生中。因此,在《什么是哲学?》中,德勒兹和加塔利才能够说,艺术和科学"彼此相交"(*WP?*,198)。但这种相交只有经过哲学的中介才能实现。艺术中没有观念的无序感觉,以及哲学中没有客体的观念,两者结合起来形成了科学和逻辑中的主体与客体。

我们已经指出,《什么是哲学?》中展开的整个表象之发生,的确在很大程度上重复着康德《纯粹理性批判》的轨迹,后者也类似地试图去解释经验之条件。艺术中的三个被动发生重演了康德先验演绎中把握的、再生产的和认知的三种综合。哲学中的潜在概念重演了康德的先验分析论,思想所必需的概念在这里推出。而潜在的观念只有借助科学和逻辑中的主动综合才得以实现,这重演了康德式图型法的过程,也就是说,那些从思想之可能性中推出
110 的关于经验的概念,现在被应用于经验中的现实客体。换言之,在康德那里,我们首先看到了从经验向概念的运动,这些概念使经验得以可能;而接下来,则是从概念向想象的图型化客体的返回,借助这些客体我们才能看到概念。对于他的作品之结构,康德也许会评论说,"我们或者从最小的元素出发到达纯粹理性之整体,或者反过来从其最后的终点回到其每一个部分"[3],到底先从哪个方向开始并不重要。不过,如果说德勒兹在他的工作中给自己设定

---

3 《纯粹理性批判》(*Critique of Pure Reason*), B xxxviii, p. 34.

了和康德同样的任务，也就是在经验自身的基础上内在地解释经验的可能性，那么德勒兹也在很多关键方面与康德不同。就像我们已经谈到的，康德并没有把诸能力自身的产生与那些综合（知性、想象力和统觉）联系起来，没能认出事实上诸能力产生于它们彼此间的发生性关系。或者说，如果康德或多或少开始这么做了，那么他最终还是设定了一个统摄性的先验能力（统觉），而这个能力凌驾在所有其他能力之上，并审判着其他能力。这就涉及德勒兹对康德的另一个主要批评：康德的先验演绎仅仅提供了可能经验的条件，而非真实经验的条件。康德那里的“范畴”，本应来源于经验，但却仅仅作为某种预先存在的逻辑被安置在经验之上，于是反过来经验必须符合范畴。所以德勒兹在《康德的批判哲学》中写道：“因此知性的立法行动（范畴）构成了一般的法则，而这些法则应用于作为可能经验之客体的自然之上。”（*KCP*,62）与此相对，如果说在主动综合中，的确存在着哲学概念在经验现实之上的某种应用，那么德勒兹同时也特别强调，这些概念必须能够回应经验现实而做出改变。德勒兹式的概念并不提前筛选经验，或者规定经验必须符合哪些形式；相反，就这些概念能够为真实经验的产生提供规则，从而限定经验而言，它们也被经验所限定。或者，就像德勒兹所说的，“差异中的两端（可规定的直观和规定性的概念）必须被同时设想，这就指向某种双向规定的原则”（*DR*,173）。这就是《什么是哲学?》以及其他文本中谈到的观念之“双重生成”（*WP?*，109），在其中，哲学概念一方面完全重复了现实，而另一方面又彻底改造了现实。

德勒兹在这里对康德的批评，追随着第一代后康德思想家萨
洛蒙·麦蒙的思路。而且，康德甚至在《判断力批判》中回应了麦 111
蒙的那种批评。但德勒兹在思考真实经验之条件的时候，还借助了其他的资源从而能够超越康德，这就是莱布尼茨。在莱布尼茨

充足理由律的学说中,德勒兹找到了世界与用来思考世界的范畴两者间的交互结合。莱布尼茨使用对事物实存的分析代替了通常对事物本质的分析,后者仅仅考察足以区分事物一般范畴的那些充足性质,无论事物实际上存在与否;而前者在原则上把每个事物的真实存在都归属于其定义的一部分。结果便是,我们能够史无前例地把经验分解为其绝对的奇异性,因为一方面事物上所发生的一切都被纳入了其定义,而另一方面所发生的一切都具有成为事物的潜能。这就是莱布尼茨双向的不可辨别性学说,其中每一单个事物,比方说一片叶子或者一滴水珠,都有其自身的概念,从而如果说每个事物都包含了整个世界,那么同时每个概念都对应着一个个体事物[4]。不过,如果说莱布尼茨在思考真实经验的颗粒状条件时接近了内在性,那么他和康德一样,也偏离了他所开启的道路。他指出了某种非选择性、非等级化概念的可能性,这种概念尽可能地接近它所谓述的奇异个体。但同时,莱布尼茨引入了"次级关系"(vice-diction)的概念,而上帝在所有可能世界中仅仅选择"最好"的世界使其存在,在其中,诸单子的所有差异及其发散的视角全都"收敛"到同一个连续世界中。为了反对这一点,德勒兹强调某种不可共存的"模糊"或"歧义"客体的生产性能力,而这种客体在莱布尼茨那里是被禁止的。比如说一个没有原罪的亚当,或者罗马王子塞克斯图斯·塔奎尼乌斯(Sextus Tarquin)诸多不可共存的命运(*F*,61),这些客体使得我们能够超出奇异单子的个体

---

4 在"发生与差异:德勒兹、麦蒙以及对莱布尼茨的后康德主义解读"('Genesis and Difference: Deleuze, Maïmon and the Post-Kantian Reading of Leibniz')中,丹尼尔·史密斯(Daniel Smith)写道:"充足理由的原则是说:对于每个事物,都存在一个概念囊括了将要发生在它身上的一切。不可辨别者的原则是说:对于每个概念,有且只有一个事物与之对应。"参见《德勒兹与褶子:批判性解读》(*Deleuze and the Fold: A Critical Reader*),Sjoerd van Tuinen and Niamh McDonnell (eds), Palgrave Macmillan: Basingstoke, 2009, p. 144.

性去思考,进而建构出更一般的种类或范畴。

在这一章中,我们会探究如下这个进展过程:从完全区分但潜在的概念出发,经过客体的个体化与分化,进而到达更宽泛的逻辑范畴以及能够思考这些逻辑范畴的主体。事实上,德勒兹和加塔利也承认,这个终点与康德相同。他们在《什么是哲学?》的"结论"中,重复了康德在《纯粹理性批评》的例子:"如果朱砂忽而是红色, 112
忽而是黑色,忽而轻,忽而重……那么我的经验性想象就无法在思维里将重的朱砂与红色的表象相连。"(*WP?*,202)不过,我们将会发现,他们各自到达这个终点的方式却不一样,而且对康德来说,发生的问题在到达"朱砂"这类熟悉的观念时就算得到了解决,但对于德勒兹和加塔利并非如此。在《差异与重复》中,德勒兹区分了"鲜活"表象与"僵死"表象(*DR*,262-265),而且在《意义的逻辑》与《什么是哲学?》中,谈到了哲学如何"反向-实现"(*LS*,171-3)或者"反向-施动"(*WP?*,159-60)现实物。这也就是说,虽然德勒兹和加塔利并不直接反对《什么是哲学?》中所到达的表象,但他们坚持把这种表象理解为持续发生的一部分,这个发生并不止步于逻辑范畴以及具有意识的主体。相反,发生的结论会导向进一步的发生,或者使我们回到发生的开端,这就意味着:发生的三个阶段总是同时出现的,就像哲学概念与其组件之间的双向定义一样。在下述分析中,我们会从莱布尼茨单子的角度来解读德勒兹和加塔利"函项"的观念,前者在德勒兹《褶子》一书"充足理由"那章中已经被勾勒出来了。然后我们会考察,第三个被动综合结尾残留下来的强度如何能够从哲学概念中筛选各种奇异性与关系,进而这种强度能够在德勒兹称作"戏剧化"的过程中被个体化以及现实化,这一点也呈现在题为"戏剧化的方法"的文章中。接下来,通过一段对德勒兹《意义的逻辑》的解读,我们将把从科学到逻辑,或者从函项到预期的运动,对应于静态本体论发生中从明智向常识的过渡,以及静态逻辑发生中从常识向逻辑命题的过渡。最后,我们将描述逻辑之后出现的“意见”或“含义”,它们是第三种预期或者发生中的最终环节,而这里我们的参照文本也许令人惊讶:德勒兹和加塔利的第一本合著,《反俄狄浦斯》。

* * *

在“函项与概念”中,德勒兹和加塔利所说的“函项”,可以被理
113 解为以推论形式呈现出来的科学命题。可以说,函项并不像现实科学所设想的那样,处理真正的事实,而是在处理事实性(facticity),也就是事实的构成、事实如何出现,以及如何在世界中把握事实。函项的确可以具有科学的、数学的甚至生物学的特征,但严格规定什么是函项的,是它们面对“混沌”的态度。函项所面对的混沌,可以被描述为“包含着所有可能的粒子,并且引出所有可能的形式,这些形式浮现的同时就会立刻消失,它们没有任何的连贯性或参照性,没有任何的结果”(*WP?*,118)。这听起来很像艺术之前出现的那种混沌,它也是转瞬即逝的,但关键在于,这里的混沌同时是“潜在的”(*WP?*,118)。德勒兹和加塔利似乎也把它视作哲学所面对的混沌,不过更准确地说,它是属于哲学的混沌。我们这里并不认为艺术、哲学和科学是彼此独立,而是要强调它们之间的发生性关联,所以可以说,科学开始于哲学的残留之物。科学所继承的混沌并非艺术中那个转瞬即逝的混沌,而是经由哲学中潜在奇异性和内部关系的操作之后,得到的“一致的”(*WP?*,118)混沌,它能够以无限的速度到达任何秩序。那么,科学中的函项将如何处理这些奇异性与关系?函项首先将之减速,把它们分离并且置于有序级数中。哲学在维持混沌的强度的同时,使它获得一致性并且自我指涉,那么与此相对,函项开始把混沌区分为诸多的部分,把这些部分依次排列起来,并且取消它们的强度,从而能够形成有边界的客体。德勒兹在《差异与重复》中这

样写道:“广延代替了强度,广延是这样一个过程,它由内而外地反转强度的差异,然后取消了它。”(*DR*,233)在第一步中,它在两个事物间划出界限,从而某种内部的东西和外部的东西得以出现。或者,换种方式说,界限本身就是某种东西。也就是说,虽然函项的极限(limit)在世界中引入了界限(limit),但这些界限同时也构成着世界。于是德勒兹在《差异与重复》中还写道:“明智本质上是种分配或者重新分配:其标志性的表述就是‘一方面’和‘另一方面’。”(*DR*,224)那么类似地,《什么是哲学?》中的函项也具有赋予 114
广延以及划定界限的能力,甚至可以说,它使得这种能力得以可能。德勒兹和加塔利写道:“因此第一种函项就是极限和变量,而参照就是极限之中不同变量的值之间的关系,比如说速度的横坐标。”(*WP?*,118-19)

对没有经受过数学训练的读者来说,这里的函项也许可以被设想为一张网格表中上下穿行的线,其中 y 轴(极限或纵坐标)的值对应着 x 轴(变量或横坐标)的值。在一个数学微分方程中,函项的曲线把不同的值结合起来,这些值不仅仅衡量了等比的变化(比如说,2/3 与 4/6 的关系),而且要求其中一项具有更大的乘方(比如 $y^2/x=P$)。因此,导数作为 dy/dx 这种关系中两个微分的商,使得原本无法通约的两个量能够在彼此的关系中得到准确规定。于是,在微分几乎消失的无限小的量中,或者一个弯曲的拐点,也就是 y 轴的值由正变负的那个点上,我们得到了某种无限性。德勒兹和加塔利由此指出,某种类似微分方程中的无限性的东西,能够在函项中被再现出来。作为极限的强度变化或速率,也就是 y 轴输入的值,能够对应于作为变量的广延的值,也就是 x 轴上输出的结果。从这个角度,德勒兹和加塔利认为,数学中后-微积分的真正变革,并不仅仅是对无限小(infinitesimals)的发现,而是我们能够处理无限性,并且赋予它一个相对的值。关于 19 世纪德国数学家格奥尔格·康托尔的超限数的观念,他们这样评论道:“无限本身是没有极限的,但康托尔的集合论把极限铭刻在无限自身之内:在其严格的等级化中,它安置了某种减速。”(*WP?*,120-1)那么,更一般地说,科学的整个事业,就是赋予那些看似绝对的形式或力某种数值或极限,比如说“光速、绝对零度、量子作用以及大爆炸”(*WP?*,119)。因此数学函项的定义性特征就是,它们在任何点都不断裂,在它们之中没有任何的空隙。在 x 轴和 y 轴之上,一切都能够被表象,都能够得到一个值。或者说,如果某个东西无法在一个函项中被表象,那么它必然能在随之而来的另一个函项
115 中得到表象。在这个意义上,整个世界都可以被理解为无数个函项的级数序列,每个函项都从另一个结束的地方开始,就好像是朝向世界的诸多个体视角(就世界而言,它也绝不外在于这些函项)[5]。因此,函项构成并且参照的那个数学和科学的“参照性平面”,并不像哲学内在性平面那样是单一且统一的。相反,它由无数的极限构成,这些极限不断地分裂、重构、翻倍。于是,与通常的理解相反,数学和科学的计划并非把万物整合在某个单一的统摄性方程之下。相反,它们总是要发明、创造、生产新的函项,从而将打破任何可能的统一体(*WP?*,206-7)。

事实上,德勒兹和加塔利描述了三种不同的函项,它们分别对应着个体化过程中的三个连续阶段。第一个阶段被称作“事态”,由于强度极限只能通过其对应的变量才能被看到,所以“事态”并非单纯产生于极限与变量的匹配,而是产生于两个独立变量的交叉,这个交叉进而产生了第三个变量,也就是“事态”。某种意义

5 这甚至也适用于“不连续”函数。所谓“不连续”函数,比如说,坐标中函数的曲线存在断裂,或者像另一种情况,x 轴上同一个值对应于 y 轴上不同的值。不过,尽管表面上看起来存在断裂,但就函数的解或者函数的横坐标而言,这类函数依旧是连续的。

上,事态代表了哲学中的强度和潜在奇异性的第一次“降落”(*WP?*,119)。强度纵坐标筛选出哪些值能够再现于横坐标中,而广延横坐标则是纵坐标中的强度得以表现的形式。德勒兹和加塔利把事态称作“封闭”系统中的“有序混合物”(*WP?*,123),所谓“封闭”,也就是说每一个特定的事态都仅仅关联于一个系统,而与其他系统无关。而且,德勒兹和加塔利把诸事态比作数学中的“导函数”(*WP?*,122),因为就像导数一样,在诸事态中,潜在无限的、具有不同乘方(powers)的两个“微分”在彼此的关系中被比较和定位。下一种函项的类型,德勒兹和加塔利称作“事物”(*WP?*,122)。这里,与之前相反,构成了“事物”的诸变量不再仅仅是混合物,而且它们结合起来形成了不同的关系,虽然我们会看到,如此产生的东西依旧和构成它的变量处于同一个层面上。德勒兹和加塔利写道:“一个事物总是依照互为函数的不同变量,同时相关于多条轴线,尽管其内部的统一体仍旧是未规定的。”(*WP?*,122)他们把事物称作“结对”体系间的“交叉”(*WP?*,123-4),这意味着,一个事物能够与多个其他事物建立多种关系(而且,“结对”对应着 116
被动发生第一阶段的特征,这种相似性有着重要的意义)。不过他们之后也把函项的第二阶段仅仅视作过渡性的,也就是说“借助‘潜能或力的中介’,从事态向物体的过渡”(*WP?*,154)。德勒兹和加塔利把第三种,也就是最后一种函项,描述为“物体”(*WP?*,122),它与事物中单纯“未规定”的统一体相对,物体涉及了“一组变化中的不变量”(*WP?*,122)。与事物相对,在物体那里,它的那些可替代元素不断被限制,直到出现德勒兹和加塔利所说的某种“完全个体化”(*WP?*,123)。德勒兹和加塔利把物体描述为“分离且无关联”系统间的“交流”(*WP?*,123),也就是说,物体在与其他物体的关系中得到了其形式[6]。德勒兹和加塔利关于物体给出的例子是欧几里得几何中的图形,比如说三角形,它由三个顶点或奇异点以及顶点间延展的寻常点(ordinary points)所构成;另一个例子则是生物学中的物种,其成长和发展既回应着内在的因素(内参照),又回应着外在的因素(外参照)(*WP?*,123)。

德勒兹和加塔利这里对函项的讨论,隐含着莱布尼茨的单子理论。我们发现,用以描绘从事态经由事物向物体之过渡的那些词汇,同时也能描绘从上帝无限且自我同一的属性出发,过渡到其最终表现,也就是无限可分且可辨别的单子的过程。不过,如果说在《什么是哲学?》中,这也是从单一且不可分的概念到完全个体化且可区分的个体的运动过程,那么,德勒兹和加塔利借助莱布尼茨所发现的,是对长久以来亚里士多德式论证的某种替代。在亚里士多德那里,我们不断分解一般性的范畴来得到个体。但与此相反,对莱布尼茨而言,个体由更小的谓词和差异组成,而更广义的范畴在这些个体的基础上得以形成。德勒兹在《差异与重复》中写到,"存在着一种对分化自身的进一步分化,它整合并焊接了那些被分化者"(*DR*,217)[7]。我们也可以在"函项与概念"中看到这一点。我们从事态出发,事态就像线上的诸点,在其空间的展开或广

---

6 我们这里论证的事态向物体的过渡,仅仅对应于现实化过程的第一个阶段,或者说对应于德勒兹称作"明智"的环节。原因在于,当德勒兹在《什么是哲学?》中讨论物体"更新它们的个体化"(*WP?*,123)时,呼应着《意义的逻辑》中所说的物体"局部地更新自身,为了得到限定的、新的现实化和广延"(*LS*,125),同时呼应着《褶子》中谈到的"从不停止交换"的事物和物体(*F*,65)。我们之后也会看到,这种构想在如何体现在德勒兹关于生物学"物体"的思想中。

7 换言之,我们在这个意义上所描述的个体化"物体"不仅仅适用于数学和科学,同时也适用于生物学。德勒兹论证说,在生物学分类中,个体是可传递差异的承载者,这一点可以参见 *DR*,214-6。也有文章把德勒兹的思想与达尔文的进化论联系起来考察,可以参阅内森·埃克斯特兰德(Nathan Eckstrand),"德勒兹、达尔文以及对生命的归类"('Deleuze, Darwin and the Categorization of Life'),见于《德勒兹研究》(*Deleuze Studies*), 8(4), 2014, pp. 415-44.

延中首次取消了强度。不过事态还只是混沌中浮现出来的第一个 117
秩序,于是,尽管构成它的那些变量彼此"交叉",但这些变量依旧是"独立的",而且只能产生其他的变量。在这里,每个函项都是"封闭的",与其他函项无关,它仅仅追溯一个暂时的极限,或者各个停顿点的序列。这一序列很快就会断裂,进而被另一个对它全无记忆的函项所替代(*WP?*,153)。在下一个层面,我们得到了事物。构成事物的诸变量不再彼此独立,而是互相关联,但它们无法外在于这个关系。最终,我们得到了完全个体化的物体,尽管它能够采取不同的形式,但它自身是"不变的"。我们看到,在事物逻辑的扩展中,每个物体既是"分离且无关联的",又能够彼此"交流"。这一切就像是莱布尼茨单子的逻辑——每个单子都表现整个世界,其中包括构成世界的其他单子;但它只能清晰表现距离其身体最近的那一部分。换句话说,每个单子都由一个奇异性组成,这个奇异性覆盖了构成其身体的所有寻常点,它主导了那些寻常点,或者提供了一个看待寻常点的视角,直到另一个奇异性出现,第二个奇异性同样覆盖了一组构成它的身体的寻常点,其中也包括第一个奇异性[8]。那么,尽管不同单子以不同的视角面向世界,但是上帝监视着这些单子,保证它们收敛在同一个世界中。上帝"在所有可能世界中"选择了"最好的世界",对莱布尼茨而言,这就是说这个世界具有最大程度的连续性以及单子的共存性。从以上叙述中我们能看到,德勒兹和加塔利试图探寻的,就是从最初事态的奇异

8 肖恩·博登(Sean Bowden)写道:"莱布尼茨论证说,每个单子都能够知觉整个世界,但这种知觉大部分都是混淆的、短暂的、无意识的。一个单子能够清晰地知觉或呈现的,仅仅是距离它'最近'、构成它'身体'的那些单子。"见"德勒兹的新莱布尼茨主义,论事件与《意义的逻辑》中'静态本体论发生'"('Deleuze's Neo-Leibnizianism, Events and *The Logic of Sense*'s "Static Ontological Genesis"'),载于《德勒兹研究》(*Deleuze Studies*), 4(3),2010, p. 305. 也可参见丹尼尔·史密斯(Daniel Smith),"发生与差异"('Genesis and Difference'),p. 143.

性出发,经过不断重复的分化,从而到达诸单子之建构或"整合"的过程[9]。

在德勒兹《褶子》的"充足理由"一章中,类似"函项与概念"中从概念到达个体化物体的过程,我们在这里可以看到从同一体自包含的"无限性"(*F*,44)出发,到达单子无限可分的"个别观念"(*F*,67)的过程。德勒兹所描绘的从"弯曲"(inflexion)到"包含"(inclusion)的整个轨迹指出,"事件"首先发生在线或点之上,进而"事件"被整合入线或点之中(*F*,41)。充足理由过程中的第一个阶段是"可定义物"(Definable),这一阶段中,事件等同于其谓词。
118 这是诸谓词或部分间的最初连接,它把同一体(Identical)——比如A、B这种绝对简单的观念,以AB的形式表现出来,从而把同一体的整体分解为广延[*]的部分,于是所有事物根据某种相似性的原则才可以进行比较(*F*, 46)。随之而来的是"可规定物"(Conditionable),在这里,构成它的诸部分间首次出现了某种"关系"(*F*,46)。于是,不再像可定义物那样,仅仅是没有极限的广延,这里出现了收敛于某个极限的"内含"(intension)(*F*,47)。这种内

9 这就是为什么德勒兹和加塔利说,"函数理论有两个极点,一种情况是,就变量n而言,其中之一可以被看作独立变量n-1的函数;第二种情况相反,量值n-1均为同一个独立变量的函数"。他们解释说,这类似于"切线的问题"中,一方面,"动用多少变量是根据有多少曲线进行的,每一条曲线的导数为任一点上的任一切线"——这对应于微分;而另一方面,"这条曲线自身相切于同一秩序的所有曲线,条件是坐标系统的改变"——这对应于积分(*WP?*,126)。从切线角度对积分的这种描述,让我们想起德勒兹和加塔利所说的"物体",他们的要点始终是:即使微分和积分是不可分离的,但总是需要某种"先行的"分化(微分),才能使物体的"整合"(积分)得以可能。

* 德勒兹这里所说的"广延"(extension)或"广延性","不仅包括狭义上的广度,还包括时间、数、无限可分物质,包括一切服从于类似原则的'彼此外在的部分'(partes extra partes)"。这里的关键是引入了整体和部分的原则:举例来说,就同一体本身是绝对简单观念而言,它是不可定义的;但借助整体和部分的广延性原则,派生观念得以形成,而在这个意义上"定义"才得以可能,才出现了可定义物。——译者注

含或强度产生了莱布尼茨所说的“纹理”(texture),就好像是可规定物内部性质的“总和”(F,47)。因此,莱布尼茨才得以讨论可规定物的“特性”,而不仅仅是可定义物那里的“组合物”。不过,就它们趋向其极限而言,数个可规定物能够具有同样的特性(或者反过来,每个可规定物都能够具有数个特性)(F,49)。德勒兹使用莱布尼茨关于黄金的例子如是写道:“关于同一个主词我们可以具有不止一个观念,比如说黄金既是重的,又是可延展的。”(F,50)德勒兹在莱布尼茨那里所勾勒的最后一个阶段是“个体”(Individual),其标志在于某种“无限收敛”,也就是说,与可规定物不同,绝不存在两个同样的个体。可规定物具有多个特性,但个体与之不同,它处于无数特性或性质的交叉处,而它的奇异性来自它清晰或混淆地表现的那些性质的具体组合。(再次强调,所有个体都表现了同一个世界,其中包括其他个体所表现的世界,但它只能清晰表现距离其身体最近的那一部分。)当另一个奇异性能够提供另一种观看世界的视角时,那么新的个体就由此出现,它将能够清晰表现其邻居仅仅混淆表现的部分。

自始至终,我们都能看到这两个平行过程的彼此交错:一个是德勒兹在“充足理由”中所勾勒的“包含”过程,另一个是德勒兹和加塔利在“函项与概念”中展开的“个体化”连续阶段。在可定义物中,出现了从“最初的或无定义的同一体”向“由两个最初存在之关系所定义的单纯派生存在”的过渡,这对应着事态:事态并非极限与变量之交叉的结果,而是两个变量之交叉的结果,从而产生了第三个变量。在可规定物中,那些在可定义物中原本彼此无关的广
延部分,此时“成为派生物的要件或[双向的]定义者,从而得到了 119
关系”,那么这对应着事物:事物同时与多个轴线相关,而这些轴线是彼此的函数,虽然它们的内部统一体依旧是未规定的。在个体中,单子的奇异实体得以“内在于运动,或者内在于能够主动变化

的统一体”,这就对应着物体:它由关联于一组运动的某个不变量所组成。类似地,如果使用描述个体化过程的那种术语来说,就可定义物而言,它是一种“构成了整体和部分的、出于原因的无限性”(F,46),这就像强度极限的无限性,它筛选了变量中诸广延的值从而构成事态。就可规定物而言,其关键并不是可定义者中的单纯定义者或者极限,而是要“在极限中进一步设定条件、极限以及微分关系”(F,47),那么这个通向收敛的运动就类似于事物,是一种从持存的事态向个体化物体的分割。最后就个体而言,某物既不被它自身所定义(比如说同一体),也不被级数的极限所定义(比如可定义物或可规定物,两者采取不同的方式),而是由某种秩序或连续性的法则所定义,这种法则归类了诸极限,或者说把级数转化为一个“总体”(F,50),而这就类似于物体,预定和谐或连续性法则保证了收敛中诸个体的彼此交流,而其结果便是物体完美个体化的产生。

* * *

不过,我们在这儿可以暂停一下,提出一些问题:我们是如何从同一体过渡到个体,或者从概念过渡到物体的?哲学中潜在奇异性和内在关系首先被转化为有序且广延的诸点,进而被整合为物体,那么是什么驱动了这个个体化的过程?进一步,从个体化的物体或单子出发,然后是一般性的种类和范畴,最后到达逻辑命题和意见,这样一个实现的过程其驱力又是什么?毕竟德勒兹和加塔利在“预期与概念”中写到,个体化中诸物体的互动已然规定了某种“原-知觉性”以及“原-情感性”,而这就是我们将在意见中看
120 到的“知觉”和“情感”(*WP?*,154)。事实上,德勒兹和加塔利在《差异与重复》中明确指出,从观念到个体化物体的过渡并非是直接的。分化,也就是经验客体中点和性质的外部规定的形成,并不直接跟随着差异化,也就是潜在观念中诸元素之关系以及奇异性

的内部规定的生产。相反,两者之间存在一个“戏剧化”的过程作为中介,德勒兹把这个中介类比为康德那里的“图型法”,因为只有通过图型的中介,知性的范畴才能应用于显象之上。我们已经看到了艺术被动综合中康德式综合的等价物:在艺术中,我们从分散的感觉出发,然后到达某种关于时间的思想。在艺术的第三个综合中,主体消解的同时,强度被生产出来。随之而来的是哲学中的潜在物,它包含了经验能够获得规定性的规则。那么现在,在科学的三个主动综合中,我们得到了艺术被动综合与哲学潜在物的结合,进而导向客体,以及能够思考客体的主体这两者的现实表象。某种意义上,我们将会看到,科学重复了艺术中的三个被动综合,但这一重复由哲学概念或者潜在观念所中介。就像在康德那里,潜在观念就其自身而言什么也不是,它必须走出自身才能成为客体。那么,使得观念得以走出自身的,就是戏剧化过程中的强度(*DR*,245)。但是,如果没有观念提供的规则或者蓝图,强度同样也会迷失自身。回应着康德那句名言:“思想无内容则空,直观无概念则盲”[10],德勒兹如下描述观念与强度在三个主动综合中的交互结合:“概念自身完全无法具象或者分割自己……不过,(康德的)图型也没能解释它自身能够行动的力量。但是,如果我们不再把动力的机制设定为概念的图型,而是设定为观念的戏剧,那一切就都不一样了。”(*DR*,218)基于强度逐渐地呈现,观念中的潜在奇异性和内部关系得以走出自身,但同时,强度自身也逐渐被取消,或者说,它以广延点以及诸点间关系的形式得到展开。在某种意义上,强度是在先的。很明显,在观念之前,它已经存在于被动发生中,而且就如我们所见,正是这个在先的强度创造了分化能够发生的空间。但是,在另一种意义上,强度只能通过它实现出来的那

10 《纯粹理性批判》(*Critique of Pure Reason*), A 51, p. 93.

121 些形式才能被看到。的确,强度使得个体化物体得以可能,但它并不外在于那些物体,也不能被还原为物体。就如德勒兹所说,强度是“超验的”:与其说它是被给定的,不如说只有通过它,那些被给定物才能被给定(*DR*,222)。不过,德勒兹这里与康德的不同之处在于,如果说被给定物借助强度才能被给定,那么强度自身在其每一个点上,也仅仅是被给定的。

这些也体现在“函项与概念”一章中,构成事态的最初函项那里。如果说事态的函项可以被理解为纵坐标上强度值与横坐标上广延值的相符,那么同时它也代表了纵坐标对横坐标的某种筛选。如果说强度只能通过广延性被把握——这也就是为什么事态是由两个变量,而不是由一个极限与一个变量构成——那么,尽管如此,依旧是强度决定这些广延性位于何处,以及在何处划定界限(或者,更简化地说,强度就是这种广延性和极限,因为空间自身并不先于强度而存在)。德勒兹和加塔利在“函项与概念”中写道:“只有当事态从混沌性潜在中取出某种潜能,进而将之分配到坐标系统中,它才能将这种潜在现实化。”(*WP?*,122)这也意味着,此时所形成的极限并没有完全穷尽强度。结果便是,即使我们经过了个体化的连续阶段,而且强度在其中不断地展开,也依旧有某种强度保留下来。“事物”,作为连续阶段之一,位于事态最初的广延以及完全整合且个体化的物体之间,它恰恰被描述为某种“内含”(intension)*,这种内含由“其内部性质的总和”所组成。毫无疑问,正是在事物这里,我们能够最清楚地看到,强度如何开始把数个点或者谓词聚集到一种连续性或者收敛性中,从而通往向个体化物体的转变。(类比数学的话,这就像幂级数,或者由不断重复

---

* 请读者留心 intensity(强度)和 intension(内含)两者的关系。——译者注

的“微分之微分”而产生的积分。[11]）最终，如果说在完全个体化的物体那里，首次出现了某种内部性或者自我筛选，但由于它不仅与外部接触，还能够真正地与外部交流，那么就依然存在一个等价的外部筛选，而且也必须借助这个外部筛选它才得以可能。如果说外部因素能够发挥作用是因为物体选择了它们，那么同时，物体能够获得自身的形式，也依赖于某种比它更大的原则（比如说，在莱布尼茨那里就是上帝）。这就是为什么德勒兹和加塔利在“函项与 122
概念”中谈到，物体既是内参照的，也是外参照的。这也是为什么，在进化或者胚胎学的问题上，德勒兹一方面拒绝后成说，即仅仅把胚胎视作外在因素的结果；另一方面也拒绝前成说，即认为胚胎的发展仅仅是某种预定过程的展开（*DR*,251）。相反，生物成长的真正谜题在于“蛋”，因为即使在其发展的最初阶段，它也已经能够一方面塑造世界，另一方面又被世界所塑造。德勒兹在《差异与重复》中写道：“充满生机的蛋已然是一个个体化的领域，胚胎是纯粹的个体，胚胎位于蛋之中证实了个体化相对于现实化的优先性，换句话说，个体化优先于组织器官化以及物种的规定性。”（*DR*,250）在莱布尼茨的单子论中，我们也能够看到这一点，单子一方面在多个可能世界中筛选是哪个世界产出了它们，而另一方面也是这个世界的无限产物：“世界在单子之中，但单子也依赖于世界存在。上帝把个体观念设想为单子所表现的世界的函数，并且通过对世界的运算，在它们中进行选择。”（*F*,50-1）

---

11 西蒙·达菲（Simon Duffy）在“德勒兹微分逻辑与形而上学中的数学”（‘The Mathematics of Deleuze’s Differential Logic and Metaphysics’）中写道：“幂级数的展开能够以多项式的形式写出，其中每一项的系数都是独特点（distinctive point）上连续导数的值。这样一个级数的总和代表着一个扩展的函数，它的余数趋近于零，而它的项的数目趋近无限。于是多项式变成了一个无限的级数，它收敛在独特点邻域中的函数之上”，pp,128-9. 用类似的方式，达菲之后也讨论了 19 世纪法国数学家亨利·庞加莱（Henri Poincaré）提出的“复合函数奇异性”（p,138）的说法。

在“函项与概念”中,德勒兹和加塔利讨论了科学中科学家名字所扮演的角色,其实这里他们处理的就是强度以及它所开启的筛选问题。如我们所见,德勒兹和加塔利分析了世界如何通过一系列的分裂或者分叉而得以实现,在分裂中,两个原先被认作同一的事物得到了边界。这很接近单子的筛选过程,因为单子就是这样一个决定:选择清晰表现哪些事物,又让哪些事物仅仅保持模糊——那么科学中,这个过程背后的能动者或者强度,就被称作科学家的“专名”(*WP?*,128)。德勒兹和加塔利在“函项与概念”中举出了几个此类分裂或分叉的例子:它存在于诸元素的区分中,比如19世纪俄罗斯化学家门捷列夫提出的元素周期表,同时也存在于有理数和实数的区分中,甚至存在于牛顿和爱因斯坦对世界的不同构想之间(*WP?*,123-4)。我们将会看到,从微分和积分之关系的角度,甚至从明智与常识之关系的角度来看,这种分裂有着重要意义。在这种分裂的启发下,我们能看到,并非预先存在的统一体在未来将被分裂,相反,这些统一体自身就被视作将要到来的分
123 裂,也就是说,它们自身仅仅是那些已然分裂者的重新组合。德勒兹和加塔利写道:“但在另一个同时进行的方向上,即从后向前的看:整数呈现为分数的一个特例,有理数呈现为直线点集中那些‘断裂’的特例。”(*WP?*,124)因此,德勒兹和加塔利把积分和微分视作函项的“两个极端”(*WP?*,126),这就是说,积分最终仅仅是微分的效果,是微分的某种进一步深化。德勒兹在《差异与重复》中以类似的逻辑谈到生物学中的分类:个体并非是相对于物种而言的幻觉,相反,物种才是相对于个体而言的幻觉(*DR*,250)。因此,科学家的名字在科学中的作用与哲学家的名字在哲学中的作用不同。就如我们所见,在哲学中,哲学家的名字(或者说以他们名字所命名的哲学体系)复述了他们讨论的那些先前的哲学体系,因此他们也复述了那些主题,从而双重化了世

界。这意味着，当某个哲学体系给先前的体系加上某个组件时，它并非拒绝了先前的体系，而是给它提出完全不同的解释和根据。所以，当康德给笛卡尔的我思加上时间这个组件的时候，并不意味着突然间笛卡尔就错了或者过时了，而是说，笛卡尔的哲学如今只有在康德给他提供的根据之上才能被把握："我"与其自身的等价仅仅发生在时间这个不可见的介质中（*WP?*，31-2）。相反，科学并不会原封不动地继承先前的体系，而是要在其中引入某种分裂，或者揭示出先前的体系也不过是对它之前的某些分裂的缝合。科学并不重复先前体系的整体然后双重化它们，而是把先前体系仅仅视作其自身一个"特例"（*WP?*，126），视作过去或将来的某个分裂的效果。所以，实数并不与有理数决裂，而是揭示出有理数仅仅是实数的一个子集。爱因斯坦不仅打破了牛顿的体系，而且揭示出牛顿的经典力学只是其量子力学的一个子集，是量子力学在特殊情形下的应用。因此，德勒兹和加塔利认为科学存在于"连续的、枝杈状的"时间，而非"地层学的"时间。科学的历史是"聚合的"，而非"组合的"（*WP?*，124），因为每个
连续的科学体系都打破了先前的体系，意味着我们不用经常回到 124
之前的体系中；这与哲学相对，在哲学中，我们总是以不同的方式重读同样的文本（*WP?*，124-5）。[12]

不过，在"函项与概念"一章中，科学家还扮演着另一个角色。因为紧接着对"专名"的讨论，德勒兹和加塔利马上谈到作为"理想仲裁者"或者"局部观察者"的科学家，也就是说，科学家并不是"总

---

12 沿着这个方向，德勒兹和加塔利进一步对比了科学中"参照系的并置"和哲学中"层面的垒叠"（*WP?*，128）。也许一开始看起来，似乎科学才是"组合的"（前后相继的），哲学才是"聚合的"（彼此替代的），但严格来说，德勒兹和加塔利的要点是，每一个哲学体系并没有与它由之而来的前一个体系完全割裂，而是层累在前一个体系之上，而它又将体现在后续的体系中，于是所有的体系都将被双重化，后续的体系仅仅是垒叠在前者之上。

体观察者”,后者更像是单子或者所有单子背后的上帝。事实上,“局部观察者”这个表述尤其适用于对科学家之角色的第二种构想,因为首先科学家的职责是某种“观看”(*WP?*,128),这意味着,它超出了函项严格的数目规定,但同时又不必是对所有事物的观看。那么,最早在《意义的逻辑》(*LS*,64-5)中,德勒兹和加塔利在数学自己的领域中,给出了此类“观看”的例子:当数学家“指出一个计算的过程,并预期其结果,但并不确定能否推出它”的时候,他们就进行着某种部分观察。不过,关于这第二类函项,或者我们与第二类函项的关系,德勒兹和加塔利提出的最重要的例子出现在《褶子》(*F*,21-2)一书中,即几何圆锥体的问题。莱布尼茨最早提出了这个问题,然后17世纪法国数学家德沙格(Girard Desargues)进一步发展了它。“局部观察者”的关键就在于:每个圆锥体的观察者都只能从不同视角看到某些不同的且不可调和的侧面。即使一个观察者站在圆锥的顶点,意味着名义上他的位置能看到整个圆锥,他事实上依旧只能看到圆锥的某些方面,而看不到其他的方面。德勒兹和加塔利写道:“视角固定了一个局部观察者,就像一只眼睛,在圆锥体的顶点它能够把握其整体轮廓,但同时却无法把握其表面的起伏或者性质,因为这些性质依赖于另一个局部观察者的位置。”(*WP?*,129)不过,德勒兹和加塔利强调,无法观察万物、无法实现必然的一般化,这绝不是知识的界限。相反,它代表着另一种知识。用他们的话来说,科学的视角主义甚至相对主义体现出来的并非“真理的相对性”,而是“相对物的真理”(*WP?*,130)[13]。或者,他们在别处谈到,不同于我们通常对科学的理解,也

---

13 科学家的名字不仅代表着明智,也代表着常识。关于这一点,德勒兹和加塔利写道:“科学家的名字并不在于分配方位点,进而在内在性平面上组织一种组合;相反,它建构起一种聚合,这些聚合被投射到具有必然取向的参照系统中。”(*WP?*, 125)

不同于莱布尼茨指向全知上帝的充足理由律，他们认为科学中的核心角色类似19世纪英国实验物理学家詹姆斯·麦克斯韦提出 125
的那种“妖魔”。因为，在某种程度上，这个妖魔只能在其他事物无法存在的地方被把握（或者，换种方式说，这个妖魔始终是无法被认知的，因为它试图解释许多不可共存，却又真实存在的结果）。德勒兹和加塔利写道：“问题并不是（科学的‘主体’）能够做什么或者不能做什么，而是他们以何种方式肯定事物，他们如何从概念或函数的视角去肯定那些他们甚至并不了解也无法操作的东西。”（*WP?*，129）

题为“戏剧化的方法”的文章写于德勒兹创作《差异与重复》的期间，最初作为一期课程在1967年提交给法国哲学协会。在那里，德勒兹锚定了下列问题：到底是什么驱动了主动发生的不同阶段？又是什么把观念从其潜在状态中提取出来，进而导向具有广延和性质的客体？在德勒兹所谓“戏剧化”的“时空动力学”（‘D’，94）中，他用下列术语描述了这个过程：“在组织化和特定化（specification）的过程背后，我们发现的无非一种时空动力学——也就是说，空间的纯粹综合。无论是分叉、秩序、混沌这些最一般特征，还是发生性的和具体的特征，都依赖于这些发展的方向”（‘D’，96）。如我们所见，德勒兹用这个过程类比康德的图型法，后者就是把抽象概念赋予直观中对象的过程。不过，延续德勒兹一贯的批判方法，如果说主动发生的环节类似于图型法，那么两者间也有着极为重要的差别。在康德那里，尽管他不断强调图型法的创造性，但“我们知性的……这种图型法是人类灵魂深处的一种隐秘的技艺，我们很难在某个时候从自然中猜测出它的真正操作技巧，并将它毫无遮蔽地展现在我们眼前”[14]，所以，当概念从它源

14 《纯粹理性批判》（*Critique of Pure Reason*），B 181，p. 183.

起的知性能力出发,经过想象力的中介,进而到达客体中的时候,概念本身在这一穿越中并没有什么大的改变。经验作为先天逻辑概念的结果产生,完全被这些概念所看穿。这意味着,只有在经验符合概念的时候我们才能认知经验。与此相对,在德勒兹那里,如果说观念的潜在奇异性和关系也都通往客体,但观念也并不外在于客体而存在,且只能借助客体才能被看到。在主动发生的戏剧化中,观念的潜在奇异性和关系通过分化的过程逐渐被实现,但它
126 不像康德的图型法那样是被动的,反而是主动的,因为它给观念带来了某些最初没有的东西。德勒兹在《戏剧化的方法》中强调说:"不过,我们必须重视[观念及其实现之间]非-相似性的条件:种和性质并不类似于观念运作其中的微分关系,而奇异性也不类似于它们实现出来的有组织的广延"('D',100)。可以说,在科学中常常能遇到的那种根本性的"我不知道"(*WP*?, 128),就暗示了这一点。不过,和康德的另一个区别在于,尽管德勒兹不断强调戏剧化中的"主动性",但这绝不是某种意识能动者的主动性。主动发生的第一个阶段,也就是个体化,是由某种专名或者"必然理由"(*WP*?,126)所实现的。其第二个阶段,我们也已经谈到过,是由一个"理想仲裁者"或者"局部观察者"所实现的。这就像德勒兹在"戏剧化"中谈到的,首先是一个"幼体的"或"胚胎的"主体促生了个体化以及明智,然后是一个"差异操作者"或"模糊的先驱"('D',97)促生了分化的第二个环节以及常识。

在《戏剧化的方法》中,德勒兹展开了如下这个过程:强度通过三个连续的阶段"戏剧化"或分化了观念。主动发生的三个阶段回应着被动发生中三个类似的阶段(但它们的差别在于,主动发生是空间性的,并且借助观念以及幼体的主体运作;而被动发生则是时间性的,它导向了观念的产生以及主体的消解),也就是:"结对"、"内部共振",以及"不可避免的运动"('D',97)。第一个"结对"

阶段在“函项与概念”的语境中被大量讨论，而德勒兹在这篇文章中对此的描述，使用了我们已经相对熟悉的术语：“即使我们无法区分其中现实的部分，但我们依旧能够标记出那些异常(remarkable)区域或者异常点。”(‘D’,96)不过，在这篇文章中，德勒兹进一步勾勒了分化过程接下来的两个阶段，而这些阶段其实已经隐含在“函项与概念”中了。后两个阶段意味着，我们此时不仅具有完全个体化的物体，或者由广延点以及谓词总和所构成的单子，而且得到了独立且现实化的客体，它由微分的性质所构成。首先是“内部共振”，与“结对”阶段中可区分的部分相对，这里出现了某种“质性化或特定化的综合”，它不仅分化了数个奇异点， 127
而且区分出了观念中不同性质间的关系。然后是“不可避免的运动”，它产生于结对和共振，但又超越了两者，其中出现了某种“超出基础级数自身的振幅”(‘D’,97)。(德勒兹会说，结对中量的差异与共振中质的差异是无法彼此分离的，“不存在没有广延支撑的性质，也不存在没有有机部分或点的种类”[‘D’,96]，在某种意义上，“不可避免的运动”就是对前两个过程的结合。)从“结对”出发，经由“内部共振”，最后到达“不可避免的运动”，这样一个进程听起来很接近我们在“函项与概念”中已经见到的“个体化”过程，而且在某些方面的确如此——不过，我们想要指出，关键在于这里出现了某种超出个体单子的东西。单子仅仅由充足理由的收敛规则所定义，而我们想要强调的是，当德勒兹谈到“内在共振”把“强度级数”(也就是单子)置入关系之中的时候，单子就不仅仅被收敛规则所约束，而是开启了某种发散。这种“发散”(‘D’,102)仅仅隐含在“戏剧化”过程的结尾之处——德勒兹试图把它纳入对单子个体化过程的讨论时，其实遇到了不少困难，比如说《褶子》中“充足理由”之后的那一章就专门用来处理这个问题——他在那里将之暗指为“差异操作者”或“模糊的先驱”(‘D’,97)，而我们认为这可以联系到“函项与概念”中的“理想仲裁者”和“局部观察者”。德勒兹如下描述“戏剧化”中“模糊先驱者”的行动:“一道闪电划过不同的强度,但某个模糊的先驱先行于这道闪电,它是不可见的、不可感知的,但就像某种沟渠,它预先规定了闪电的途径,因为这途径首先就是诸差异序列得以交流的中介。”(‘D’,97)[15] 这意味着,先驱的行动超越了个体化中诸点的延展以及谓词的总和,它代表着某种明智,从而能够解释观念的分化如何产生某种最初既不在其奇异性,也不在其性质中的东西。

* * *

如我们所见,德勒兹在题为“戏剧化的方法”的文章中勾勒了
128 主动综合的三个不同阶段:结对、内部共振和不可避免的运动。我们已经详细考察过第一个结对的阶段,德勒兹和加塔利把它称作“个体化”,在其中,被动发生结尾产生的强度被取消了,首先被转化为延伸为线条的奇异点,然后是这些点在个体化物体中的聚集。尽管并非一目了然,但个体化的关键特点是,最终物体或单子所产生的无非是构成它的诸谓词的“总和”(*F*,47)。换句话说,就像莱布尼茨在充足理由学说中强调的,构成单子的诸谓词是“分析的”(*LS*,131),或者“非-归属的”(*F*,53)。每个谓词都以同样的直接性应用于它所构成的世界,其区别仅在于清晰程度的不同。不存在更宽泛的一般性,比如说两个单子由同一个性质所定义,或者同一个性质被不同的单子所共享,这也许出现在过渡阶段“事物”中,

15 必须承认,当我们把“戏剧化”的三个环节对应于本体论发生的整个光谱,而且把参照物中的外延、内涵、把握仅仅视作逻辑发生中“指谓”的部分时,这个解读颇有风险。不过,休斯在《导读德勒兹〈差异与重复〉》(*Deleuze' s Difference and Repetition*)中也论证说,观念如何作为客体之生产的规则而运作,这个问题德勒兹始终没有完全回答(p,145)。但休斯这本书论证的力量在于,它描绘出了德勒兹作品不同部分背后的隐含结构以及平行序列,而这也是我们所追随的解读方式。

但那里最终的个体化还尚未完成。德勒兹在《褶子》中“不可共存性、个体性、自由”一章里写道:“我们从世界出发,就像从曲线或事件的级数出发一样,这是奇异性的纯粹散播。例如,这里有三种奇异性[构成亚当]:他是第一个男人、生活在伊甸的乐园中、拥有一个出自他肋骨的女人。但接着出现了第四种奇异性:犯罪。”(*F*,60)主动发生的第二个阶段,即内部共振,可以被理解为个体化之后的现实化过程。它所做的,正是把那些原本并不在一起的性质或谓词结合起来,产生的结果既无法在个体中找到,也不能还原为个体。也就是说,谓词在这里不再是分析的,而是综合的,谓词并不等价于它们所描述的客体,反而有助于创造新的客体。莱布尼茨著名的例子就是亚当(虽然他最后拒绝了这个例子),之前定义他的谓词是第一个男人、生活在伊甸园中、用他的肋骨造出了夏娃,但当他被定义为罪人亚当的时候,相对的,我们也可以为亚当设想“抵制诱惑”的谓词(*F*,61)。这并没有产生矛盾,因为就谓词描述实存而非描述本质而言,其中并不存在对立,而是莱布尼茨所谓的“次级关系”。次级关系并不指向一个其中诸单子由其连续性所定义、单子间差异进而消失了的秩序,而是指向其他世界的可能性。现在我们就得到了这样一个世界,其中“同一个”亚当可以既 129
是有罪的,也是无罪的。换句话说,不同的世界并没有集中收敛,而是彼此发散。德勒兹坚持认为这个环节是发生的必要部分,它把不可调和的诸性质结合起来,借由这个过程,客体不再仅仅是其谓词的分析总和,而且成为某种能够用于不同情境、能够跨越数个无关世界而依旧被理解的一般性。他谈到的是一个亚当,而非我们熟知的那个亚当,但两者仍然可以具有同样的名字:“这不是因为第五个奇异性与第四个奇异性‘犯罪’背道而驰,以至于必须在两者之间做出选择。而是因为从这第五个奇异性到其他三个奇异性的延长线不是收敛的,换句话说,它们并不经由共同的值。”(*F*,

61)

“戏剧化”的第三个,也是最后的阶段是“不可避免的运动”,它也在某种程度上重复着我们已经在艺术被动发生中看到的那些过程。在这里,通过第二个阶段中“昏暗的先驱”的操作,可认知的客体以及能够认知客体的主体同时被生产出来。如果说共振中包含某个特定的客体=X,或者说“差异间的交流”(‘D’,97);以及某个特定的主体=X,或者说“差异操作者”,那么这两者无法共存,它们无法达成一致或者还原为各自的构成部分,但两者却又彼此依赖才得以可能。能够跨越不同世界的不可共存主体=X,只有依赖于某个它能够认知的特定客体=X 才出现,而不可共存客体=X 也同样依赖于某个认知它的主体=X 才能出现。这就是德勒兹对《纯粹理性批判》里先验演绎中先验客体=X 的改造[16],不过与康德不同,德勒兹并不认为这个客体是预先制成的。在康德那里,客体=X 仅仅是隐藏在主体统一性之下的某个先在客体或客体形式,它提供了不同认识能够被综合起来的空洞形式。而在德勒兹这里,与康德相反,客体=X 仅仅产生于主体和客体两者间相遇的关系,这个过程被德勒兹称作“超出基础级数(也就是结对,甚至共振)自身的振幅”(‘D’,97)。事实上,正是由于在某种程度上同时废除了“模糊”的主体以及“不可共存”的客体,最终实现的主体和
130 客体才得以产生。比如说,在《什么是哲学?》另一个晦涩的段落里,德勒兹和加塔利谈到,在量子力学的海森堡原理中,由于“两个粒子的相对位置外在于现实化的领域”,所以我们能够得到“客观的事态”(*WP?*,129)。在共振中主体和客体的短暂结合之后,德勒兹和加塔利把两者的分离称作“戏剧化”中“不可避免的运动”。正是通过“不可避免的运动”,我们最终得到的不再仅仅是由广延

---

16 《纯粹理性批判》(*Critique of Pure Reason*), A 109, p. 137.

的部分以及性质所构成的个体化物体,而是完全实现的客体,它不再由其性质的总和所界定,而是能够应用于不同的语境。(德勒兹在《戏剧化的方法》中说得很清楚,主动综合的第一个环节,也就是结对,可以被理解为在广延中对观念潜在奇异性的发掘。而主动综合的第二个环节,即内部共振,可以被理解为观念各部分之潜在关系的分化。德勒兹还澄清到,在广延中,奇异性的广延不可能外在于性质的分化,就像性质的分化也不可能外在于奇异性的广延。此外,正是第三个环节不可避免的运动中对前两个环节的结合,才使得前两个环节得以可能。不过,解读的真正难题在于,当德勒兹在这篇文章中讨论这些时空动力学的时候,他指出它们不仅产生了个体化,而且能够超出个体化的过程,进而带来完全实现且分化的客体和主体。就《褶子》和《什么是哲学?》中由收敛所定义的物体而言,也许可以说我们还没能到达主动综合的第二个阶段,也就是德勒兹所说的"常识"。不过另一方面,考虑到主动综合自身的回溯性本性,即后来的阶段解释了先前的阶段,或者早先的阶段已经包含了后来的阶段,那么也许德勒兹在这篇文章中描述的"戏剧化"第三阶段不可避免的运动,其结果也可以被称作物体。[17])

在《意义的逻辑》中,德勒兹极为详细地考察了结对与共振、个体化与分化,以及收敛与发散的关系。在其中"静态本体论发生"一章中,他主要勾勒了从"明智"到"常识"的轨迹。在"明智"中,

---

17 此类"转移和堵塞"不仅存在于本体论发生和逻辑发生之间,也存在于本体论发生的不同环节(所谓、所显、所指),以及逻辑发生的不同环节(指谓、显明、意指)之间,*LS*,136-7。事实上,由于莱布尼茨在揭示了不可共存性之后,依旧没能突破"既成的观点",德勒兹因此抛弃了莱布尼茨之后的构想。但这也并不是说,由于不可共存性的出现,德勒兹就抛弃了所有的逻辑范畴,相反,他旨在追溯不可共存性在逻辑范畴形成过程中的发生性角色。当然,对德勒兹来说,当逻辑范畴出现的时候,不可共存性最终也会消失于其中。

131 “奇异性”构成了个体,个体依次相连,每个个体都表现了一个世界,而这些被表现的世界彼此一致。在“常识”中,我们则遇到了某种“单个的歧义符号”,它跨越了数个彼此“发散”的世界(*LS*,131)。那么,对我们而言这里的关键在于,这一运动如何借助某种“不可共存性”前进,又如何由德勒兹在《戏剧化的方法》一文中谈到的“模糊的先驱”以及《什么是哲学?》中的“局部观察者”所促生。在追问我们如何从“明智”向“常识”过渡,也就是从个体化物体出发,经由客体的分化,最后到达更宽泛的种类和范畴的时候,德勒兹首先描绘了胡塞尔的后康德主义方案,即某个“超越单子”的“赋予意义的自我”(*LS*,129)。不过,如我们所见,德勒兹拒绝这种“客观的超验性”(*LS*,129),即仅仅由某个先在的主体安置其既定的范畴,如此的话,经验就不得不内在于主体。相反,对德勒兹而言,超越经验之物的可能性仅仅产生于经验的差异或发散之内。他写道:“只有当我们在那些不可共存的世界中,跨越那些发散的级数而辨认出某种同一之物的时候,作为认知主体的自我才会出现。”(*LS*,130)(这就是为什么德勒兹和加塔利在《什么是哲学?》中谈到,科学“其实并不旨在追求某种有序现实体系的统一性,反而要避免太过远离混沌,只有这样才能在混沌中找出某种潜能,来把握和应对其中困扰它的那一部分”[*WP?*,156]。)于是,“静态本体论发生”中,德勒兹谈到,客体=X横跨了发散的级数,而且在诸多不可共存世界中都可以被辨认出来,它大于任何的个体化单子;类似地,那个辨认出这一客体的自我也大于任何特定的单子,因此,两者作为产物本身并不存在于单子之中。这就像德勒兹所说的,犯罪和无罪虽然不可调和,但可以属于“同一个”亚当;椭圆、双曲线、抛物线和直线这些现象虽然多样,但都属于“同一个”圆锥体(*LS*,130)。接下来,德勒兹转向对阿根廷作家博尔赫斯(Jorge Luis Borges)著名短篇小说《小径分岔的花园》的讨论,这是他在《褶子》中所描绘的新巴洛克当代美学的典型之一。在小说中，主人公具有数个不同的可能性——“方君可能杀死不速之客， 132 也可能被他杀死，两人可能都会活下来，也可能会同归于尽”（*LS*，131），尽管所有情况都发生在“类似的”世界，发生在“同一个”角色身上，但我们无法断定哪种可能性真正发生了。在每种情况下，谓词都不再像现实化第一阶段的个体化那样，仅仅分析地描述了物体，而是综合地定义了“人称”（person）（*LS*，131），他不再仅仅是构成他的性质总和，而能够跨越原本无法调和的数个世界。“在基于范畴的连续特定化中，人称主要受到或强或弱的一般性的影响”（*LS*，131），正是在这里，基于个别但歧义的人称，更为一般化的种类和范畴产生了。也就是说，对个体而言，它仅仅是构成它的世界或谓词的结果，当另一个个体能够清楚表现它混淆地表现的东西时，这个个体就消解了；而对人称而言，谓词和世界自身成了变量。改变，甚至显现或消失的是谓词和世界，而人称始终保持同一。

我们可以慢慢展开。在本体论发生的结尾我们得到了人称，在此基础上，我们进一步得到“由人称构成的、只有一个成员的种类，以及属于人称的、只有一个常量的特性”（*LS*，132）。我们可以把单个成员的种类视作某种“所指”（signified），对应于先前明智中的“所谓”（denoted）和常识中的“所显”（manifested）。（在“静态逻辑发生”中，德勒兹使用“所谓”这个词来讨论个体化物体，使用“所显”这个词来描述联结于主体而产生的客体=X［*LS*，137］。）不过，讨论了只有一个成员或常量的种类之后，德勒兹中断了这个论述，宣称本体论发生在此到达了终点，接下来开始的是逻辑发生。因为，事实上这些只有一个成员和一个常量的种类不仅使得范围更大的、具有数个特性的种类得以可能，而且依赖于后者。然后，德勒兹指出，这些更宽泛的逻辑种类和范畴是所指客体和主体的回溯性条件(*LS*,138)。我们能看到,《什么是哲学?》也重复了这个论证:在"函项与概念"的结尾处,讨论完"局部观察者"以及"事物自身的视角"(*WP?*, 131)之后,某种类似常识中主体与客体的
133 等价物在此出现。德勒兹和加塔利认为,它指向了另一种完全不同的"预期"秩序,而这就是"预期与概念"一章开始的地方。就像本体论发生和逻辑发生的关系,预期显现为函数的回溯性条件,或者换句话说,函项仅仅是预期中的第一类(*WP?*,155)。不过在我们更仔细地处理预期之前,我们可以返回讨论明智与常识,或者个体与人称的关系。个体标志着某种收敛,其谓词是分析的;而人称标志着某种发散,其谓词是综合的,而且,人称产生了更宽泛的种类与范畴。我们可以试着解释,德勒兹为什么说不可共存客体=X能够通行于所有或者数个世界,为什么这个客体依赖于某个能够认知它的主体=X,以及——进一步——完全差异化的观念与其实现,也就是完全分化的客体,两者间为什么并不是一种简单的相似关系。为了回应这些问题,我们将阅读另一个作者,一个德勒兹在《褶子》和《意义的逻辑》中为了发展其后莱布尼茨形而上学使用的最多的那个作家:博尔赫斯。

我们要着手处理的并非博尔赫斯的某篇小说,而是他的一篇文论:《卡夫卡及其先驱者》。这篇文章模仿甚至戏仿了经典的文论方法,它尝试通过考察卡夫卡作品的六个"先驱者",来寻找那些定义了卡夫卡的特殊性质。在每个先驱中,我们仿佛都能"认出卡夫卡的声音,或者他的习惯"[18]。这六个先驱者分别是:古希腊哲学家芝诺、9 世纪中国散文家韩愈、19 世纪丹麦神学家索伦·克尔凯郭尔、19 世纪英国诗人罗伯特·勃朗宁、20 世纪法国小说家莱

18 豪尔赫·路易斯·博尔赫斯(Jorges Luis Borges),《大全图书馆:非虚构,1922—1986》(*The Total Library: Non-Fiction 1922-86*), Penguin: New York, 1999, p.363.

昂·布洛瓦(Léon Bloy),以及20世纪爱尔兰作家邓萨尼勋爵(Lord Dunsany)。在讨论并捍卫了每个先驱之后,博尔赫斯以一种艰深且复杂的语言写道:“如果我没有搞错,那么我举的那些驳杂的例子同卡夫卡有相似之处;如果我没有搞错,那么它们又彼此各不相同。”[19]我们应当如何理解这句话? 第一眼看来,博尔赫斯的确错了。因为真相似乎恰恰是博尔赫斯所宣称的反面:每个先驱和其他先驱都具有某种共同点(比如说,某种“卡夫卡式”的性质),但他们与卡夫卡并没有共同点(因为卡夫卡是一个伟大且个别的作家,而他们仅仅是卡夫卡的“先驱者”,仅仅在卡夫卡的光芒下才引起我们的兴趣)。不过,让我们更仔细地考察这个对比或列举的过程。第一个,是卡夫卡和芝诺的对比。我们能感到,芝诺的 134
运动悖论捕捉到了某种我们试图触碰的卡夫卡式性质,但似乎又没有完全把握到它。为了指出在芝诺对比中我们错失的那部分卡夫卡式性质,在这一对比中引入某种裂缝,我们将过渡到第二个先驱者,也就是韩愈和他关于麒麟的寓言*。然后这一过程依次进行下去。当我们每次都给这个名单加上新的名字的时候,每个先驱者都尝试说出之前的对比所遗漏之物,都揭示出:之前的类比还没能说出卡夫卡的一切。于是,这正像博尔赫斯指出的,名单中的每一个作者彼此间都毫无共同点,因为它们都试着说出之前其他先驱者所遗漏的东西;但同时它们全都和卡夫卡具有共同点。更深入地说,每个先驱者与其说在描述卡夫卡是什么,不如说指出了之前其他先驱者共有的是什么。每个先驱者都在描述那个被遗漏的真正的“卡夫卡”,而正是这个被遗漏的特性构成了其他先驱者言说卡夫卡的条件。每个先驱者都想要说出:作为一般性质的卡夫

19 《大全图书馆》(*The Total Library*), p. 365.

* 博尔赫斯的译者王永年先生指出,博尔赫斯这里的引用出自韩愈《获麟解》。——译者注

卡和那些定义了卡夫卡的特殊性质序列之间的差异。博尔赫斯故事中真正的“卡夫卡”、所有这些先驱者都试图锚定的真正的“卡夫卡”,其实就是这种差异,它使得那种“卡夫卡式”性质,或者卡夫卡与其先驱者的相似得以可能。当这种使得我们能够讨论卡夫卡的“差异”被穷尽,当之前诸先驱的序列不再遗漏任何性质的时候,这个名单也就得到了完成,而我们也无法再进一步找到其他的先驱者,此时,我们才得到了所有先驱者都共有的,真正的“卡夫卡”。

用德勒兹的话来说,这组引申出来的先驱者、以历史时间依次列出的那些作者,试着把卡夫卡展现为某种常识。常识中质的展开解释了明智中量的分布:卡夫卡独一无二的性质,体现的是他与那些先驱者的关系。但同样的,没有明智反过来也就没有常识:除非通过其先驱的历史序列,我们没有其他办法来描述这种“卡夫卡
135 式”性质。不过,更重要的是,我们在这里看到:最终分化出的种类或范畴,也就是“卡夫卡式”的性质,既隐含着某种诸部分共同或可共存的东西,却又内在于“卡夫卡”之中,而卡夫卡与其诸部分没有共同点,也无法共存。卡夫卡的那些先驱者们的确彼此相似,它们每一个都具有一些“卡夫卡式”性质,不过这也只是因为:“卡夫卡”无非就是其诸部分间的差异,无非就是那些彼此截然不同的诸先驱者的序列自身。事实上,回顾一下不可共存客体与能够认知它的主体的结合,很明显博尔赫斯看到了卡夫卡与其诸先驱者的共同性。博尔赫斯自身,就是卡夫卡与使得先驱者们能够彼此相似的卡夫卡式性质之间的那种差异。同时,回到德勒兹在“静态本体论发生”中尚未理论化的另一个区分,即所有世界共有的客体=X与一些世界共有的客体=X 的区分(*LS*,131),我们也许可以说:一方面,作为先驱者之间差异的“卡夫卡”能够在所有文学中被看到。当我们使用那些伟大作家的名字命名某种性质的时候,意味着所

有的文学都是他们的先驱,都可以通过他们被重新阅读(也许,博尔赫斯在《卡夫卡与其先驱者》一文中列出的那个清单事实上可以被无限地继续下去)。而另一方面,虽然完全分化的客体=X 不可能被所有世界共有,但是就它具有某些感知中的现实性质而言,它能够被一些世界所共有。因此,虽然卡夫卡代表某种完全“崭新的价值”(*LS*,130),在文学史中无人先行,但他还是可以通过他的先驱者被理解,那些先驱者虽然先于他,但与他相似。这涉及另一个复杂的区分,也就是差异化(differentiation)和分化(differenciation)的关系。也就是说,一方面每个连续的先驱者都“复述”了卡夫卡的潜在观念,说出了他们共有的那个“差异”;而另一方面,在现实的层面,这些先驱者们“分裂”或“分叉”了卡夫卡,指出了之后的特殊性质,或之前遗漏的差异。因此我们可以说,分化的过程并不紧跟着,或者类似于差异化的过程,我们无法 136
仅仅从卡夫卡的潜在观念中读出他的经验现实,虽然两者在任何情况下都不可分离。

* * *

在“静态本体论发生”一章的开头,德勒兹指出:“那些反过来依赖于人称的诸多种类和可变特性,在仍旧是本体论的第三种命题中,尽管并没有被具象化,不过它们带来了另一种命题秩序,进而构成了逻辑命题的可能条件或形式。”(*LS*,136)在《什么是哲学?》中也有类似的过渡:从“函项与概念”结尾处的科学家名字甚至“局部观察者”出发,到达“预期与概念”开端处更一般的种类与范畴。德勒兹和加塔利明确指出,这些更一般的种类和范畴并非另一种或最后一种函项,而是代表着完全不同的另一个秩序,他们将之称作“预期”(*WP?*,155)。预期被定义为“函项的逻辑化,它成了命题的预期”(*WP?*,137),它在函项中引入了某种距离或“析取”(disjunction)(*WP?*,136)——毫无疑问,这延续了戏剧化第三个阶段,也是最后阶段中“不可避免的运动”。也就是说,在函项中,事态作为第三个变量是两个变量之交叉的结果,而与此相反,预期间接指向它的指涉物,指涉物虽然外在于预期,但离开指涉物预期也是不完整的。或者说,就函项而言,个体化单子并不外在于其谓词,常识的客体并不外在于感知它的主体;但与此相反,在预期的命题中,不同的客体可以对应同样的指涉物(只要满足特定的条件),并且特定人物或人称与指涉物的关系不再是规定性的(在原则上,它适用于任何人)。我们可以说,预期继承了本体论发生结尾处产生的单一成员的种类,然后将之一般化,于是在这个种类下可以有任意数量的成员。在“预期与概念”中,德勒兹和加塔利提出了如下的例子来解释预期:逻辑命题“x 是人”。在这个命题中,“是人”并不是函项,而仅仅是变量 x 的某个值 f(a)。重要的不再是哪个特殊的函项,而是这个函项自身运作的过程,即它如何指
137 涉客体 x−f(a),而非仅仅是 a。德勒兹和加塔利写道:“很明显,命题函数‘x 是人’呈现出一个独立变量的位置,这个变量并不依赖于函数,但没有它命题函数也是不完整的。‘是人’自身并不是一个函项,而是对变量 x 而言 f(a)的值。”(*WP?*,135)

事实上,德勒兹在《意义的逻辑》中的要点在于,逻辑发生的三个阶段重复了本体论发生的三个阶段。尽管任何最终的秩序都比这更复杂,但我们已经能够看到基本的框架:在本体论发生的层面,我们依次经过了与函项相关的所谓、所显和所指,那么在逻辑发生的层面,等价地,我们将依次经过与预期相关的指谓(denotation)、显明(manifestation)和意指(signification)。就如我们指出的,第一个预期的例子“x 是人”,可以说在逻辑的层面与本体论层面的事态相对应。也就是说,逻辑预期中的第一种秩序,也就是指谓过程,重复着函项中个体化的那些步骤。就此类预期而言,德勒兹和加塔利开始讨论它们的“外延”(extensions),即满足

其定义的一组值或客体,我们可以基于“真假”对它们做出判断(*WP?*,136)。然后是对预期“内涵”的考察,所谓内涵,也就是使得我们能够判断指谓的值或客体之真假的特定情形(*WP?*,136)。如果说“外延”涉及某种“外参照”,也就是它与外在某物的关系,那么内涵就涉及某种“内参照”,它依赖特定的内部条件(*WP?*,130)。关于内涵,德勒兹和加塔利谈到了那个著名的例子,即金星既是“晨星”又是“昏星”(*WP?*,136),两者毫无疑问始终是同一颗星,仅仅是在不同的时刻被看到。最终,我们得到了德勒兹和加塔利所说的对指涉物的“把握”(comprehension),这是一组定义了指涉物的“本质谓词”。在这里,德勒兹和加塔利区分了什么属于事物的一般谓述(它们并非事物的必然性质),以及什么属于事物的严格定义。因此,以拿破仑·波拿巴为例,就指涉物是军官而言,“耶拿的胜利者”是对拿破仑的陈述或描述,而“将军”则是拿破仑的谓词。而就指涉物是国王而言,“皇帝”是波拿巴的谓词,而将军或神圣皇帝仅仅是其描述。不过,这里的关键在于,尽管预期的第 138
一种秩序隐含了其后的显明与意指,但我们在第一个秩序中所看到的一切,都是对“函项与概念”开端处个体化过程的某种重复。从外延到内涵、再到把握的过渡,就类似于从事态到事物、再到物体的连续运动。德勒兹和加塔利写道:“经过一种量化操作,事物本质谓词的分布得以可能,于是逻辑同一化或个体化(的过程)把我们带离事态,到达事物或物体(客体)。”(*WP?*,136-7)然后,他们将把第二种预期秩序(在科学自身的函项之后)描述为“事物、客体或个体化物体的函数”,正是它们“承载”着逻辑描述甚至逻辑的“事态”(*WP?*,155)。

在这个意义上,我们可以把构成指谓的外延、内涵和把握的整个序列描述为“第一种”预期或者第二种函项[20]。不过,我们注意到,作为指涉物之把握的一部分,那些属于拿破仑或波拿巴的一组性质,仅仅是可共存的“谓词”,而非不可共存的“描述”或“陈述”。事实上,许多评论者已经指出,德勒兹和加塔利对逻辑命题中指涉概念的描绘,很大程度上借鉴了弗雷格的想法,这一章的脚注中大量引用了这位19世纪德国逻辑学家的作品(*WP?*,227-8)。不过在《意义的逻辑》中,毫无疑问,德勒兹也批评弗雷格忽视了逻辑中“意义”的元素,而正是这个“发生性元素”给知识以及知识的对象奠定了基础[21]。而且,虽然德勒兹和加塔利在“预期与概念”中没有明显地批评弗雷格,但他们的确试着提出某种反对或者超出弗雷格式指涉的东西,从而能够给指涉提供某种“创造力”(*WP?*,140)。这样一个过渡性的环节在他们的论证中并没有一个确定的位置,于是这个环节或它的等价物通常并不出现在德勒兹主动发生的模型中。这个环节必须被理解为某种“铰链”,它中介了事物逻辑“事态”的第二种预期与意见或意指的第三种预期(*WP?*,143)。我们可以把这一环节称作逻辑发生中的“显明”,它是对本
139 体论发生中所显层面上主体和客体=X之间“共振”的重现。它作

20 实际上,此处的指谓毫无疑问属于预期中的第二种(*WP*,155),不过在这里,我们试图把它理解为指谓、显明、意指(译按:这里原文为denotation,但逻辑上不通,应当是signification,疑为作者笔误,再次稍作修正)这个序列中的第一个,这个序列在逻辑发生的层面重现了本体论发生中所谓、所显、所指的序列。

21 关于德勒兹构想的“意义”如何使弗雷格式的“真”以及“指涉性”得以可能,丹妮拉·沃斯(Daniela Voss)写道:“意义可以被理解为对命题的某种无形体或中立的‘双重化’,但我们不应误解这一点:对德勒兹来说,双重化的过程表现了命题,但它并不是某种对命题中所指谓事态的‘一种转瞬即逝或尚未具象的模仿’。相反,德勒兹一方面认为意义作为一种中立的双重化与事态不可分离,但另一方面又坚持意义是某种‘无条件的东西’”,见于“德勒兹对意义概念的再思考”(‘Deleuze’s Rethinking of the Notion of Sense’),《德勒兹研究》(*Deleuze Studies*),7(1),2013, p. 18. 我们也可以在“预期与概念”一章的结尾,看到类似于“意义”的东西:比如说那里的“默剧”,“反向施动”,“双重化”(*WP?*,159-60)。

为铰链或中间点的位置意味着,发生学原则或意义不仅回溯性地使得弗雷格式指涉得以可能;而且也前瞻性地使得意指(signification)中更一般的种类和范畴得以可能,即使最终它消失在这些种类和范畴中。在逻辑的层面勾勒了指涉物或个体化的三个环节之后,在展开对意见与意指的讨论之前,德勒兹和加塔利谈到了他们所谓"第三领域"(*WP?*,140)的概念或命题。按照他们的说法,这既不像科学的函项,也不像逻辑的函项,因为它们并不构成我们在数学事态或逻辑命题中遇到的那种清楚划界或明确定义的集合。在这里,相反,我们具有的仅仅是日常生活或"经历"中时刻面对的那种"模糊"或"含混"的集合(*WP?*,141)。德勒兹和加塔利对此给出的例子是那种"红性"或"秃性"的范畴,他们把这描述为"性质的"或"强度的"复多性(*WP?*,141),在这类范畴中,我们无法明确地断定一个具体的元素或实例是否属于这个集合。德勒兹在《意义的逻辑》(*LS*,131-2)中关于花的"红性"也提出了类似的问题,这事实上让我们想起静态本体论发生中的不可共存性问题,因为在这里不存在严格或明确的标准来准确地判定某物是否属于它。我们只能说有些事物"已经是红色的"或者某人"几乎秃顶了"(*WP?*,141),但这论断总是太迟或者太早。对此,德勒兹和加塔利的解决方案是某种主观评判或者鉴赏判断,但这种判断也许并非单边的,因为做出判断的主体也由此产生。那么,我们在这里能看到,它回应着本体论发生中"昏暗的先驱"或主体=X的行动,它类似地在共同之物中识别出一组与众不同的客体或性质,如此也产生了它自身。

就如我们指出的,类似在本体论发生中等价的环节,德勒兹和加塔利认为"第三领域"概念的环节是中介性的。这些概念不再处理第二种预期中的事态、事物和物体,但是它们也还不是第三种预期中的意见,尽管我们可以这样归类(*WP?*,155)。相反,它们构

140 成某种“铰链”,并且提出两个选项:或者“我们最终为这些变量重新建构科学或逻辑的函数,而这当然不需要任何的哲学概念”;或者“我们将有必要去发明新的,尤其是哲学类的函数,这是一种第三领域,在其中所有东西都被奇怪地翻转了,因为此时另外两个领域需要它来支撑”(*WP?*,141)。不过,虽然德勒兹和加塔利偏好第二个选项,但他们却追随着第一种选项,因为沿着这个道路,他们可以直接探寻“共振”或显明中主体和客体之结合后两者的分离——毫无疑问这回应着本体论发生中“不可避免运动”的过程。这里我们得到的不再是像“红性”或“秃性”这种“含混”或“强度”的范畴,这些范畴无法脱离构成它们的主体行动。相反,我们得到了某种对先前已经分离之物的重新结合。(某种程度上,这种对分离的复述或重复,以及对主体和客体的再结合导向了所指。)最后我们过渡到具有意识的知觉与情感的主体,摆脱了先前预期秩序中的那种前主体且无意识的感知物或情动。德勒兹和加塔利如下描述这第三种,也是最后一种预期秩序:“外部知觉可以被理解为主体的状态,而内部情感则是主体从一个状态向另一个状态的转变,意见处理的就是两者间的特定关系。我们在知觉到的事物中选出一个假定共通于所有客体的性质,而且选出一个假定共通于所有经验到它的主体的情感。”(*WP?*,144)现在,我们就完全位于意见或意指的领域了。这里的要点是,它并不是某个特定的主体或具体的客体与性质(既不是指谓中广延的个体化,也不是显明中强度的复多性),而是一个发生性的主体以及一般的客体和性质。在德勒兹和加塔利举出的例子中,我们不仅具有某种假定被广泛接受的意义,比如奶酪的“臭味”(*WP?*,145),同时还追求越发具有攻击性的普遍性,也就是要替所有人向所有人发言:“作为男人,我认为所有女人都不忠诚”,“作为女人,我认为所有男人都是骗子”(*WP?*,145)。在第三种也就是最后一种预期秩序中,就如我

们所说,发生似乎接近了终点,支撑着意见的“意义”也终于被穷 141
尽。这些意见将变成既定的,它们仅仅事关认知或再认,事关如何陈述某种先在且不可挑战的舆论。不过,对德勒兹和加塔利而言,这种“认知”对哲学而言始终是个贫乏的模型(*WP?*,145-6)。主体从未是真正普遍的,反而始终是特殊的:白人的、男性的、欧洲人的(*WP?*,149)。更宽泛的种类和范畴总是基于预定的客体和主体,于是对它们的陈述总是会落入悖论,总是缺少严格的标准。事实上,此类哲学函数和逻辑命题的真相在于,它们根本无法解释那些种类和客体的生成,除非按照德勒兹和加塔利的那种方式,揭示出这些种类和客体是如何被给予它们的。

在整本《什么是哲学?》中,德勒兹和加塔利都反对把认知当作思想的模型。他们拒斥所有像主体和客体那种,能够在发生之外被理解的先验范畴。因此,这本书拓展出了一个对最近英美分析哲学的诊断,因为分析哲学完全是由这个模型所激发的,而且,就像我们见到的,他们取笑了(即使有点不公平)理查德·罗蒂那种客人们交换此类意见的晚宴(*WP?*,144-5)。但不仅如此,更重要的是,他们认为整个哲学史都是这种认知模型的同谋:从柏拉图“自然中的美和心灵中的善”(*WP?*,148)的检验,到康德那里“作为可能经验之整体的功能的先天命题与判断”(*WP?*,142),乃至胡塞尔“内在于主体的经验”(*WP?*,143)这种观念,等等。倘若如此,德勒兹和加塔利这种论证将面对的第一个困难就是,既然他们承认所有的哲学——包括他们自己的——都以一种“标准语”的句子写作,那就意味着它必然涉及某些客观的参照和意见。第二个困难则是,如果他们的书也属于那个遗忘发生并在哲学中唤起先验范畴的谱系学,这同样也就意味着哲学史,以及哲学本身,都在尝试挑战这个模型,包括许多强化了这个模型的哲学家也是如此。柏拉图所处的世界充满了贩卖和销售意见的智者,于是他想要借

助回忆的方式,找到一个不会改变的"原初的"或"原型的"意见:"为了得到真理性的意见,知觉必须到达被感知物中的美,而情感
142 必须到达善的检验。"(*WP?*,148)或者,以一种类似柏拉图的方式,胡塞尔从相反的方向出发,试图借助对日常生活的回归来超越意见。也就是说,胡塞尔像柏拉图一样,想要追寻某种原-信念或潜藏于事物之下的条件:"现象学也在寻找某种原初的意见,这种意见把我们与世界联系起来,就像我们与故土(大地)的联系一样。它也需要美和善,从而原初意见才不会与其他诸多经验的意见相混淆"。(*WP?*,149)德勒兹和加塔利还指出,这也适用于当代思想家阿兰·巴迪欧(Alain Badiou)。以类似的方式,巴迪欧在他的哲学中试图命名象征秩序或他所说的"计数为一"所代表的"空"(void)。巴迪欧就像柏拉图(他明确承认了柏拉图的启发)和胡塞尔一样,为了对抗那些局部且偶然的意见,他想要辨别一个稳定不变的真理,而且同柏拉图和胡塞尔一样,这个真理只能在某种几乎是神话的或不可言说的(apophantic)方式中得到:"最终,在空或作为空的真理的超验性中,事件显现(或消失)了,但与其说它是一个奇异性,不如说它是被分离出的偶然点,在特定的情域中被添上或减去。"(*WP?*,152)德勒兹和加塔利在任何意义上都没有轻视这些不同的哲学计划。因为,无论如何,哲学的根本计划都是切断与意见的关联。每种哲学都试图思考它所代表的那种现实背后的潜藏条件。每种哲学都尝试思考现实的发生性建构,以及现实如何产生。不过,对德勒兹和加塔利而言,这些计划在某些点上停住了,进而安置了新的先验条件。这些条件无法被解释,而仅仅能被假定或承认,比如说柏拉图那里的美,胡塞尔那里的主体,以及巴迪欧那里的空。如果说每个哲学体系都批判意见,那么它也只是用另一个意见代替了原先的意见(甚至可以说,意见最初的产生就

是为了摆脱意见)。于是每个哲学家都仅仅是"悖论的人"[*],他们对抗流行的信念(doxa)仅仅是为了另一个信念,并且隐秘地希望他们自己的批判能够最终建构新的信念。

毫无疑问,正是在这一点上,我们能够识别出《什么是哲学?》中的某种"政治"。意见不只是哲学的问题,也是政治乃至经济的问题。但在方法论上,这是一个很复杂的位置,因为意见不仅涉及
哲学中的发生(或者对这种发生的拒绝),而且还对应于特定的社 143
会政治架构以及特殊的历史时代。德勒兹和加塔利进而澄清到,如果说哲学与意见的混淆已然存在于哲学的开端之处,那么这尤其标志了我们的时代。那些有创造力的人说:"我们是创意人!"(*WP?*,10)。那些市场营销人员说:"我们是构想者"(*WP?*,146)。那么,在《反俄狄浦斯》中,德勒兹和加塔利第一次定位了意见,并且指出如何以一种外在于意见的方式超越意见。这本书详细描述了一个关于发生不同阶段的社会历史"寓言",而人们常常批判他们的解释缺少历史考证的事实根据,但很少有评论家意识到,德勒兹和加塔利想要发展的是某种"普遍历史"(*AO*,140),就像马克思一样:一个无关于"事实"的真正历史,这个历史不再从属于意见[22]。他们识别出的第一个时期是"结域",它标志着人类历史的开端,那里家庭横向的联姻和家族纵向的传承首次形成,从而"基于对黑夜之强度的压抑,在广延(表象)中塑造了一个系统"(*AO*,185)。这对应着静态本体论发生中的"明智",在那里我们划定界限并个体化了物体。他们识别的第二个时期是"专制主义"(despotism)(*AO*,192),它涉及蒙昧的(barbaric)国家,这种国家围

---

* 这里有一个文字游戏,悖论"paradoxe"中包含着信念或意见(doxa)类似的词根,para的前缀表示不同意见的对抗。哲学家是悖论的人,也就是说他们处于不同信念的对抗之中。——译者注

22 关于当时出现的此类批评,可以参见亨利·列斐伏尔(Henri Lefebvre),《误解的时间》(*Les temps des méprises*), Stock Paris, 1975, pp. 160-1, 171.

绕一个克里斯马型的领导者组织起来。先前第一个结域中的广延联姻,此时以一种新的“析取综合”被“超编码”(overcoding)在君主的身体之上(*AO*,198)。这对应于静态本体论发生中的“常识”,其中一个浮现出的主体把本来不可比较的客体放在一起,进而形成更一般性的种类和范畴。最终,我们得到了“资本主义”的时期,这也是让我们最感兴趣的时期。它开始于专制的、“亚细亚式”国家的崩溃,但同时,它其实已经隐藏在历史的开端之处。在“资本主义”时期,本来已经得到解域的资本与欲望形式立刻又被“公理”体系所捕捉,从而被还原到价值和意义(*AO*,224)。这对应着静态逻辑发生,尤其是它最终意见或意指的阶段。这个阶段也获得了某种不可定位的强度,并且把这种强度分布到广泛的统一体中,而且,这一阶段也可以被理解为在一开始就潜伏在整个发生过程之中。

《反俄狄浦斯》给自己设定的任务是要“解码”资本主义(*AO*,246),德勒兹和加塔利说,这就意味着要推动资本主义到达其极限,迫使它通往自身“最深处的张力”(*AO*,246)。不过,这是什么
144 意思?在《反俄狄浦斯》中,德勒兹和加塔利发现,就像意见一样,资本主义也借助提出自身的例外和另类来运作。用他们的话来说,“资本主义一边解码,另一边又把这些被解码的东西重新公理化”(*AO*,246)。毋庸置疑,为了回应当时的政治论辩,他们列出了很多此类的“再结域”,这些事物或价值原本是用来反对资本主义的:有待发展的第三世界(*AO*,231)、人类剥削的极限(*AO*,232)、数学和科学的“纯”知识(*AO*,233)、国家的反生产(*AO*,235),等等。但是,他们的要点在于,这些东西不但没有抵抗或者抑制资本主义,而且相反,资本主义恰恰是凭借这些例外而启动和发展的。(出于同样的理由,在《什么是哲学?》中德勒兹和加塔利把“人权”

也视作“公理”[*WP?*,107]。因为事实上,这些“人权”不但没有批判资本主义,反而仅仅肯定了它:只有借助资本主义我们才能保证人权。)这是德勒兹和加塔利从马克思那里学到的重要一课,也是他们在自身作品中对马克思做出的深刻解读。不同于很多对马克思的解释,他们的马克思并不主张用任何外部或更高的价值对抗资本主义,比如说未异化的人或者劳动的剩余价值这类经典说法。相反,他们关注马克思思想中的另一个环节:马克思在《资本论》第一卷中注意到的那种“利润率下降的趋势”(*AO*,228)。马克思的要点在于,这个趋势“没有终点,相反,它再生产其障碍的同时,也再生产了自身”(*AO*,228)。换种说法,马克思所标识出的,恰恰就是我们上面看到的解域和再结域的循环:每一个解域都会导致进一步的再结域,而同时,每一个再结域也都会进而导致解域。正是从这个角度,我们可以说马克思思考了资本主义的发生学,即资本主义只有就它是不完整的而言,才构成了一个总体。最终,德勒兹和加塔利把这种解域和再结域的不可分离也称作“解域”(*AO*,231)。那么,哲学作为一种“纯粹”思想(如果可以这么说的话),它超越资本主义的力量就在于它能够思考这种解域,也就是使得资本主义既是可能又是不可能的、由于不完整而从不停止的那个根基或内在性平面。

* * *

在发生的终点,当我们面对逻辑命题和意识表象的时候,出现 145
了一个谜题。当德勒兹和加塔利说哲学只能在类似意见的东西中写作时,他们就遇到了一个挑战。为什么并非所有事物都实现了?为什么不能一切都是意见(*WP?*,202)?或者从发生的另一个端点发问:为什么还有艺术?为什么还有哲学?出于何种方式,我们还能够创造概念,而非仅仅交换意见?答案并不是说,因为还有更多的东西有待实现,我们还要继续前进才能到达终点。(可以肯定的是,当德勒兹和加塔利在《什么是哲学?》中把事件称作“纯粹储备”[*WP?*,156]的时候,他们说的并不是上述这种意思。)这不单单是因为有某些东西剩下来而有待实现,用尼采永恒轮回的方式,德勒兹和加塔利在“预期与概念”(*WP?*,159-60)终点处指出:一切都已经发生,我们已经位于终点。因此,这不是说有什么东西等着被实现,因为那样的话,这个实现没有理由还未发生。相反,我们可以说一切都还有待实现,这并非因为有什么先于现实的东西被剩下来了,而是因为这个实现过程本身会再次引出那些有待实现之物。在《什么是哲学?》中我们也可以看到这一点,德勒兹和加塔利谈到一条向下的线“从潜在下降到事态”,以及一条向上的线“从事态上升到潜在”(*WP?*,155-6)。向上意味着渐进的实现过程,而向下意味着反-实现,尽管方向相反,但两者却不可分离。我们必须同时具有两者。这意味着,就像潜在会通往现实,实现也会再次产生潜在。这也对应着莱布尼茨那个艰深的命题,即我们不仅仅通过单子看到世界,而且单子还指向某种超出它的东西。德勒兹在《差异与重复》(*DR*,260)以及《意义的逻辑》(*LS*,346)中谈到的“惊恐的脸”也与此相关,这个例子也出现在《什么是哲学?》中(*WP?*,17)。如果说一方面,被表现者仅仅是对某物的表现,那么另一方面,它也是对超出万物的、某种什么也不是的东西的表现:一个“惊恐的脸”,就它的存在而言,它超出了任何可参照的现实世界。
146 (我们可以借助希区柯克《救生艇》(1944)中的一个片段来理解这点,在那里,我们得到了一个表现,但它并不一定是时间-影像中对什么东西的表现:在电影中我们拥有被解救的德国水手那张惊恐的脸的镜头,但并没有对应的反转镜头给我们呈现他在害怕什么。这种情况反而更加可怕,比任何实际呈现出来的东西都要可怕。)[23]

毫无疑问是在《差异与重复》中,德勒兹以最大的篇幅发展了这个主题,同时延伸讨论了展开(explication)与隐含(implication)之间的关系(*DR*,228-30)。德勒兹在那里的论证可以说是反对莱布尼茨的,他认为实现并不是从隐含到展开的单向前行。我们并不能说曾经隐含的东西现在永远地展开了。相反,展开导向隐含,导向有待展开之物。德勒兹在"可感物的不对称综合"一章中,勾勒出被动综合和主动综合两条平行线,而强度穿行其中,德勒兹写道:"某种广延或'展开'隐含于强度中,它只有作为被隐含物、内在于隐含才能存在。因为隐含本身能够推动某种一般化的运动,这种运动使得被隐含者得到展开或者展开自身。"(*DR*,229,也可参见 *DR*,243)德勒兹进而谈到某种"不对称综合",也就是说,观念组件 dx/dy 间的双向综合在"不对称综合"中得到延续,它在第一种函项即事态中结合了不同强度的 x 和 y。不过,我们还可以讨论一种"渐近的综合"(asymptotic synthesis),因为使我们逐步逼近实现的东西,同时也让我们远离实现,发生越是完成它展开所有强度的任务,之后就会有更多的任务出现。这与此章另一个主题也密切相关,尽管两者最初看似毫无关联:这个主题就是德勒兹对尼采和热力学两者关系的阐述,这一关系,我们也许可以把它重新表述为哲学和科学之间的关系(*DR*,223-4,242-3)。德勒兹首先指出,尼采永恒轮回的学说和热力学第二法则的发现几乎同时出现在 19

---

23 更准确地说,"惊恐的脸"并不是现实超出潜在的过度,而是潜在超出现实的过度。事实上,齐泽克在他《斜目而视:透过通俗文化看拉康》一书中,也从类似的角度讨论了希区柯克《救生艇》中相关的镜头。(*Looking Awry*: *An Introduction to Jacques Lacan through Popular Culture*, MIT Press: Cambridge, Mass., 1991, p. 144.)关于这一点上齐泽克和德勒兹之间的关联,可以参考理查德·拉什顿(Richard Rushton),"面容可以做什么?论德勒兹与面容"('What Can a Face Do? On Deleuze and Faces'),《文化批评》(*Cultural Critique*), 51, Spring 2002, pp. 219-37.

世纪下半叶。因此,德勒兹认为,尼采实际上知道关于熵的科学理
147 论,也知道这种理论对宇宙最终“热寂”的预言,甚至还知道这种物理学看起来取消了永恒轮回的可能性,因为在永恒轮回中,同一个事件会不断地发生,从不会耗尽能量或到达终点(*DR*,243)。而且,德勒兹进而认为,尼采其实走得更远,对他来说两个学说不可分离,两者暗指彼此,两者的结合囊括了所有一切。永恒轮回只可能发生在一个由热力学规定的地平线上;反过来,热力学只有借助永恒轮回才得以可能。为什么会是这样呢?为了回答这个问题,也许我们可以如下追问道:为什么这个预言的热寂至今还没有发生?为什么它还在发生过程中?为什么它还会永远继续发生?难道这不正意味着,热寂说从属于一种永恒轮回的形式,能量逐渐的“消弱”会永远持续下去而并不到达一个终结点?熵产生的结果,难道不是又反过来维持着它?为了指出热力学与永恒轮回的一致性,德勒兹如下写道:

> 伴随着两种广延的符号,我们进而必须区分两种性质的状态。在第一种那里,广延还隐含在差异的包拢秩序中;而在另一种那里,广延性展开了差异,并且在一个质性的体系中抵消了它。这一区分无法从经验中引出,而只有在永恒轮回思想的视角下才可能。(*DR*,243-4)

上述这些意味着,永恒轮回不仅仅是一种唯意志论的形式或意志的效果。或者,用《什么是哲学?》中等价的术语来说,德勒兹和加塔利描述为“蒸汽”的“反向施动”不仅仅是现实的可选项,也就是说它可能发生或者不发生;相反,它必然伴随着实现的过程,不可能外在于实现。在这个意义上,我们可以说,必定存在反向施动。这也就等于说,只要有实现,反向施动就已经发生了。德勒兹和加塔利写道:“忿忿不平的虚假意志对发生的一切都无所欲求……它不断地抱怨和发怒,以至于最终转而反对发生的事情。”

(*WP?*,160)不过,与此同时,这种必然性只有被意愿才得以可 148
能——这也涉及主体在德勒兹和加塔利作品中的复杂位置。在反向施动中,意志和被意愿者结合了起来。对于所有的时间,一个人只意愿一次;但这独特的意愿行动产生于所有时间的结合。甚至,这也解释了为什么在"函项与概念"中,德勒兹和加塔利认为局部观察者并不行动,而只是感知和经验(*WP?*,130)。"主体"并不是通常所说的那种外在于存在物的先验主体,而是现实的一部分,现实使得主体得以可能。这就是为什么德勒兹和加塔利拒绝胡塞尔"内在于"主体之现实的说法(*WP?*,45-6,142),也不同意巴迪欧对外在于情势之主体的意志论构想(*WP?*,152)。最终,这也是为什么德勒兹和加塔利把"事件"描述为某种"间时"(*WP?*,158):某些东西既不在过去也不在未来,而总是被错过,它从当下穿过却未被觉察。"间时",可以说是某种"时间之间"(entre-temps;between-times),它并不是把一个时刻与下一个时刻分开,而是把同一个时刻在其自身内分开,这也就意味着,事物唯一能够存在的方式,就是代表其他事物而存在。

就此而言,我们可以说潜在的发生或生成一方面使得现实能够成为现实,另一方面又阻止现实彻底成为现实。在发生的终点,当一切都实现的时候,依旧还有某种发生:这就是对事物如何成为现在这个样子的思考。(尼采的永恒轮回其实就是对我们所能设想的永恒轮回的思考[thinking]本身。)那么,我们在哪里可以看到《什么是哲学?》发生终点处那种潜在性的例子？在"不对称综合"中,德勒兹谈到了某种使显象得以可能的距离(*DR*,230,253)——

毋庸置疑这受到了梅洛-庞蒂的遗作《可见与不可见的》[24]以及雅克·拉康的研讨班十一对凝视(gaze)的讨论[25]的启发。而且更进一步,德勒兹还谈到某种使得距离得以可能的深度(*DR*,229),这使我们回想起隐含与展开间的双向隐含。在梅洛-庞蒂和拉康那里,深度常常被描述为某种从事物一端发出的凝视,就像在霍尔拜因(Holbein)《大使》(1533)那幅画中呈现的扭曲骷髅一样。梅洛-庞蒂和拉康指出,这种深度,也就是从不可见之处发出的凝视,是
149 我们日常所处三维空间的象征性保证。此外,拉康还指出,如果我们真的移动到霍尔拜因那幅画的侧面,"迎面"去观察那个头骨,那么我们的震惊不仅在于意识到之前我们观看的时候也在被观看,而且还因为我们发现,就在此时,侧面必然还有另一个正在观看的凝视,它使得我们看到所见之物[26]。这种凝视就是德勒兹所说的,使得距离得以可能的深度:深度是一种始终隐含的潜在维度,它使得一切能够被展开,包括它自身。在德勒兹论述法国小说家米歇尔·图尼埃(Michel Tournier)《星期五》(也就是图尼埃对丹尼尔·笛福《鲁滨逊漂流记》的改编)的那篇著名短文中,我们也能看到类似的情况。在那篇文章中,德勒兹借助图尼埃的小说指出,即使鲁滨逊孤身一人,但某种"他者"(*LS*,344)也必然在场,它是某种让克鲁索能够把世界表象给自身的"可能性"(*LS*,347)。事实上,如果一切都是完全实现的表象,不再有任何的他者,那么克鲁索必然会变

24 莫里斯·梅洛-庞蒂(Maurice Merleau-Ponty),《可见与不可见的》(*The Visible and the Invisible*), Northwestern University Press: Evanston, 1968.

25 雅克·拉康(Jacques Lacan),"作为客体小 a 的凝视"('Of the Gaze as Objet Petit a'),《精神分析的四个基本概念》(*The Four Fundamentals of Psycho-Analysis*), Penguin: Harmondsworth, 1986.

26 《精神分析的四个基本概念》(*The Four Fundamentals of Psycho-Analysis*),p.96.

成“精神病”(psychotic)[27](*LS*,353)。更准确地说,即使克鲁索遭遇船难的小岛就是他世界中的一切,但如果没有某种“外在”之物,他的孤独与自若也绝不可能——而这个外在的他者,就是克鲁索叙述中那个名叫星期五的男人的真相。事实上,在图尼埃的小说中,与克鲁索交好的星期五作为一种现实取代了原来那种必要的可能性,不过他也不能完全将之取代,因为反过来,完全实现的星期五的单独存在也是不可能的。

以同样的方式,德勒兹和加塔利在“预期与概念”中强调,意指不能外在于“可能性”以及“他人”的观念而存在(*WP?*,138)。在技术意义上,这里的“可能性”指的是:逻辑命题试图用“算术数字”替代在本体论发生中哲学组件的不可分离性以及其元素的“结合”,用依据参照物的要求而区分出来的结合物替代显明中的“强度”甚至“内涵性”(intensionality)。按照德勒兹在《意义的逻辑》中的说法,可能性是意义不可或缺的“无意义”,是普遍逻辑范畴所必需的不可共存性(*LS*,131-2)。但德勒兹和加塔利也指出,可能性意味着,只有当表象和交流超出了自身,甚至反对经验事实的时候,我们才能实际上获得它们。(在这里,我们能看到德勒兹和加 150
塔利的语言理论与克里普克的相似性,后者在他“反事实”的“洗礼”观念中触及了类似的东西,《什么是哲学?》隐约指出了这一点[*WP?*,8]。)而且,进一步,这种能够表象存在者的能力本身就已

---

27 他者是一种深度,是使得世界的“边缘和转移”得以可能的东西。关于这一点,可以参见 *LS*,344-5. 我们可以在德勒兹对萨特“非个人先验领域”这个设想持续的偏好中,看到他者这个概念的必要性。“非个人先验领域”先行于自我,对立于任何关于超验自我的断言,从而能够维持一种内在性(正是他者使得这种自我占有或者超验性得以可能)。这一点可以参见 *WP?*,47; *DR*,64-5; *LS*,112,118. 也可以参阅康斯坦丁·布恩达斯(Constantin Boundas),“对他者的拒斥:从萨特到德勒兹”(‘Foreclosure of the Other: From Sartre to Deleuze’),*Journal of the British Society for Phenomenology* 24 (1), 1993, pp. 32-43.

经牵涉到一定的他性或非-全部(not-all)了。去表象某物就必然要去反向施动它,开启它成为他物的可能性。德勒兹和加塔利的整个哲学计划就是如此。在某种意义上,他们所说的有一定道理:所有的哲学,包括他们自己的哲学,都只能以“日常语言”的句子进行交流[28]。但在另一种意义上,他们以日常语言写下的这本书使得我们去思考某种潜在性,甚至这本书就已经是某种潜在性了。所谓发生,就是追问事物如何成为它们现在这个样子。而这个问题本身,就它暗示着事物也许本可以是另一种样子而言,已经是某种他性了。发生总是以现实而结束,但对发生的提问或追问,始终是潜在的。就如我们一直试图指出的,《什么是哲学?》这本书就是德勒兹和加塔利在其中讨论的哲学。当然,它只能采取日常语言、意见、实现的表象这种形式,但同时,它也建构了一种对现存物无可辩驳的复述。在这种复述中,任何特定时刻事物能够被解释的唯一方式,就是指出它们本来可能是不同的——这种差异从未被实现、被完善,除非我们完全从头开始。(而且,事物并非是另一种情况的悖论恰恰指出,事物本可以是另一种情况。)

在这个意义上,《什么是哲学?》是一个失败,它总是达不到它朝向的目标。它从未能说出它实际上想说的东西。也许就像所有的哲学一样,它只能暗示它所代表的东西。因为,即使从他们选取的那个倾斜视角来观看事物,他们也必然会错失使得这个视角得以可能的深度。不过,德勒兹和加塔利也说过,哲学并不像逻辑那样进行“呈现”(*WP?*,140)。或者,我们也已经尝试指出,以一种

28 在这个意义上,在“日常语言”的交流层面,发生可以说是完整的,而此时我们仅仅通过意见思考。德勒兹和加塔利说,艺术家必须与陈词滥调作斗争,也涉及这一点(*WP?*, 204)。这个论证也可以在德勒兹论培根的书中看到,在“绘画,在绘画动作之前……”这章中,他论证说画家并不是从一块空白的帆布开始绘画的,相反,这块帆布上已经充满了种种模型、预想、“他脑海中的东西”(*FB*, 71)。

德勒兹和加塔利可能并不支持的论证来说,哲学使用隐喻或寓言
的方式表达它想说的东西。艺术、哲学和科学都是德勒兹和加塔
利所要建构的哲学的组件,而他们所说的这种哲学就是《什么是哲
学?》所代表的哲学。从这个角度来说,这本书完全符合他们对哲
学的描述,它是“自创制的”、“自反思的”、“自指涉的”。但是,在 151
另一方面,这也意味着《什么是哲学?》无法直接讨论它想要讨论的
哲学。它总是错过它,但正是在这种错失之中,哲学才得以产生。
德勒兹在《尼采与哲学》中指出,我们可以把这种把握发生的尝试
称作崇高,它总是会失败,但这一失败所导致的结果就是哲学本
身:“这并不是超人,即批判自身的肯定性产物。而是人,因为人想
要被超越、被克服。”(*NP*,94)德勒兹和加塔利进而强调,只有在
“无所拘束的暮年”(*WP?*,2),康德才能够写下《判断力批判》,才
能把崇高理论化并完善他的哲学体系。很多微妙的迹象显示,他
们认为《什么是哲学?》也追随着这个“批判”计划。两人注意到,他
们也是“在某个生与死之间的恩典时刻,在机器的所有部件都通力
合作之时”(*WP?*,1)写下了这本书。对他们而言,《什么是哲学?》
只能写于他们事业的终点,甚至写于哲学自身的终点,哲学那时将
会被“意见”和“创意人”所取代。不过,就像康德揭示的,如果说崇
高代表了想象力的必然失败,那么它也代表了理性得以去思考它
的必然成功(*KP*,51)。换句话说,德勒兹和加塔利到达《什么是哲
学?》的终点,不过是为了重新出发。当他们思考的一切都已经实
现,再也没有什么有待思考的同时,对这种情形的思考本身马上就
反向实现了一切。这就是为什么他们在一本名叫《什么是哲学?》
的书中谈到了艺术、哲学、科学与逻辑,以及为什么所有这些可以
同时是他们所建构的哲学概念的组件。因为是哲学把这些组件聚
集起来,哲学就是它们的交互发生,它意味着这样一个事实:我们
同时位于事物的开端(艺术)、中间(哲学)和结尾(科学)。

6 153

大脑与地理哲学

在各个独立的章节中,《什么是哲学?》分别处理了艺术、哲学、科学与逻辑。而且,尽管并没有按照真正的顺序叙述,我们还是可以说每一个主题都对应于发生过程中的一个连续环节:艺术对应着第一秩序中开启的动态发生,哲学对应着构成第二秩序的意义与潜在,科学与逻辑对应着通往第三秩序的静态发生。发生的过程开始于转瞬即逝的未分化混沌,而结束于能够被重复、被他人共享的意识中的个体化命题或意见。那么,在《什么是哲学?》的结论章节"从混沌到大脑"中,德勒兹和加塔利总结了全书,并首次明确地把先前阐述的分散环节彼此联系起来。他们比较了艺术中形成可感物存在并朝向无限的"变种"(*WP?*,204),哲学中不可分离且无限的"流变"(*WP?*,202),以及科学中独立的且代表了无限之减速的"变量"(*WP?*,203)。他们也比较了艺术中的"美学形象"(*WP?*,216),这是艺术能够产生情动的条件;哲学中的"概念人物"(*WP?*,216),它借助一种无距离的俯瞰结合了诸组件;以及科学中的"局部观察者"(*WP?*,216),也就是知觉以及对函项的经验。他们还比较了艺术中"组合的平面"(*WP?*,203),我们从这个
平面中提取艺术的材料与技法;哲学中的"内在性平面"(*WP?*, 154
202),它由连贯且不可分离的哲学组件构成;以及科学中的"参照

性平面”(*WP?*,202),函项在这个平面上彼此连接和分离。最终,他们还比较了艺术中“感觉的力”(*WP?*,216),这种力能够外在于感受的主体和客体而保存感知物和情动;哲学中“概念的形式”(*WP?*,216),它在纯粹形式中把握异质性或生成;以及科学中“知识的函数”(*WP?*,216),它借助某种外部参照物现实化了知觉和情感。

那么,《什么是哲学?》提出的最明显的问题便是:发生中这些不同的秩序是如何彼此关联的?我们在开篇已经指出,这是解读这本书最主要的问题。有一些《什么是哲学?》的解读者,比如说伊丽莎白·格罗兹在《混沌、界域、艺术:德勒兹与大地的框定》一书中,以及鲁道夫·加谢(Rudolphe Gasché)在《地理哲学:论吉尔·德勒兹与菲利克斯·加塔利的〈什么是哲学?〉》中[1],都认为这些不同的秩序是一些彼此区别但无关的在混沌上的勾画。而另一些解读者,比如说乔·休斯在《德勒兹与表象之发生》中,以及马提亚斯·舍恩赫尔(Mathias Schönher)在“哲学与科学和艺术之交叉中的概念创造”一文中[2],认为这些秩序是一个整体发生中不可分离且连续的阶段,本质上是对康德批判计划的重制。而且,我们也试图表明,在《什么是哲学?》中两种观点都有其文本依据,尤其在这最后一个综述的章节。在第一种观点,也就是认为艺术、哲学和科学是彼此无关的立场看来,德勒兹和加塔利在《什么是哲学?》中通常并不按照发生秩序的顺序处理这三个主题,这不单是说此书章节安排的实际顺序,而且三者在最后一章中的联系和关联也并非

1 鲁道夫·加谢(Rodolphe Gasché),《地理哲学:论吉尔·德勒兹和菲利克斯·加塔利的〈什么是哲学?〉》(*Geophilosophy: On Gilles Deleuze and Félix Guattari's What is Philosophy?*), Northwestern University Press: Evanston, 2014, p. 112.

2 马提亚斯·舍恩赫尔(Mathias Schönher),“哲学与科学和艺术之交叉中的概念创造”(‘The Creation of the Concept through the Interaction of Philosophy with Science and Art’),《德勒兹研究》(*Deleuze Studies*), 7(1),2013, pp. 26-52.

依序进行。德勒兹和加塔利谈到“三个平面彼此间不可还原”(*WP?*,216),或者在前文提到它们是“三种独特的道路,每一个都其他道路一样是直接的”(*WP?*,198)。在另一种观点,也就是认为艺术、科学和哲学彼此相关,而且是同一个连续发生的各个部分的立场看来,在结论中的某些时刻,德勒兹和加塔利的确以正确的顺序处理了这三种能力,并且承认了它们之间的关系。两人谈到“三者的连续使得我们能够讨论某种‘进展’”(*WP?*,203),以及前文中还提到了某种“概念或函数的感觉”、“函数或感觉的概念”以及“感觉或概念的函数”(*WP?*,199)。这些交叉使得我们能够讨 155
论“几何学图形、操作或者证明中内在的美”,或者“通过感觉”来把握一个函数,“赋予它感知物和情动”,“在一个特殊的创造平面上,把函数从任何参照中抽取出来”(*WP?*,217)。

不过,最后这组例子准确来说并不算是对发生统一性的证明,而且甚至可能反对这种坚持连续秩序的观点。德勒兹和加塔利在这里建立的连接并不遵循恰当的顺序,相反,任何两种能力之间的顺序看起来似乎是任意的:或者一个介入另一个的发生环节中(比如说函数的可感性或者可感性的函数),或者沿着从哲学到艺术(感觉的概念)、科学到哲学(概念的函数)这样颠倒的顺序。然而,这类关系尽管在解释的意义上是有益的,但它们仅仅是诸能力间的“外在”(*WP?*,217)连接,意味着每种能力都还停留于其自身的根本性同一中。紧接着,德勒兹和加塔利又立刻提出了诸能力的另一种“内在”关系,在这种关系里,每种能力里的特定元素都能变成另一种能力的部分,比如说,哲学中的概念和概念人物变成了艺术中的感觉和美学形象,或者变成了科学中的函项和局部观察者(*WP?*,217)。但即使诸能力间这种更为“内在”的连接,也并不是艺术、哲学和科学间关系的最终形态。除此之外,还存在一种甚至无法“定位”的更深层的连接(*WP?*,217),尽管德勒兹和加塔利并没有完全展开这种说法。他们解释到,就每种能力都涉及某种“非”(no)或“非哲学”而言,这一连接并不仅仅发生在一种能力与另一种相接触的开端或终点,而是出现在“它的生成或发展的每个环节中”(*WP?*,218)。正是这个“非”使得我们可以从康德崇高的角度来思考德勒兹和加塔利在《什么是哲学?》中的整个计划,以及在这个包罗万象的发生中,艺术、哲学和科学的能力如何在彼此的关系中产生。

作为他们对哲学的发生学理解的一部分,德勒兹和加塔利谈到了某种“对未规定概念的品味”(*WP?*,78)。之前,我们已经仔细考察了康德那里,崇高中诸能力间的关系。对德勒兹来说,康德
156 哲学中有一个关键的发生,在这个发生中,诸能力间不仅仅具有“外在”甚至“内在”的关系,还出现了一个“统一体”,甚至诸能力在回应崇高时所产生的某种相互“形成”(engendering)。崇高,或者说不可被思考者,在德勒兹和加塔利那里,就可以被称作“不”或“非哲学”。在康德的前两个批判,《纯粹理性批判》与《实践理性批判》中,或者是知性的立法调节了理性与想象力的关系,或者是理性的立法调节了想象力与知性的关系。而且在康德第三批判《判断力批判》的第一部分,也就是涉及美者的章节中,想象力与知性间存在着类似的关系,尽管它是“自由且无规定的”,但依旧是“和谐的”且“普遍有效的”(*KCP*,49)。但在《判断力批判》的下一个章节“崇高者的分析论”中——这一章回溯性地解释了“美者的分析论”[3],关键不再是在某个能力的领导下诸能力的操作如何实

3 德勒兹在“康德美学中的发生观念”中谈到,崇高具有一种“模型”的价值,因为它揭示了诸能力间的一种“辩证”构想。在崇高中,每一个能力都产生于和其他能力的“不一致”关系中,而这恰恰解释了“美者的分析论”中假定的诸能力间的“自由一致”如何产生:“(1)美者的分析论揭示了知性和想象力之间的自由一致,但这种一致在那里仅仅是预设的;(2)崇高的分析论揭示了想象力和理性的自由一致,但这里的前提是,它同时追溯了自身的发生。”(‘G’,64)

现任何和谐,相反,在遭遇到崇高的时候,每个能力都超越了自身的极限,并且只能在彼此的关系中产生。也就是说,在崇高中,一方面理性迫使想象力到达能力的极限,要求想象力去把握可感世界的无限性;而另一方面,想象力融入理性之中,从而理性试着去思考可感物无限性背后的超感官物。德勒兹在《康德美学中的发生观念》中写道:

> 在理性的暴力下,想象力觉得它失去了自己的自由,但就在此时,它也从知性的禁锢中被解放出来,它进入与理性的一致中,从而能够发现之前知性隐藏的东西,也就是说,它的超感官的朝向,而这同时就像是它的先验起源。('G', 63)

那么对我们的论证目的而言,这里的要害是:康德在这里发现了他所说的那种"内心"(Gemüt)或"心灵"(mind),它既是诸能力的先验"起源",又把诸能力结合起来,是它们的相遇之处。这个心灵既产生于诸能力的发生,又是这个发生的形象,甚至是对这个发生的某种反思[4]。

在德勒兹和加塔利的结论中,我们也能看到类似的东西。《什 157
么是哲学?》这个发生故事的结尾处,诸能力间的关系终于变得明
确,而此时德勒兹和加塔利揭示出某种类似于康德"内心"或"心

---

4 事实上,康德这里所揭示的不仅是"心灵"或"内心",还是"灵魂"(Seele)。"灵魂"就是诸能力的"收敛点"或者"超感性统一体"('G',68)。在一个出色的分析中,乔·休斯追溯了从"美者的分析论"以及"崇高的分析论"处理数学崇高部分中的具象"心灵",到"崇高的分析论"中处理力学崇高部分中的非物质性"灵魂"的过渡。休斯同时也讨论了德勒兹如何突破或者超越了康德在《判断力批判》中隐含的某些假设,从而提出了他自己关于"灵魂"的发生学。对德勒兹而言,灵魂并不像康德认为的那样,是诸种能力本体的(noumenal)或超感性的"起源"。相反,"综合"过程自身也是可感物的一部分,这就是为什么,不仅灵魂能够意识到它的诸能力,而且我们能够意识到灵魂。但与此同时,灵魂,或者德勒兹和加塔利所说的大脑,也不仅仅存在于世界之中,它同时给世界增添了某种寓言的、自我指涉的维度。参见乔·休斯(Joe Hughes),《德勒兹之后的哲学》(*Philosophy after Deleuze*), Bloomsbury: London, 2012, pp. 102-8.

灵”的原则。这就是“大脑”(cerveau)(*WP?*,208)。大脑产生于艺术、哲学和科学之间的关系,同时又是能够思考这个关系的“统一体”,更准确地说,是三者的“交会点”(junction)(*WP?*,208)。也就是说,大脑一方面只不过是三者的关系,另一方面又是三者关系的名字,位于三者之外。正是在这个意义上,德勒兹和加塔利认为大脑既是“水平的连接”,又是“垂直的整合”(*WP?*,208),尽管他们也会承认这种对象化并不算充分。大脑是“水平的”,因为它产生于那些能力,并且和它们位于同一个层级;而大脑是“垂直的”,因为它外在于诸能力,赋予了那些能力它们本身并不具有的统一性与目的性。在某种程度上,我们可以说大脑是把艺术、哲学和科学当作个别组件而构成的一个概念。我们之后还会谈到这种平行性,但现在我们要指出,大脑不仅回答了哲学发生在何处的问题,而且回应着哲学是什么的问题。大脑就是位于所有能力交汇处的哲学,是这种哲学的形象。这意味着,哲学成了其自身的一个组件,德勒兹和加塔利的确承认这种情况(*WP?*,39),但必须是在下述情形中:哲学作为组件,构成了作为概念的以大脑为形式的哲学。艺术、哲学和科学所共有的这种哲学,产生了三者的这个持续发生过程,德勒兹和加塔利就把它叫作大脑。

不过,在《什么是哲学?》的文本中,上述这些是如何呈现的?如果我们仔细阅读“从混沌到大脑”这一章,就会看到,大脑参与了发生的每一个环节,而正是这些环节构成了这本书的论证。在第一种动态发生中,这种大脑是对振动根本性的“收缩”或“保存”,没有它振动就会消失。大脑就像“静观”(*WP?*,212)的植物,吸收着构成它的那些元素。或者,它就像“收拢光线且自身又在发光”的
158 眼睛(*DR*,96)。而且,即使在这个阶段,大脑也不仅仅是收缩或静观的活动,还是进行收缩和静观的行动者。就像德勒兹和加塔利

所说的,一个东西"只有在静观它由之而来的元素时,才能够静观自身"(*WP?*,212)。然后,在发生的下一个阶段,大脑涉及潜在意义或哲学的脑力(cerebrality),在其中大脑一方面切断与现实的联系,另一方面又产生能够成为现实的观念。如果说在第一个动态发生中大脑与现实不可分离,那么在这里恰恰相反,大脑成了"主体",它所产生的"概念"成了客体(*WP?*,211)。最终,对应着科学以及逻辑,大脑不再像艺术中那样是某种"内客体"(inject)(*WP?*,212),或者像哲学中那样是某种"主体"(subject),而是一种"排外体"(eject)(*WP?*,215),因为此时它的根本任务是要划定界限,从而把标志着艺术和科学的浸没或可逆性排除出去,使得那些操作不再可能。在这里,大脑的特征不再是收缩或创造,而是"分叉和个体化"(*WP?*,215)。大脑不再像艺术中那样内在于世界,也不再像哲学中那样既内在于又外在于世界,而是彻底外在于世界,从而能够把语词安置在事物之上来表象事物。德勒兹和加塔利写道:"我们的意见和信念所依赖的因果、联想和整合,是一些期待和识别事物的方式。"(*WP?*,214)所有上述这些都是大脑,于是借助这些不同的能力,我们不断在追溯大脑自身的发生,而这就是以正确顺序呈现出来的论证中的关键(*WP?*,213-6)。与康德不同,大脑并不是什么非物质性的灵魂或预先存在的意识,相反,它浮现于自然之中,同时又产生了自然。这一点就是德勒兹在其早期作品中,从柏格森(或者更早的休谟)那里得到的启发:大脑既不是内在于自然的、自然的一部分,也不是外在于自然的、对自然的超越,而是同时内在且外在于自然。我们得到的并不只是自然或者只是大脑,而是两者能够出现于其中的一种交互"生成"(*WP?*,207)。因此,我们其实不能像齐泽克(Slavoj Žižek)那样质问德勒兹和加塔利,大脑或思想怎么可能产生于原本“平滑”(flat)的自然[5],这不仅是因为大脑的产生并不外在于自然,而且还因为自然本身从来不是完全平滑的。一些评论者指出,如果说根据德勒兹的电影研究以及关于莱布尼茨的专著,我们发现大脑在事物中引入了某种
159 延迟[6],那么自然本身并不外在于这种延迟——之前在艺术那里我们已经看到了这一点。自然只存在于大脑之中,同时,大脑也只存在于自然之中。

对于德勒兹和加塔利来说,这种“双重性”是大脑的重要特征。事实上,从两人其他的文本中我们也能发现,德勒兹和加塔利几乎是认真对待神经科学这个新生学科的第一代哲学家——尤其是加塔利,《什么是哲学?》中关于大脑的这章毫无疑问最能体现他的影响,至少能看出这是他的强项。他们并没有轻视这个学科,或者尝试用哲学的术语来表达它,而是认为神经科学和他们自己的计划涉及同一种探寻[7]。典型的生机论者,论证了事件相对于实体之优先性的阿尔弗雷德·怀特海(Alfred Whitehead),长期影响着德勒

5 齐泽克写道:“问题是,在肯定性存在的平滑秩序中,思想与存在间的裂隙,或者说思想的否定性,如何能够浮现出来?”参见《视差之见》(*Parallax View*), MIT Press: Cambridge, MA, 2006, p. 6.

6 关于这一点可以参见克莱尔·科勒布鲁克(Claire Colebrook),《导读德勒兹》(*Deleuze: A Guide for the Perplexed*), Continuum: London, 2006, p. 80.

7 关于这一点可以参见《大脑即荧屏:访谈吉尔·德勒兹》(‘The Brain is the Screen: An Interview with Gilles Deleuze’),载于格雷戈里·弗拉克斯曼(Gregory Flaxman)编著,《大脑即荧屏:德勒兹与电影哲学》(*The Brain is the Screen: Deleuze and the Philosophy of Cinema*), University of Minnesota Press: Minneapolis, 2000, p. 367. 如果想要整体把握德勒兹和加塔利关于大脑的思想,可以参阅安德鲁·墨菲(Andrew Murphie),“德勒兹、加塔利与神经科学”(‘Deleuze, Guattari and Neuroscience’),《德勒兹、科学与潜在的力量》(*Deleuze, Science and the Force of the Virtual*), pp. 330-67; 也可参见肖恩·沃森(Sean Watson),“巫术的神经生理学:德勒兹和加塔利的大脑”(‘The Neurobiology of Sorcery: Deleuze and Guattari's Brain’),载于《身体与社会》(*Body & Society*), 4(4), 1998, pp. 23-45.

兹;而英国生物学家史蒂文·罗斯(Steven Rose)的作品虽然很少被引用,但他的思想在《千高原》中随处可见。加塔利在一些个人作品中也论及了大脑和神经科学的问题,比如说1979年的《机器无意识》(*L' inconscient machinique*),以及1989年的《精神分裂分析的制图法》(*Cartographies schizoanalytiques*)。不过,《什么是哲学?》与两种流行的观点保持了一定距离,这两种观点分别把大脑设想为"机械的"(mechanical)和"动力的"(dynamical)(*WP?*,209)。前者认为大脑是发出命令的唯一中心,其代表性的神经科学家有查尔斯·谢灵顿(Charles Sherrington)和爱德华·托尔曼(Edward Tolman)。后者则认为大脑具有多个中心,命令可以从任意的地方发出,这一派的主要代表是随后一代的神经科学家,比如说安东尼奥·达马西奥(Antonio Damasio)和弗朗西斯科·瓦雷拉(Francisco Varela)。在第一种观点看来,思想沿着"现成的路径"运作,"按部就班地行进在预定地轨迹上"(*WP?*,209)。在第二种观点中,思想开启了"自我生产"的路径,建构这些路径的"力的场域借助张力的调节而逐步推进"(*WP?*,209)。但是德勒兹和加塔利与这两种模型都保持了距离,或者说,以某种方式结合了两者,然后把大脑理解为一个"褶子":它既遵循着预先存在的形式,但又打破了这些形式。那么,如果说"思想"能够被定位的话——德勒兹在这里反驳那种通常的设想,也就是认为大脑是一个仅仅能产生意见和认知的"客体化"器官——它只能被定位于某种折叠最深处的"裂隙、间隔以及期间 160
(meantimes)"(*WP?*,209),这种折叠既是大脑向自身的折叠(这是对现实中小脑上皱褶的隐喻或寓言),也是大脑向世界的折叠,是世界在自身之上的折叠。于是,大脑和思想最终都是不可定位的。

那么,最终把大脑构想为褶子,这里的要点是什么?它又如何不同于神经科学中那些流行的模型?以何种方式,德勒兹和加塔利认为大脑并不是客观的、可定位的,且思想并不仅仅是意见和认知?我们的回答是,如果大脑是一个褶子,它以某种方式自身折叠,那么在折叠之前它也并不存在。以某种哲学预期理由(petitio principii)[*]的形式,大脑向自身折叠的行动导致了它能够被折叠的状态。因此,这种构想对立于那两种模型,无论是认为思想来自单一中心,并且遵循既定的路径;还是认为思想产生于多个中心,并且打破了预先存在的路径。因为在这两种情况中,都还有预先存在的大脑,哪怕它是去中心的,也都还有预先存在的路径,即使这些路径之后能够被打破。与此相反,当我们用褶子的模型来构想大脑时,并不是说这里没有中心,而是说中心并不在去中心的活动(decentring)之外。并不是说这里没有路径,而是说路径并不在对它的突破之外。大脑被不断地分裂,但这个分裂永远无法完结,因为大脑*就是*这个分裂,就是与自身的差异[8]。这也意味着,在发生开端之处,大脑仅仅是对被收缩物的收缩的时候,它也不只是这个收缩。因为,如果大脑仅仅是对世界中的颜色、气味、变种的收缩,但这些颜色、气味和变种并不会先于这个收缩而存在。这就意味着,大脑不仅仅是被收缩物,同时也是进行收缩者。对于世界自身来说,也一样。如果大脑就是分裂,它也在世界中引入一个分裂,而这个分裂*就是*世界,世界在这个分裂之前并不存在。在某种意义上,大脑,也就是作为哲学、作为哲学中反向实现之形象的大脑,它完

* Petitio Principii,即以真实性尚未得到证明的判断作为论据来证明论题的真实性,也被称作"丐词",也就是说从祈求成立的理由出发来论证论题。在语境中,这指的是:大脑的折叠本身一方面不外在于褶子,但褶子或者大脑被折叠的状态事实上又是折叠行动的结果。——译者注

8 因此,德勒兹在讨论电影的第二卷书中谈到了一种关于大脑的新构想,"联想的过程不断遭遇大脑连续网络过程中的断裂,这种微观裂缝到处都是,但它们并不是有待跨越的空缺"(*TI*,211),之所以这种断裂或裂隙能够持存、无法被跨越,是因为它们并不存在于大脑和它的外部之间,而是存在于大脑和它自身之间。

全遵循着世界；但世界此时存在的理由，仅仅是因为大脑思考了它[9]。

这就是为什么德勒兹和加塔利说，大脑是种“无距离的自我俯瞰”（*WP？*，210）。值得注意的是，当他们谈论哲学中概念与其组 161
件的关系时，使用了同样的描述（*WP？*，20）。这个意义上的俯瞰，作为自我俯瞰，它对立于对大脑机械的和动力的两种构想，或者说，这两种构想都隐含了这个俯瞰。他们指出，正是这种裂缝（gap）或延迟，使得思想的观念既能够从一个中心出发沿着既定轨迹进展，又能够从多个中心出发打破先在的轨迹。这个褶子或者自我差异（self-difference）先行于任何的同一与差异[10]。对于一些理论家，比如凯瑟琳·马拉布（Catherine Malabou）来说，这就是思考涉及大脑的问题的另一种方式。她在一系列重要作品中，都继承了德勒兹和加塔利对神经科学的初步理解，并明确将之扩展到社会领域。她把这种“折叠”称作大脑的“可塑性”，并承认这一观点来自德勒兹和加塔利。“可塑性”的观念还回应着一个明显德勒兹式的要求：可能经验的条件不能大于真实经验的条件。[11] 也就是

---

9 这进而涉及德勒兹和加塔利做出的一个重要的区分：“行动但不存在”的观念，以及“存在但不行动”的形式——相较于前者，两人更偏好后者。因此，他们强调“撤回”并不对立于“俯瞰”，而是呼应着它（*WP？*，211）。这不仅涉及从艺术到哲学的过渡，而且说明了某些其他的原则如何从“俯瞰”中产生出来，并在其中发挥重要作用。法国科学哲学家雷蒙·鲁耶尔（Raymond Ruyer）极大地启发了德勒兹和加塔利关于“俯瞰”的观点，使得两人借助这个概念突破且调和了关于大脑的两种“机械论”和“动力论”构想（*WP？*，233 n.11）。

10 在这个意义上，“褶子”不仅仅是《褶子》一书中所发展的“灵魂”概念的核心，同时也是德勒兹论休谟的作品《经验主义与主体性》一书中“习惯”概念的要害：在那里，“习惯”是某种折叠或自我指涉，它从始终自我差异的东西中，产生出某种“同一”之物（*H*，92-4）。事实上，德勒兹此处的论证可以结合萨缪尔·韦伯（Samuel Weber）的“它”（‘It’）一文来阅读，其中韦伯也以类似的方式考察了习惯，此文载于《铭文》（*Glyph*），4，1978，pp. 1-31。

11 参见凯瑟琳·马拉布（Catherine Malabou），《我们能用大脑做什么？》（*What Should We Do With Our Brain*？），Fordham University Press：New York，2008. p. 4.

说,大脑并不外在于其所处的社会与历史环境,而且完全会被这些条件所塑造。马拉布写道:“神经元的功能与社会的功能彼此间交互规定,互相赋予对方形式,直到我们无法再区分两者。”[12]但是,需要再次强调,这并不是说大脑等同于其环境,德勒兹和加塔利所说的内在性并非此意。毕竟潜在总是多于现实,因为潜在思考了现实,思考了现实如何产生。于是这就是马拉布强调的“可塑性”的另一个方面:如果大脑总是会采取一个现实的形态,但同时也正是大脑解释了为什么它会采取这个形态。因为,思考事物的真实条件,思考现实性是什么或者做了什么,就是去思考现实的其他情形。这就是去思考作为世界自身差异的生成。用德勒兹和加塔利在《什么是哲学?》中的话来说,哲学就是“诊断每一个短暂当下中的生成”(*WP?*,113)。这就再一次呈现了大脑和哲学间的深刻联系,以及为什么说大脑构成了这本书真正的概念。这不只是因为在大脑生成过程中的某些时刻,它能够从事哲学;更是因为,大脑就是横跨了艺术、哲学和科学的整个发生,并且通过艺术、哲学和科学思考了它自身的发生。大脑,就它位于三者的“交汇点”而言,它并不仅仅等同于三者中的任何一个,而
162 始终代表着某种在三者间穿行的生成。这个生成不会终结于科学和逻辑,或者终结于最终出现的,仿佛能够外在于自然而进行意识表象的那种大脑。因为大脑也能够思考科学和逻辑的概念,也就是说,去思考科学和逻辑如何成为科学和逻辑。这就是哲学最终的赌注或挑战。

* * *

我们已经看到,大脑如何以一种悖论性的方式,结合了其内部和外部。大脑不过就是它与其自身的关系,而在这个关系中又将

---

12 《我们能用大脑做什么?》(*What Should We Do With Our Brain?*),p.9.

自身视为他者。它既是自我参照的(创造、概念化),又是由环境决定的(收缩、静观)。我们也可以用另一种方式来表述这个结合。这不可避免将是一个黑格尔式的主题,回应着黑格尔著名的断言:"精神的存在是一块骨头"[13]。因为,如果说思想仅仅出现在"非客体化"大脑"最深的突触裂隙"中,那么同时这个大脑也必然历史地且地理地存在于世界的表层(surface)。马拉布在她《我们能用大脑做什么?》一书中,如此谈到我们当下的时代:"难道我们不应该去追问,资本主义精神的变形,与几乎同时出现的关于中枢神经的看法与编码,两者间具有何种平行关系?"[14]这种说法其实也追随着德勒兹和加塔利的进路,两人在《反俄狄浦斯》中已经把大脑对应于某个特定的历史时期,更具体地说,对应着构成我们现代性之基础的原国家(Urstaat)。他们写道:"国家似乎从它所横断(transect)和切割(resect)的事物中抽身而出,好像在另一个维度获得了依据,一种被安置于社会物质进化之上的、大脑中的理念性(ideality)。"(*AO*,219)在随后的《千高原》中,德勒兹和加塔利进一步推进这个论证,把大脑视作与国家的决裂,认为它反而属于人类发展中的后一个阶段,也就是我们所说的资本主义。他们认为资本主义中新的"私人"思想者与国家中旧的"公共"思想者相对立,如此写道:"他(私人思想者)并非以无所不包的总体性为基础,相反,他在一个没有地平线的场所中展开自身,就像在平滑空间、大草原、沙漠或海洋上一样。"(*TP*,379)

在《什么是哲学?》的"地理哲学"一章中,德勒兹和加塔利说的
完全就是这些。这一章总结了它之前哲学的部分,而先行于涉及 163
科学、逻辑和艺术的章节。他们在这里的问题是,哲学(我们也可

---

13 G.W.黑格尔(G. W. F. Hegel),《精神现象学》(*The Phenomenology ol Spirit*),Oxford University Press: Oxford, 1977, p. 208.

14 《我们能用大脑做什么?》(*What Should We Do With Our Brain?*),p.41.

以认为他们指的也是大脑)究竟在何时出现?和法国当代哲学家让-皮埃尔·法耶(Jean-Pierre Faye)给出的回答一样,他们同意哲学出现在古希腊。当然,某种意义上,这是显而易见的。几乎整个西方哲学史都这么认为(黑格尔、胡塞尔、海德格尔)。但德勒兹和加塔利说的是另一种意思,和其他人不同,他们并不认为哲学与其发源地的关联基于某种来自于语言、文化或者世界精神(Weltgeist)的必然连接。相反,这一连接是偶然的,不如说恰恰是因为在古希腊思想突破了其历史的、语言的、精神的决定因素,哲学才得以在那里诞生。德勒兹和加塔利写到,哲学最早诞生在古希腊,因为古希腊最早满足了哲学的根本条件:那里出现了意见、友谊、对手以及国家间的贸易。更进一步说,在古希腊出现了意见的自由交换,因为伴随着某种"民主化"或者社会秩序的调平,越来越多的公民能不受约束地讨论事物,于是在某种"内在性场所"中,所有意见被假定为彼此平等,至少可以彼此对抗。同时还必须有友谊和对手,因为两者尝试形成新的舆论或者打破现有的舆论,从而构成了突破信念或意见的不同方式。最后,贸易也不可或缺,就拿古希腊来说,它作为半岛上的临海国家能够接触到其他文化,包括北非和小亚细亚这些非欧洲地区的文化,于是从一开始,哲学就并非像它自己理解的那样(或者人们通常批判的那样)仅仅是"欧洲"独有的事业,更不用说是古希腊独有的了(*WP?*,88)。

在上述列举的每一个情形中,都存在文化和语境的断裂。民主打破了继承的阶级或派系,友谊突破了现存的哲学流派和学会,而自由贸易则突破了希腊城邦的政治和地理边界。即使是德勒兹和加塔利之后批判的意见,最初也是与具体物的断裂,它代表超越了特殊者的某种一般化。在某种意义上,就像他们所说,上述这些的每一个都是哲学的前提。正是这些条件的出现,才解释了为什

么只有古希腊能够产生哲学[15]。而这最终意味着,哲学与资本主义 164
不可分割。因为马克思观察到,资本主义交换的结果就是对区别的调平(levelling),就像他那句名言“一切坚固的都烟消云散了”,而这既是哲学的必要条件,也类比地描述了哲学要做的事情。在资本主义中,始终存在某种“解码”或者对既定界限的克服。或者,就如德勒兹和加塔利在《什么是哲学?》中写到(这个分析在《反俄狄浦斯》中也能找到),“社会领域不再像帝制时代那样,由自上而下的外部界限所约束,相反,此时它依赖内在的内部界限,而这些界限在系统的拓展中不断迁移,并且通过替换的方式重构自身”(*WP?*,97)。这就是说,不同于之前专制主义的秩序,其中的关键是超编码或者某一个上层元素对其他元素的统辖,在作为第三秩序的资本主义中,任何的超验物都被置于其他元素之中,看起来与其他元素并没有什么不同。而且,德勒兹和加塔利认为这种资本主义始终在场,虽然这可能有悖于历史的证据,但至少从哲学开始的时候,资本主义就已经存在了。举例来说,在《反俄狄浦斯》中,使“大脑中的理念性”得以可能的“资本主义”秩序可以追溯到第一个国家出现的时候,也就是说,至少能追溯到古希腊(*AO*,218-20)。在《千高原》中,主要处理资本主义的那个“高原”基于某种理由回顾到了公元前7000年(*TP*,448-73)。就像马克思的构想一样,在德勒兹和加塔利的构想中,资本主义构成了某种既外在于历史,又推进了历史的“生成”(*WP?*,96)。

但是,用德勒兹和加塔利的术语来说,以上这些仅仅构成了一种“相对的解域”(*WP?*,98)。如果说资本主义进行着解码,但它

15 关于《什么是哲学?》中,哲学和古希腊的关系更详细的考察,可以参见鲁道夫·加谢(Rodolphe Gasché),《地理哲学:论吉尔·德勒兹和菲利克斯·加塔利的〈什么是哲学?〉》(*Geophilosophy: On Gilles Deleuze and Félix Guattari's What is Philosophy?*), Northwestern University Press: Evansron, 2014,可惜的是,此书在本书已经几乎完稿的时候才出版,故而笔者无法充分讨论它。

马上又开始了重新编码。在《反俄狄浦斯》和《千高原》中,引用马克思《资本论》中的著名段落,德勒兹和加塔利也谈到了这一点:"资本主义生产不断地力图克服其内在障碍,但它为做到这一点所借助的那些手段,只会在更大的规模上把这些障碍再次横置在资本主义面前。"(*AO*,23;*WP?*,224)他们在《反俄狄浦斯》和《千高原》中详细分析了资本主义中"公理"的无限再生(*AO*,246-53;*TP*,453-73),也就是说,资本主义通过授权那些绝对可交换性的例外,最终能够使内在性内在于某个超验者。(这种公理在《反俄狄浦
165 斯》和《千高原》中的例子包括语言学、精神分析、南方国家以及工人斗争[*AO*,246;*TP*,462-3]。)那么同样地,在转述了《资本论》的段落后,德勒兹和加塔利在《什么是哲学?》中把"人权"视作某种公理(*WP?*,107)。人权被当作资本主义的例外,是某种改善社会不公的方式,但根本上作为一个"更高"的价值,它其实什么也改变不了,甚至加固了资本主义。所以说资本主义只不过是"相对的解域",因为尽管它不断地自我批判,但终归是用它自己的方式(*WP?*,106)。在资本主义中我们可以做任何事情,唯一不能做的,就是从根本上批判资本主义的条件自身。就资本主义的政治形式"民主"而言也是一样。在《什么是哲学?》中,德勒兹和加塔利谈到了"民主"在俄国和美国的失败尝试,不过与其他解读不同[16],我们认为在这里,两人并不相信民主理论上是完美的,进而以某种民主形式的真正模型来评判具体的民主,相反,他们暗示民主自身必然是一个失败的形式。民主不停地变革自身,试图改善自身,但由于它仅仅使用自己的词汇,所以它从未真正挑战自身。我们对

16 参见《德勒兹之后的哲学》(*Philosophy alter Deleuze*), pp. 57, 77;以及保罗·巴顿(Paul Patton),"德勒兹与民主"('Deleuze and Democracy'),见于《德勒兹式概念:哲学、殖民、政治》(*Deleuzian Concepts: Philosophy, Colonization, Politics*), Stanford University Press: Stanford, 2010.

民主的评判从不会反对民主，而是反对民主之外的其他东西。所以德勒兹和加塔利从不认为他们自己的作品是对民主计划的内部改良甚至内部批判，也不认为他们像某种罗蒂式的"牛虻"，仅仅想要从批判的对象中得到赞许和掌声，相反，他们寻求对民主彻底的颠覆。

德勒兹和加塔利发现，在西方或非西方的哲学和宗教思想的特定形式中，我们能够看到这种相对解域的等价物。在那里，类似于资本主义中对公理的设定以及对例外的特许，我们得到了某种"超验元素"的"轮转"(rotation)，即原本底层的事物能够攀升至顶，而顶层的事物下降到底。因此在中国的八卦中，"连续和中断的图像*结合起来，各个层次按照螺旋形相互派生"(*WP?*,89)。或者在印度的曼陀罗(mandala)中，"神灵、宇宙、政治、建筑以及有机体这些彼此对应的层级被投射在一个表面上，就好像是同一个超验性的不同层级"(*WP?*,89)。同样的，在西方哲学漫长的历史 166
中，这种从物质条件中解放思想、争取绝对解域的努力也到处可见。在柏拉图那里，借助对美的静观，出现了对竞争意见的权衡和超越(*WP?*,79-80,147-8)。在康德那里，基于对普遍者的反思，出现了对对立意见的筛选和分配(*WP?*,79-80)。在黑格尔那里，辩证法抓住竞争意见间的矛盾而到达进一步的一般化，并用这些矛盾穷尽绝对(*WP?*,80)。在胡塞尔那里，他追寻生活经验背后的支撑性知识或者原信念，它们超越了生活经验，从而突破了通常的意见。不过，德勒兹和加塔利强调，这些尝试全部都失败了。而他们失败的原因，至少就黑格尔和海德格尔来说，是因为他们没能打破哲学"希腊"起源的假设，从而无法"去现实化"哲学最初的条件，无法看到那些条件其实并不是决定性的。在柏拉图那里，如果说

---

* 也就是八卦中的"爻"。——译者注

他开启了意见通往知识的道路,但这种知识却“内在于某种超验物,某种理念性”(*WP?*,148)。在康德那里,如果说他试图到达哲学上的真理,但他的概念与生活经验的关联,必须“依赖作为可能经验整体之功能的先天命题与判断”(*WP?*,142)。在黑格尔那里,如果说辩证法认为自身超越了意见,但它不过是“把所有意见联系起来”才做到这一点(*WP?*,80)。在胡塞尔那里,如果说我们凭借体验的现实而超越了意见,但这个现实最终还是被认作“由主体所建构”(*WP?*,142)。在上述这些情形中,即使在柏拉图那里,内在性作为哲学之目的依旧被一个拱悬的主体范畴所统摄。于是其解域将不可避免地伴随着一个势均力敌但反向的再结域。就如我们所见,在资本中始终存在着某种超编码或公理化,凭借这些操作超验者得以保存。以类似的方式,我们在哲学中也能看到同样的东西:哲学中的主体无非就是另一种版本的资本主义人权。德勒兹和加塔利对胡塞尔以及现象学传统中先验主体的批评,也适用于批评资本主义中假定的“普遍”人权中隐含的局部性和筛选性,他们如下写道:

> 体验只能把概念变为某种经验意见或者心理类型,别无其他。由于体验内在于先验的主体,于是,意见必须被转化为
> 167 某种原意见。文化和艺术参与了它的构成,而这种原意见被表现为主体在体验中的超验性行动,于是就形成一个朋友的共同体……难道我们不是又回到老路上了嘛?回到了普通资本家、杰出成年人、现代尤利西斯的天真意见中了嘛?在这个沟通变成了营销的世界中,他们的知觉全都是俗套,他们的情感不过只是商标。(*WP?*,149)

对立于资本主义,以及宗教思想和哲学特定形式中的相对解域,德勒兹和加塔利随后谈到了标志着真正哲学的“绝对解域”(*WP?*,88)。但这到底是什么意思?在哲学的反向实现中,它如

何能够切断与语境的联系，并摆脱任何历史或地理的规定性？事实上，他们在这里给出了一个政治上的革命例子，准确地说，是康德在《学科之争》(*The Conflict of the faculties*)中激起广泛讨论的对法国大革命的回应。在那里，康德谈到了某种“热情”(enthusiasm)，他将之赞许为“历史的标志”(historical sign)[17]。所谓“热情”——德勒兹和加塔利重复了这个概念(*WP?*,100)，康德指的并非是任何真正的革命，而是革命在其观察者心中唤起的“共情”[18]。这是一种被共享的“精神”，康德等其他旁观者与最初的革命者分享了这种精神，并且进而使得这些旁观者以及他们对革命的接受，也成为最初革命事件的一部分。的确，在某种意义上，真正的革命失败了(康德承认这一点)；但革命的精神，它代表并唤起的那种“热情”，并不能与现实革命的失败相混淆(“革命”是由其“热情”来评判的，这一原则很明显不同于资本主义评判资本主义、民主评判民主的原则)。我们可以说，这种热情盘旋于革命的真实事件之上，就像战争作为“事件”(Event)盘旋于战场的真实冲突之上(*LS*,116；*WP?*,159)。这就是对哲学“事件”的具象化，事件是非物质的、无形体的、“还未到来却又已经发生”(*WP?*,158)。至少在康德那里，热情并不是一个哲学概念，但它只能从哲学的视角被把握，因为它是对世界“自我指涉”和“自我设定”的复述，在其中“思维与存在被同时言说”。热情并不是什么有待唤醒的世界精神之 168
表现，而是每次都不同的单一事件，它只存在于叙述中，存在于向另一个事件的传递中(*WP?*,16-9)。

这就是德勒兹和加塔利所说的哲学的绝对解域：潜在，它突破了历史的语境或处境(康德认同的并不是真正的法国大革命，毕竟

17 伊曼努尔·康德(Immanuel Kant)，《学科之争》(*The Conflict of the Faculties*)，Abaris Books：New York，1979，pp. 151-3.

18 《学科之争》(*The Conflict of the Faculties*)，p.153.

它很快就变成恐怖,然后仅仅得到了民主),避开了它之后在万物中的实现(*WP?*,156)。这就是思想的真正图像(或者更好地说,抽象或者非-图像),是哲学所实行的反向施动。但即使在这里,绝对解域与相对解域的差异也还是微不可见。之前我们区分了哲学和资本主义,在资本主义中任何的解域总是伴随着一个相应的再结域,然后我们区分了哲学和宗教思想,在宗教思想中内在性总是依赖于某个超验性。但就如我们所见,这些也是德勒兹和加塔利所说的真正哲学的特征:哲学也无法完全摆脱先验者。它从不能完全获得内在性本身,而只是走在通往内在性的无尽道路上。更准确地说,哲学是某种"运动"(*WP?*,47),如果说它并非只是某种轮转,但它依旧只能借助超验性得到内在性,或者思考一种会带来超验性的内在性(*WP?*,73)。或者,用德勒兹和加塔利的话来说,大地(解域)和界域(再结域)间存在一种可逆性,两者只有依赖对方才得以可能(*WP?*,85-6)。换言之,事件进入事态,但因此也必须从事态中把事件抽取出来。毫无疑问,两人对康德法国大革命之评述的接受,也可以从这个角度解读:就像在"崇高者的分析论"中那样,大革命并没有直接在场,而只出现在我们尝试思考它的失败之中。康德崇高所代表的内在性也无法直接被思考,而只能作为思考它的失败被思考,也就是说,我们能够思考的,仅仅是我们无法思考它这个事实。

那么,德勒兹和加塔利提出的哲学,与宗教思想或其他哲学家的非哲学之间的差异到底是什么?而且,如果我们实际上不能思考它,那么我们如何实践他们的哲学?如果他们所提倡的东西无法实现,那么为什么它不仅仅是一个"形象"或者"隐喻"?以及,我
169 们如何能够说哲学突破了其周遭的语境,如果它从未完全实现这一点?我们不妨从《反俄狄浦斯》开始。德勒兹和加塔利提出的"精神分裂-分析",如何能够打破资本主义?在那里,他们谈到

了欲望生产："即使在俄狄浦斯那里，即使在神话与悲剧中，诠释领域还是会残存下来并且继续运作，而这就标志着精神分析与表象的和解。"（*AO*,300）那么在《什么是哲学?》中，"解域"的类似概念又是如何运作的？他们在那里写道："只有在它与相对解域的某种有待规定的关系中，绝对解域才能被思考，这一关系不仅仅是宇宙论的，而且是地理的、历史的、社会心理的。"（*WP?*,88）事实上，德勒兹和加塔利所说的精神分裂分析和解域指的并不是简单的无序或解体，或者某些其他的现实秩序——这是种对他们作品很常见的误读，即使看起来他们甚至鼓励这种解读。相反，在《反俄狄浦斯》中，精神分裂分析指的是要创造"对逃逸的逃逸"（escaping escape）（*AO*,341）。在《什么是哲学?》中，解域则被描述为某种"Erewhon"* 或者"子虚乌有之地"（nowhere）（*WP?*,100）。不过，德勒兹和加塔利所说的精神分裂分析和解域，并非提出某种现实的备选情形来替代当下情况，而是要去思考当下情形的可能性条件。或者，换种方式说，就是思考当下现实如何成为这样的发生过程。这就是德勒兹描述我们如何规定"经验真实条件"的关键，"（不同于可能条件，）这些真实条件并不大于被条件规定者，而且在本性上不同于（康德式的）范畴"（*DR*,68）：它并不是某种对立于现实的可能性。德勒兹论证说，康德的先验范畴假定了某种先验性，而这事实上总是依赖于现存之物，或者依赖于对现存之物的反思，而他提出的"经验的真实条件"与此不同，它们不仅仅是现实的反转或对立面，相反，它们既与现实完全等同，又与现实毫不相关。这就是德勒兹对哲学"图像"的突破，尤其是对康德式哲学"图像"的突破。其目的并非主张另一种图像，而是追求没有图像；并非主张世界的另一种

* Erewhon 是 no-where 的反写，来自塞缪尔·巴特勒的小说 *Erewhon*。——译者注

图像,而是朝向世界本身。这就是用尼采的“热爱命运”(amor fati)来对抗康德的“批判”,用“默剧”或“模仿”来对抗判断与立法(*WP?*,159)。

这就是哲学的特殊力量。它不单是思考差异,更是思考与自身差异之物。它把现实当作潜在,当作自身差异之物来思考。因
170 为,即使当我们在思想中认为只有现实的时候,也是去思考这个现实如何成为现实。因此,德勒兹和加塔利说,哲学是“对我们现实生成的诊断”(*WP?*,112),而这也同时就是现实自身的无尽生成。的确,他们承认,每一个潜在者最终都会变为现实。在某种意义上,存在的只有现实的连续轮转和彼此替换,存在的只有先验者。但是,德勒兹和加塔利强调,即使内在性必然会失败,但这个先验者也将“重新用内在性自身填充内在性平面”(*WP?*,73)[19]。上述这些意味着,就像康德借助崇高或热情思考了法国大革命的失败,哲学的内在性能够让我们去思考现实如何成为现实。在这个过程中,哲学就在现实和自己之间引入了一个裂缝(gap),使现实与自身产生差异。德勒兹和加塔利说,解域并不是最后的停顿点,而仅仅是许多停顿点之间的持续运动(*WP?*,158)。解域就是这个连续的运动或置换,虽然这个运动每次都会结束于再结域,而且只能通过再结域被看到。解域就是与自身不同的东西。这就是德勒兹和加塔利为什么说,哲学只能在意见之中思考,或者只能使用“标准语”的句子。在这个意义上,就像康德对法国大革命的思考,这也验证了思想的崇高力量:思考现实,思考唯一的现实,也就是去

19 这似乎意味着,内在性只有被折叠或者双重化之后才能存在,或者说,内在性自身就是某种折叠或双重化的活动。也许我们可以尝试从这个角度切入解读德勒兹和加塔利对希腊城邦中“相对解域”和哲学中“绝对解域”的区分:“当相对解域成为自身的地平线、成为内在性的时候,它就能够与内在性平面上的绝对解域结合起来,从而绝对解域将把相对解域推到无限,转化它们(场所、朋友、意见)成为绝对的。于是内在性就被双重化了。”(*WP?*,90)

思考"先验者",思考使得现实得以可能的内在性条件。革命和康德对它的思考,现实与潜在,这类偶合被德勒兹和加塔利称作"乌托邦"(utopic)(*WP?*,99):不仅仅是革命激起了康德的热情,而且这种热情就它让我们去思考革命而言,也会导向革命。这就是德勒兹和加塔利在哲学的确切定义中所说的,思想(Thought)与存在(Being)的直接结合(*WP?*,38)。

7

接　受

1991 年 9 月在法国首次出版的时候，《什么是哲学?》(*Qu' est ce que la philosophie*?)立刻吸引了广泛的媒体关注。德勒兹是刚刚从巴黎八大退休的哲学教授，还是一系列专著的作者。加塔利则是拉博德临床机构的助手，同时由于他对法国高层政治的干预而广为人知。现在看来，两人的这次合作备受瞩目，毕竟他们曾写下了七十年代激进政治与理论中的那本书:《反俄狄浦斯》。而且，法国报刊界一直坚持着其优良传统，通过报道民族重要思想家的作品，从而在国家自豪的文化传统中有所作为。于是，在 9 月 12 日，《解放报》(*Libération*)就刊发了罗贝尔·马吉奥雷(Robert Maggiore)的书评，他写道:“在轻声细语中，在优雅谦恭中，德勒兹和加塔利在哲学里埋下了他们的炸弹。”[1] 四天后，泽维尔·戴乐谷(Xavier Delcourt)在《文学半月刊》(*La Quinzaine littéraire*)上也评论了这本书，不过他给出了相反的意见，也许更能吸引报纸的保守读者:“我们怎么可能严肃对待这些惹是生非的家伙?他们居然在论证中给

1　罗贝尔·马吉奥雷(Robert Maggiore)，“哲学中的炸弹”(‘Une bombe sous la philosophie’)，《解放报》(*Libération*)，12 September 1991，p. 19.

丁格利设计了一个康德机器!”[2] 不过,按照公众对文化作品接受的一般规律,日报和月刊的意见总是会大相径庭,于是之后在月刊《文学杂志》(*Magazine Littéraire*)上,雷蒙·贝卢尔(Raymond Bellour)给出了更为“深思熟虑”的意见:“[哲学的]困难无法被分担,而只能在哲学之内,通过不懈的努力来解决。我们认为《什么
172 是哲学?》恰恰就是我们所缺少的教学工具,这本书应该被加在哲学课程必要的书单上。”[3]

在欧洲的期刊和杂志上,《什么是哲学?》也得到了大量的报道(有的评论未翻译的版本,还有些评论最初的译本)。那时德勒兹和加塔利的作品已经广为人知,所以对于这本法国传来的重要新著,其他国家很多“专家”都竞相发表他们的“高深”意见。在德国,安德里亚斯·普拉特豪斯(Andreas Platthaus)点评了此书 1996 年的德译本,不过他以充满民族主义自豪的语调写道:“很容易看到此书中对数字三的偏好(艺术、哲学、科学),这立刻使人想起辩证法中最基础的三元模型(正题、反题、合题)。尽管德勒兹一直在与黑格尔斗争,但我们还是看到了黑格尔的阴影。”[4] 在意大利,毕竟加塔利整个七十年代都与当地的自治(autonomia)运动一起工作,于是左翼的解读主导着对此书的理解,安东尼奥·奈格里发表于《先将来》(*Futur Antérieur*)的书评中写道:“这种哲学事实上正是我们现代性中‘哲学共产主义’最好的例子,它提供了资本主义现代性的替代物。凭借其严格的唯物主义,它坚持绝对的内在性,从而

---

2 泽维尔·戴乐谷(Xavier Delcourt),“混沌的女孩们”(‘Les filles de Chaos’),《文学半月刊》(*La Quinzaine littéraire*), 585, 16 September 1991, p. 21.

3 雷蒙·贝卢尔(Raymond Bellour),“快乐的知识”(‘Gais savoirs’),《文学杂志》(*Magazine littéraire*), October 1991, p.70.

4 安德里亚斯·普拉特豪斯(Andreas Platthaus),“智慧止步于希腊人”(‘Die Weisheit blieb bei den Griechen nur hangen’),《法兰克福汇报》(*Frankfurter Allgemeine*), 13 October 1996, p. 15.

清算那些后现代主义,将自身呈现为一种哲学共产主义。"[5]而英国自诩很早就追随着法国理论的潮流,并且在学术界使用法国理论对抗官方的分析哲学,所以这本书在1994年翻译为英语后,立刻得到了大量的评论,比如说詹姆斯·威廉姆斯(James Williams)写道:"德勒兹把握和发展哲学史主题的能力令人折服,他对这些主题的陈述准确又透彻,同时结合了相当有争议但令人信服的思辨观点,两者的平衡极为难得。"[6]在美国,《符号文本》(Semiotext[e])最早把德勒兹和加塔利引入了次文化圈,于是埃里克·戴维斯(Erik Davis)发表于《美国之音文学增刊》(*Voice Literary Supplement*)的书评看起来似乎更适合摇滚乐:"令人目眩的语言使得有些家伙把书丢到一边,咕咕哝哝地抱怨这书的作者恐怕是两个政治上不得志的疯癫青蛙。"[7]还是在英国,也许算是分析哲学家对所谓法国哲学"非理性主义"的迟到反击,罗杰·考德威尔

---

5 安东尼奥·奈格里(Toni Negri),"对德勒兹和加塔利来说,什么是哲学?"('Qu'est-ce que la philosophie, selon Deleuze and Guattari'),《先将来》(*Futur Antérieur*), 8, Hiver 1991 (http://www.multitudes.net/Qu-est-ce-que-la-philosophie-selon/)。需要承认,这篇评论其实发表在法国,不过当时在意大利还出现了其他的书评,比如说亚历山德罗·德尔科(Allessandro Delco),"G.德勒兹; F.加塔利:什么是哲学?",'G. Deleuze; F. Guattari: Qu'est-ce la philosophie?',《哲学》(*Filosofia*),43(1),1992, pp. 163-72;以及奇安弗兰科·嘉碧妲(Gianfranco Gabetta),"论哲学中的减法"('Della sottrazione in filosofia'),《非此即彼》(*Aut ... Aut*),247, 1992, pp. 13-23.

6 詹姆斯·威廉姆斯(James Williams),"对独立性的确证:德勒兹和加塔利的《什么是哲学?》"('An Affirmation of Independence: What is Philosophy?' by Gilles Deleuze and Félix Guttari'),《英国现象学协会杂志》(*Journal of the British Society for Phenomenology*),26(3),1995, p. 327. 其他值得注意的早期评论还包括:保罗·巴顿(Paul Patton),"在此成为游牧者"('Here be Nomads'),《泰晤士报文学增刊》(*Times Literary Supplement*), 23 June 1995, pp. 10-12;以及伊恩·布坎南(Ian Buchanan),"评'什么是哲学?'"('*Review of What is Philosophy?*'),《文本实践》(*Textual Practice*),10(1), 1996, pp.217-22.

7 埃里克·戴维斯(Erik Davis),"女巫的斗争"('The Witch's Flight'),《美国之音文学增刊》(*Voice Literary Supplement*), Summer 1994, p. 41.

173 (Roger Caldwell)在《新政治家与社会》(*New Statesman and Society*)上写了篇尖刻的书评:"虽然哲学家现在总是被贬低为某种被废弃的偶像,但哲学家难道就可以毫不负责地谵言妄语了么?"[8]然后,在遥远的澳大利亚,这本书更多被亲法的年轻一代所接受,并且也被拿来对抗英美分析哲学,但同时还叠加上了某种反殖民主义的意味,就像罗宾·费雷尔(Robyn Ferrell)在长期发行的《澳大利亚哲学杂志》(*Australian Journal of Philosophy*)上的书评中写道:"在这本书中我们还能看到德勒兹和加塔利早期合作的特色,比如说对隐喻和责难的创造性使用。不过就其风格的严格性以及理论方案的能量来看,《什么是哲学?》带来了独特的愉悦。"[9]

不过,对《什么是哲学?》最著名,也是最常被引用的回应,毋庸置疑是让-雅克·勒塞克勒(Jean-Jacques Lecercle)在《激进哲学》(*Radical Philosophy*)上为此书译本写下的评论。他勾画了地铁上一个雅皮士困窘地阅读此书的场景:"你坐在地铁上,列车速度很快,不一会儿就到了拉德芳斯区(La Défence)的摩天大楼,再往西一点,就是南泰尔大学(University of Nanterre)。一个戴眼镜的雅皮士坐在你对面,他衣着讲究、文质彬彬,正在阅读德勒兹和加塔利的《什么是哲学?》。这样的场景不禁让人露出一丝微笑——毕竟,这本书可是明确反对雅皮士而写作的。"[10]勒塞克勒见证了这样一个事实,就像我们指出的,德勒兹和加塔利那时已经小有名气,他们的作品广为人知,而他们的观念也逐渐被商品化。曾经,《反俄

---

8 罗杰·考德威尔(Roger Caldwell),"什么是哲学?"('What is Philosophy?'),《新政治家与社会》(*New Statesman and Society*),7(318),September 2 1997,p. 37.

9 罗宾·费雷尔(Robyn Ferrell),"什么是哲学?"('What is Philosophy?'),《澳大利亚哲学杂志》(*Australian Journal of Philosophy*),74(3),September 1996,p. 515.

10 让-雅克·勒塞克勒(Jean-Jacques Lecercle),"哲学的教学法"('The Pedagogy of Philosophy'),《激进哲学》(*Radical Philosophy*),75,January-February 1996,p. 44.

狄浦斯》在批判的话语中引入了一整套新词汇。八年后出版的《千高原》,尽管其长篇大论和旁征博引似乎令人望而却步,但相对而言也是本畅销书。那么,十一年后,《什么是哲学?》在法国一出版,几乎立刻就登上了各大书单的榜首。但是,在 1980 年代这"寒冬"的十年中,1960 年代蕴育了《反俄狄浦斯》的那些解放希望已经渐渐消散,1970 年代中加塔利对替代性政治的实验也慢慢走到尽头。1990 年代初《什么是哲学?》出版的时候,德勒兹和加塔利几乎已经被视作属于一个不远的过去,象征着某种让人沉溺的怀旧之情。他们关于"欲望"、"游牧主义"、"精神分裂"的理论已经被广泛应用,并且越来越屈从于学术评估的通常流程。或者,用另一种方式说,我们越来越多地看到:尽管最初被接受为某种无政府主义的
形式,但德勒兹和加塔利的"欲望理论"不再被用来对抗资本主 174
义的当代形式,反而与那些形式达成共谋,甚至成为它们畸生的孩子。

勒塞克勒在他的书评中所勾画的这个场景——趁着这本书理论上还未被拒绝,雅皮士在上班途中困惑地阅读着《什么是哲学?》——暗示的就是上述这些情况。但也有很多解读判断,德勒兹和加塔利的《什么是哲学?》以及其他作品,最终的确会导致这种情况。他们认为德勒兹和加塔利"欲望生产"的观念预示了一种新的"软"资本主义形式,它产生于硅谷的技术工业,看起来不再是明显强制的,但无法改变它剥削雇员利益的事实。齐泽克在《无身体的器官:德勒兹及其后果》(*Organs without bodies: Deleuze and Consequences*)一书中就以很大的篇幅继承并发展了这种批评,而且重构了勒塞克勒勾画的那个场景[11]。其实很多对《什么是哲学?》

---

11 参见斯拉沃热·齐泽克(Slavoj Žižek),《无身体的器官:论德勒兹及其后果》(*Organs without Bodies: On Deleuze and Consequences*), Routledge: New York, pp. 183-4.

的早期评论已经指出了这种可能性,甚至在1998年一篇评论道格拉斯·库普兰德(Douglas Coupland)(他是“X一代”的提出者)小说的短文中,有人这样写道:“最近,库普兰德把《什么是哲学?》当作他教育和哲学的方案,于是他在小说中富有成效地阐释此书的观点,并证实了德勒兹和加塔利观念的力量。”[12]类似的论证还潜藏在迈克尔·哈特和安东尼奥·奈格里的《帝国》中,此书毫无疑问受惠于德勒兹和加塔利的作品,但两人想要借助对生命权力(biopower)以及控制社会(the society of control)的思考,来超越德勒兹和加塔利。因为他们认为德勒兹和加塔利最初的批判逐渐被社会“归化”了,在资本主义日新月异的新条件下,旧的批判已经无法预见将会发生什么[13]。类似的说法也见于彼得·霍尔沃德(Peter Hallward)《逾越此世:德勒兹与创造的哲学》(*Deleuze and the Philosophy of Creation: Out of this world*)一书,这是英语世界最为成熟也最常被引用的对德勒兹和加塔利的批评。霍尔沃德在那里论证说,德勒兹的错误在于设定了一个与现实切断联系的潜在,而这一批评毫无疑问是由于他根本不同意德勒兹思想所指向的政治结论。而且对霍尔沃德来说,德勒兹的思想之后在政治中的接受情况,恰恰揭示了这种根本性的错误。[14]

但事实上,无论是勒克塞勒的批评,还是他之后那些追随者的说法,这些未来的声音德勒兹和加塔利已经在不同方面有所预见。

---

12 作者不详,“温哥华死后的生活”(‘Das Leben nach dem Tod in Vancouver’),《南德意志报》(*Süddeutsche Zeitung*), 10 June 1998, p. 15.

13 参见迈克尔·哈特和安东尼奥·奈格里(Michael Hardt and Antonio Negri),《帝国》(*Empire*), Harvard University Press: Cambridge, MA, 2000, pp. 22-30.

14 参见彼得·霍尔沃德(Peter Hallward),《逾越此世:德勒兹与创造的哲学》(*Deleuze and the Philosophy of Creation: Out of this World*), Verso: London, 2006,关于“现实被造物”和“潜在创造活动”两者的区分,可以参见此书159页,关于为什么德勒兹“其实很少给我们提供资源去思索现存世界中发生事情的后果”,可参阅162页。

《什么是哲学?》已经给出了关于一种新“悲观资本主义”的诊断,这 175
种资本主义形式关注的不仅仅是物质生产,更是观念生产,它喋喋不休地讨论着自由流动、沟通和创造力。而且他们也已经认出了那个雅皮士或者知识工作者的阶层,这些人乐于承认自己对哲学激进形式的喜好,甚至自诩要成为哲学家。德勒兹和加塔利以一种幽默,甚至有点尖刻的方式戏仿了他们:“我们才是有创造力的家伙!我们是创意人!”(*WP?*,10)然后,在更一般的意义上,我们还能在《什么是哲学?》中看到,他们诊断了一个言论在其中无尽循环的领域,而这恰恰对应着我们当代世界中那些无穷无尽的书评、电视辩论,甚至亚马逊这类网站上对哲学书的评星和打分系统。这是个“意见”的世界,尽管那些意见看似可以自由提出和自由流动,但事实上一些因素隐秘地规定了它们:比如说不可避免的庸俗的坏“品味”(*WP?*,80),自以为中立的幻觉(*WP?*,145),以及资本主义自身的霸权。不过,我们也已经看到,这类意见市场在哲学诞生之时就伴随着它。而且,对作品接受环境的反思,也体现了德勒兹和加塔利所说的“步入暮年”的另一个侧面。在这暮年之中,他们不仅仅能够综述自己的作品,而且也终于能够反思这些作品得以诞生的环境与条件。或者换个方式说,这就是他们所谈到的“疲惫”或“劳累”,在这种情况下,我们无法再收缩概念和感觉,而只能提出“现成的”意见(*WP?*,213-4)。这种疲惫不仅仅是生理或自传意义上的,而根本上是文明意义上的。(虽然另一方面,自古希腊以来这种情形就存在。)

不过,《什么是哲学?》不单预见了它的接受状况,同时也做出了回应。哲学之所以被定义为一种事件或反向实现,是因为它不仅关注着现实的当下,而且构想着不曾实现的未来(*WP?*,112)。当哲学意识到它自身如何进展的时候,它也就在思考自身如此进展的条件,从而打破了这些条件的限制。首先,德勒兹和加塔利指出,在任何意见的"中立性"和"普遍性"背后,总是存在某种被文化或历史深刻塑造的语境(在我们的时代,这看起来很像某种形式的
176 女权主义或反殖民主义),他们写道:"正如希腊人从事'希腊化',是要去超越被当作社会—心理类型的其他文化的局限,在胡塞尔的先验主体背后,是否也藏着一个拥有不断'欧洲化'的特权的欧洲人?"(*WP?*, 149)接下来,我们过渡到对意见或评论的一般性批评,指出它无法成为真正的哲学,因为它并不产生新的思想图像,也并不会探寻自身思想的真实条件:"什么在本性上是无趣的呢?是那些薄如蝉翼的脆弱概念?抑或相反,是那些墨守成规、僵硬死板、被缩减为一具空架子的概念?"(*WP?*,83)。最后,我们得到了《什么是哲学?》自身的计划,也就是去思考意见的真实发生,或者意见如何产生的问题。于是,在上述这些中,我们看到了一个从意见的逻辑命题出发,通往使意见可能之物的上溯过程。哲学,尽管它常常被错认为意见,尽管它从未彻底与意见分道扬镳,但它绝不等于意见。哲学不能等同于意见,因为它无法被彻底地评估、判定或修正。更确切地说,因为概念无法在自身内被把握,而只能在彼此的差异中被理解,那么,对哲学提出的任何批评都依赖这种哲学自身才得以可能。这是种自我预言(self-prophecy)的不可能行动:哲学预见了针对它所有可能的批评,而且提前回应了它。

对于这种现象,我们可以用两个生动的例子来说明,这两个例子涉及这些年来德勒兹和加塔利思想的接受状况中最重要的两个思想家。而且这两个例子都揭示出,哲学概念"自我预言"的性质并非是概念创造者预制的,而是内在于哲学概念自身的逻辑。它并不是什么先于批评的、有待实现的潜能;而是既先于,又后于批评,存在于一种"无限过往"和"无限等待"(*WP?*,158)中,这就是哲学概念特殊的时间性。在第一个例子中我们将回顾阿兰·巴迪欧对德勒兹的批评,它最早发表在对《褶子》的一篇书评中,之后则

以更大的篇幅体现于巴迪欧写作的《德勒兹：存在的喧嚣》
(*Deleuze*: *The Clamour of Being*)一书里。在《存在的喧嚣》中，巴迪欧
指出，德勒兹的哲学概念太过潜在了，他“保留了柏拉图那里一
(One)的普遍权威，但抛弃了作为现实物的理念规定性”[15]。就如
我们所见，霍尔沃德在《逾越此世》中立刻扩展了这种批评，在某种
程度上，齐泽克在《德勒兹及其后果》中也继承了它，现在，它已经 177
成为大量学术论文甚至著作的主题，大家纷纷评估“争论”两边各
自具有的价值。但这些评论常常忘掉，在《什么是哲学?》中，德勒
兹和加塔利已经提出了一个针对巴迪欧的类似批评，指责他的“公
理化”方法重新在其学说中引入了超验者，因此他才能外在于发生
直接得到“空”或“作为真理的空”，这种哲学才是真的“外在于世
界”。在《什么是哲学?》的“预期与概念”一章中，德勒兹和加塔利
针对巴迪欧如下写道：

> 无条件的概念在函数里找到了自身类性条件(generic condition)的总体(科学、诗歌、政治和爱情)，于是，哲学似乎漂浮在一种空虚的超验性中。在复多性的伪装下，这岂不是又退回到了一种高高在上的哲学(higher philosophy)中么?(*WP?*,152)

关于这种提前对未来之批评的回应，另一个例子涉及那个思想运动——思辨实在论(Speculative Realism)，它认为自己延续着德勒兹的道路，而且在某种方式上基于对德勒兹作品的批判。当然，这一运动发起于巴迪欧学生甘丹·梅亚苏(Quentin

---

15 阿兰·巴迪欧(Alain Badiou)，《德勒兹：存在的喧嚣》(*Deleuze*: *The Clamour of Being*), University of Minnesota Press: Minneapolis, 2000, p. 45.也可参见阿兰·巴迪欧(Alain Badiou)，“吉尔·德勒兹，褶子：莱布尼茨与巴洛克”，载于康斯坦丁·V.布恩达斯(Constantin V. Boundas)和多洛希亚·奥尔科夫斯基(Dorothea Olkowski)编纂的《吉尔·德勒兹与哲学剧场》(*Gilles Deleuze and the Theater of Philosophy*), Routledge: New York, 1994, p. 54.

Meillassoux)的一本重要作品:《有限性之后:论偶然性之必然》(*After Finitude: An Essay on the Necessity of Contingency*)。梅亚苏在他的书中想要突破所谓的"相关论"(correlationism),也就是说,世界仅仅就它是"对我们而言"才能被把握,我们只能在世界可以被思考的范围内触及现实。而思辨实在论与此相反,想要思考世界"就自身而言"是怎样的,于是它自认为不得不回到康德之前,毕竟正是从康德哲学制定的姿态开始,哲学才拒绝了对本体现实(noumenal reality)的思考。作为这个方案的一部分,梅亚苏试图复兴英国经验主义者大卫·休谟(David Hume)的思想,因为康德建构其批判计划的理由之一,就是为了拒斥休谟的"怀疑论",或者拒绝那类先天形而上学原则,结果就是,现实必须经由中介才能被把握。[16] 而在英语世界,梅亚苏这一理论立场最知名的阐释者,也是思辨实在
178 论的奠基人之一的雷·布拉西耶,在他《无缚的虚无:启蒙与灭绝》(*Nihil Unbound: Enlightenment and Extinction*)一书中就指责德勒兹也属于此类相关论[17]。对布拉西耶来说,德勒兹混淆了真实经验的条件和可能经验的条件,因为他犯了一个相关论的错误,也就是把经验世界("真实经验的条件")缩减为了我们思考世界之方式的某种效果("可能经验的条件")。布拉西耶写道:"德勒兹在这里总是模棱两可:他一方面声称要解释现实经验(actual experience)的发生,但另一方面又声称他考察的无非是现实性(actuality)之发生。"[18]

---

16 参见甘丹·梅亚苏(Quentin Meillassoux),《有限性之后:论偶然性之必然》(*After Finitude: An Essay on the Necessity of Contingency*), Continuum: London, 2008, pp. 91-2.

17 参见雷·布拉西耶(Ray Brassier),《无缚的虚无:启蒙与灭绝》(*Nihil Unbound: Enlightenment and Extinction*), Palgrave Macmillan: New York, 2007, p. 191. 布拉西耶在此书中追随着梅亚苏《有限性之后》中的观点,也把德勒兹视作某种"相关主义者",p. 37.

18 《无缚的虚无》(*Nihil Unbound*),p.199.

但是，当梅亚苏转向休谟，试图从侧翼包抄康德的时候，事实上他重复着和德勒兹自己一样的哲学姿态。毕竟，德勒兹自己的哲学学徒期恰恰开始于对休谟的研究，在此基础上，他进一步聚集那些边缘的哲学家来形成一个独特的“小众”传统。按照杰弗里·贝尔（Jeffrey Bell）在《德勒兹的休谟：哲学、文化与苏格兰启蒙》（*Deleuze's Hume：Philosophy, Culture and the Scottish Enlightenment*）中的说法，选择休谟是为了对抗当时法国学界主导的后康德主义，而且也显示了德勒兹相对于法国和德国唯理主义，对英国经验主义一生的偏好。[19] 借助这种替代方案，德勒兹恰恰是想超越那种康德式的不可能性，尝试去思考人类主体之外的世界。他在《经验主义与主体性：论休谟的人性理论》中写道：“康德式的原则规范了一个经验主体中诸表象的连接，但与康德相反，我们不妨假定，被给定物最初并不遵循这类原则。”（*H*,111）这也就是说，对德勒兹而言，现实并不仅仅存在于人类心灵中，因为人类心灵自身只有作为现实的效果才能产生。这里所说的心灵并不等于康德意义上的主体性或意识，因为意识这类现象只有在临近发生终点的阶段才会出现。再次强调，如果现实是某种“大脑”的效果，那么这个“大脑”也仅仅是它所收缩或静观的现实（*WP?*,212-13）。这就意味着，大脑就是“经验”现实，在它自身之内就包含着思考自身的力量。真实经验的条件就是可能经验的条件。最终，德勒兹和加塔利的方案其实比梅亚苏和思辨实在论的观点更加精致。因为思辨实在论试着去思考意识之外的现实，而就像它常常被批评的那样，这一论述很明显自相矛盾。而对于德勒兹和加塔利来说，关键问题不是去思考内在性或者内在性平面，而是去思考我们思考内在性反反复复的 179

---

19 杰弗里·贝尔（Jeffrey Bell），《德勒兹的休谟：哲学、文化与苏格兰启蒙》（*Deleuze's Hume：Philosophy, Culture and the Scottish Enlightenment*），Edinburgh University Press：Edinburgh，2009.

失败。他们写道:"内在性平面既是必须被思考,又是无法被思考的。"(*WP?*,59)也就是说,哲学必然会为自身建构某种先验根源,它相当于现实内在于其中的某种主体,但哲学的任务始终是去思考这个主体的来源或者发生。

* * *

事实上,尽管在早期,《什么是哲学?》得到了一些评论,但它们在本质上不过是些意见,仅仅告诉我们这本书想要讲的是什么。而这些年来,《什么是哲学?》受到的关注相对而言并不算多。确切地说,它是德勒兹诸多作品中,被讨论最少的那些书之一。甚至在德勒兹和加塔利的那些合著中,相较于《反俄狄浦斯》和《千高原》,它更少被分析,更少被关注。尽管这本书对作者的意义不言而喻——德勒兹觉得它是一段"迭奏曲"(ritournelle)[20],它是两人生命中最后一本书,但它终究并没有得到持续的学术讨论。诚然,有两本相对不太出名,甚至很少为人所知的作品专门处理了这本书:埃里克·阿利耶(Eric Alliez)的《世界的签名:什么是德勒兹和加塔利的哲学?》(*The Signature of the World: What is Deleuze and Guattari' Philosophy?*)以及伊恩·麦肯齐(Iain Mackenzie)的《纯粹批判的观念》(*The Idea of Pure Critique*)。但这两本书都没有把《什么是哲学?》当成一个整体来考察,也没有对其内部的论证结构给出阐明。阿利耶的书模仿了《反俄狄浦斯》和《千高原》的"根茎式"风格[21]。麦肯齐的作品则借助《什么是哲学?》的文本,来解决最早出现于康

20 参见吉尔·德勒兹(Gilles Deleuze),"我们发明了迭奏曲"('Nous avons inventé la ritournelle'),载于《疯狂的两种体制:文本与访谈 1975—1995》(*Deux régimes de fous: textes et entretiens 1975-1995*), Éditions de Minuit: Paris, 2003, p. 356.

21 埃里克·阿利耶(Eric Alliez),《世界的签名:什么是德勒兹和加塔利的哲学?》(*The Signature of the World: What is Deleuze and Guattari's Philosophy?*), Continuum: London, 2004.

德哲学中的那种"纯粹"或"内部"批判问题[22]。这两本书在其他研究德勒兹或者德勒兹和加塔利的文献中,也很少被引用。而且,甚至在那些综述德勒兹或德勒兹和加塔利思想的著作中,比如瑞达·杜伊(Reidar Due)的《德勒兹》(*Deleuze*)[23]或埃莉诺·考夫曼(Eleanor Kaufman)和凯文·乔恩·赫勒(Kevin Jon Heller)合著的《德勒兹和加塔利:政治、哲学与文化中的新图谱》(*Deleuze and Guattari: New Mappings in Politics, Philosophy and Culture.*)[24],《什么是哲学?》也几乎没有得到认真对待。然后,那些关注德勒兹或他与加塔利作品中特定"主题"的研究,比如内森·维德(Nathan Wider)的《德勒兹之后的政治理论》(*Political Theories after Deleuze*)[25]或者杰伊·兰伯特(Jay Lampert)的《德勒兹和加塔利的历史哲学》(*Deleuze and Guattari's Philosophy of History*)[26],也几乎不会选取《什么是哲学?》作为考察或解读这些主题的文本。即使在专业学术期刊 180
的领域,也少有研究者撰文主要讨论《什么是哲学?》。就我们所知,只有下列这些文章是专门考察此书的:伊莎贝尔·斯唐热(Isabelle Stengers)的"德勒兹和加塔利最后的神秘信息"(Deleuze

---

22 伊恩·麦肯齐(Iain MacKenzie),《纯粹批判的观念》(*The Idea of Pure Critique*), Continuum: London, 2004, pp. xv-xvi. 可惜的是,加谢(Gasché)的地理哲学一书也是在本书完稿的时候才出版,所以我们也没能把它囊括进来,但任何对《什么是哲学?》接受史的研究,都应当详细回应这本书。

23 瑞达·杜伊(Reidar Due),《德勒兹》(*Deleuze*), Polity Press: Cambridge, 2007.

24 埃莉诺·考夫曼和凯文·乔恩·赫勒(Eleanor Kaufman and Kevin Jon Heller),《德勒兹与加塔利:政治、哲学与文化中的新图谱》(*Deleuze and Guattari: New Mappings in Politics, Philosophy and Culture*), University of Minnesota Press: Minneapolis, 1998.

25 内森·维德(Nathan Widder),《德勒兹之后的政治理论》(*Political Theory after Deleuze*), Continuum: London, 2012.

26 杰伊·兰伯特(Jay Lampert),《德勒兹和加塔利的历史哲学》(*Deleuze and Guattari's Philosophy of History*), Continuum: London, 2006.

and Guattari's Last Enigmatic Message)[27],它主要纵览了《什么是哲学?》中科学和哲学的关系;阿尔卡迪·普罗特尼斯基(Arkady Plotnitsky)的"混沌宇宙学:德勒兹与加塔利《什么是哲学?》中的量子场论、混沌与思想"(Chaosmologies: Quantum Field Theory, Chaos and Thought in Deleuze and Guattari's What is philosophy?)[28],它着重讨论了如何把《什么是哲学?》联系到所谓的量子场论;以及斯蒂芬·阿诺特(Stephen Arnott)的"在混沌的阴影中:德勒兹和加塔利论哲学、科学与艺术"(In the Shadow of Ch*aos*: Deleuze and Guattari on Philosophy, Science and Art)[29],这篇文章较为一般地考察了哲学与科学、艺术的关系。

有必要追问一个很明显的问题:如何解释《什么是哲学?》这种相对被忽视的状态?尽管有很多因素本可以使得这本书得到重视,但为什么它很少被解读?确实,这恰恰符合这本书的预言性特征,也就是它仿佛预见了自身在未来被接受的情况,换句话说,德勒兹和加塔利在《什么是哲学?》中的描述基本上是准确的。这本书似乎写于仓促之间,写于"生与死之边界的恩典时刻"(*WP?*, 1)。它在字里行间综述了大量内容,它的语言极为抽象、精简、概略。从德勒兹或他和加塔利其他作品中借来的那些论证,仅仅被粗略提及,却没有展开(而我们在这本导读中试图揭示出这些隐含

27 伊莎贝尔·斯唐热(Isabelle Stengers),"德勒兹和加塔利最后的神秘信息"('Deleuze and Guattari's Last Enigmatic Message'),《理论人文学》(*Angelaki*),10, 2005, pp. 151-66.

28 阿尔卡迪·普罗特尼斯基(Arkady Plotnitsky),"混沌宇宙学:德勒兹和加塔利《什么是哲学?》中的量子场论、混沌与思想"('Chaosmologies: Quantum Field Theory, Chaos and Thought in Deleuze and Guattari's *What is Philosophy?*'),《段落》(*Paragraph*),29(2), 2006, pp. 40-56.

29 斯蒂芬·阿诺特(Stephen Arnott),"在混沌的阴影中:德勒兹和加塔利论哲学、科学与艺术"('In the Shadow of Chaos: Deleuze and Guattari on Philosophy, Science and Art'),《今日哲学》(*Philosophy Today*),43(1), Spring 1999, pp. 49-56.

的论证)。尽管表面看似清晰,但德勒兹文风的那种典型的精简和复杂在此书中随处可见。举例来说,科学一章中对“圆锥曲线”的讨论,其实涉及视角主义的问题,而这是莱布尼茨在“几何学与普遍性方法”中处理的内容。或者,赋予“空间中任何长度一种可能深度”的他人(Other Person)概念,最早出现于《差异与重复》中“可感物的不对称综合”一章,而且实际上指向梅洛-庞蒂的思想。这些抽取自之前作品的素材,此时却被两人用在不同的语境、不同的论证中:比方说,在《褶子》中对微积分的讨论与第一种动态综合有关,而在《差异与重复》中微积分则涉及了潜在的观念,而此时在《什么是哲学?》中,它却被关联到第二种静态综合。“内在性平面”在讨论电影的两本书中指的是纯粹质料,但此时却用来描述哲学的抽象表层,在电影两书中所说的那种内在性平面,这时在《什么 181
是哲学?》中则被称作“混沌”。

结果便是,人们常常觉得《什么是哲学?》并没有什么新的内容要说,它只不过是对之前思想的重述。此书的不少评论者几乎都明确表达过这个观点。比如说,让·德·马特拉埃尔(Jean de Martelaere)写道:“事实上,这本书的确回答了‘什么是哲学?’的问题,但这个回答只有那些最终已经非常熟悉哲学的读者才能把握。”[30]或者,杰伊·康韦(Jay Conway)以一种相对更谨慎的方式指出:“《什么是哲学?》微妙地重构了哲学进路的正确方式和不正确方式间的区分。”[31]这一论述更为有趣的变种,体现在伊恩·布坎南(Ian Buchanan)的说法中,即《什么是哲学?》“在第二次重读

---

30 让·德·马特拉埃尔(Jean de Martelaere),“什么是哲学?”(‘Qu’est-ce que la philosophie?’),《人与社会》(*Homme et la société*),26(1), 1992, p. 151.

31 杰伊·康韦(Jay Conway),《吉尔·德勒兹:哲学中的肯定》(*Gilles Deleuze: Affirmation in Philosophy*), Palgrave Macmillan: New York, 2010, p. 140.

中会呈现出一种练习的所有特征”[32]。这最后一个评论,尽管它带有弗里德里克·詹姆逊的语调,但事实上开启了解读《什么是哲学?》这本书的一种迷人的新方式。因为它指出,《什么是哲学?》,其实也包括德勒兹以及他和加塔利的所有作品,都是“寓言式的”[33]。这意味着,在每本书假托的主题背后,还隐藏着其他的内容。在近二十年来关于德勒兹或德勒兹和加塔利的研究中,这种观点逐渐浮现,它抽象化、去质料化、去语境化甚至反向实现了两人的每一本书。而且我们想要指出,列维·布莱恩特和乔·休斯的评论体现了这种观点的最高形式,他们不仅仅指出德勒兹以及他与加塔利的每一本书都是寓言式的,在特定主题下还隐藏着一项真正的内容,而且还强调这个隐藏的内容始终都是一样的,换句话说,德勒兹以及他和加塔利在他们整个事业中,始终在写作同一本书。

那么,德勒兹以及他和加塔利在每一本书中以寓言方式想要表达的究竟是什么?布莱恩特和休斯认为,这就是某种发生:它首先从第一个动态发生中未个体化的物质出发,经由一个形而上学的思想平面上潜在的非物质性,最终到达第二个静态发生中个体化的物质以及意识中的表象。因此,休斯在《德勒兹与表象之发
182 生》一书中论证说,我们在德勒兹的《差异与重复》中能够看到一个从时间的三个综合出发,经由观念的环节,然后到达个体化和表象的过程;在德勒兹和加塔利的《反俄狄浦斯》中看到一个从欲望生产出发,经由强度,最后到达社会生产的过程;然后在德勒兹的《意义的逻辑》中我们看到了从非意指性的初级秩序出发,经由某种无

---

32 伊恩·布坎南(Ian Buchanan),《德勒兹主义:一种元评论》(*Deleuzism: A Metacommentary*), Duke University Press: Durham, 2000, p. 41.

33 乔·休斯(Joe Hughes)在《德勒兹之后的哲学》(*Philosophy after Deleuze*, Bloomsbury: London,2012)中,也以类似的方式谈到德勒兹是某种“形象的”(figural)作家(pp. 19-21)。

形体(incorporeal)的二级秩序,到达意指性的三级秩序的过程。事实上,在德勒兹以及他和加塔利的所有作品中,我们都能发现同样的轨迹。休斯在后来写作的《德勒兹之后的哲学》(*Philosophy after Deleuze*)中还谈到,德勒兹的《尼采与哲学》中存在一个以强力意志和永恒轮回为中介的,从被动综合向主动综合运动的过程;在德勒兹和加塔利的《千高原》中,存在一个从混沌之力出发,通过某种装配(assemblage),到达国家及其捕获装置的过程[34]。不过,休斯也试图表明,毋庸置疑,每一本书都强调了整体发生中的某个特定环节。论述艺术和艺术家的作品,比如《普鲁斯特与符号》、《感觉的逻辑》还有关于电影那两本书,侧重的是发生第一个环节(尽管电影两书的第二卷中,时间-影像已经把我们带离了发生的第一个环节,而逐渐过渡到第二个环节中)。德勒兹关于斯宾诺莎的博士论文,尤其是"表现主义"和"准因"(Quasi cause)等概念,很明显关注的是哲学如何摆脱发生第一个环节中的质料性,从而获得其潜在性的问题。德勒兹早期关于柏格森以及晚期关于莱布尼茨的研究,则主要考察从发生第二环节向第三环节的过渡,或者说潜在者如何被实现的问题。而就《千高原》而言,此书的组织方式表现为一系列的历史时刻或"高原",意味着它讨论的是发生的第三个环节或者现实化过程,《反俄狄浦斯》则是在资本主义的记录(recording)和再结域的意义上,延伸了这个问题。

德勒兹以及他和加塔利的每一本书都有其特定的侧重点,没有任何一本书能够不偏不倚地考察全部三个环节。而且,由于这个发生总是被寓言式地处理,它从来没有被明确地付诸言词。只有在其他的语境中(电影,特定哲学家的作品,社会历史的形式等),我们才能看到这个发生。即使在《意义的逻辑》中这个"发

---

34 乔·休斯(Joe Hughes),《德勒兹之后的哲学》(*Philosophy after Deleuze*), pp. 34-77.

生"得到了一些名字(动态发生、意义、静态发生),但这些名字也并不唯一。在这里,我们可以回顾德勒兹谈到一个要点,即他的话语必然具有某种"虚构性",甚至"科学虚构性"(*DR*,xx),而《什么是哲学?》就让人们意识到,哲学总是要去表述那些无法用命题表达
183 的东西。不过,我们想要论证的是,相较于其他作品,《什么是哲学?》这本书最为显著地体现了发生的主题。在《意义的逻辑》中,发生仅仅呈现于一些简短且无序的段落中;而在《什么是哲学?》中,发生的每个阶段都获得了独立的章节。《什么是哲学?》中的艺术、哲学、科学与逻辑这些术语,一方面像《意义的逻辑》中那些环节一样是描述性的,而另一方面则呼应着两人其他的那些作品。诚如我们所见,《什么是哲学?》中的很多章节都直接讨论了艺术、哲学、科学和逻辑三者间的关系,所以我们认为,评估此书之解读的标准之一,就是这种理解在何种程度上认识到这三者是彼此关联且不可分离的(或者说,即使三者能够被分开,但这种分离也仅仅是他们内部关系的一种效果)。

换种方式说,不同于德勒兹以及他和加塔利其他的作品,某种程度上《什么是哲学?》一书的明确主题就是发生。尽管对这三个发生阶段的陈述并没有严格遵循其秩序,而且书中某些段落里德勒兹和加塔利似乎的确认为艺术、哲学、科学与逻辑能够彼此区分,但《什么是哲学?》想要探究的根本问题是三者间的关系。借助我们之前讨论大脑时的观点,不妨做出一个更强的论断:"什么是哲学?"这个问题的答案正是发生,哲学就是艺术、哲学、科学与逻辑之间的关系。书中"哲学"这个称谓所指涉的哲学,仅仅是一个更广义的、作为概念的哲学的组件,而这个更广义的哲学的概念也包纳了艺术、科学与逻辑作为它的其他组件。在这个意义上,也许哲学总是把自身包含为其组件之一(我们可以说,它总是包含某种在寓言意义上指向自身的东西)。从这个角度看,我们才能明白,

为什么德勒兹和加塔利认为这本书是一个“暮年”的作品。他们认为康德的《判断力批判》是“暮年”时“无所拘束”的作品(*WP?*,2),在同样的意义上,《什么是哲学?》也被视为“暮年之作”。《差异与重复》对应着康德的第一批判,在其中逻辑“常识”统辖了诸能力的关系;《反俄狄浦斯》对应着第二批判,其中道德“常识”统摄着诸能力的关系;那么在《什么是哲学?》中,艺术、哲学、科学和逻辑的能力由一种“异议”(dissension)(*WP?*,51)结合起来,这种异议也就是诸能力的发生。不过,在这里我们有必要回顾一下,尼采提 184
到的对立于“单次”肯定那种“双重化”——哲学不仅仅从属于发生,而且也是对发生本身的思考或肯定。《什么是哲学?》中至关重要的论点就是:发生以及对发生之思考是不可分离的,它们彼此相因。

总的来说,上述这些就是为什么在《什么是哲学?》中,德勒兹和加塔利把哲学视作某种概念的“教学法”(*WP?*,12)。这种教学法既对立于之前“百科全书式”的哲学秩序,也对立于之后“商业化职业训练”的哲学秩序(*WP?*,12)。尽管不同于德勒兹和加塔利给出的历史年表,但我们可以说,教学法对应于康德所引领的“现代”哲学的时刻。德勒兹在《差异与重复》中说得很明白,所谓教学法指的是:在哲学中重要的不是“像……那样做”,而是“与……一起做”(*DR*,23)。事实上,这不仅仅是“与……一起做”,因为他们指出,就像康德那个著名的悖论——被模仿物并不在它被模仿之前存在,被“陪伴”的那个哲学,并不先在于陪伴它的哲学。也许我们可以用这种方式来理解《什么是哲学?》中德勒兹和加塔利谈到的“他者”(Other)概念。他者不仅仅是相对于同一者(the Same)而言的他者,因为同一者也是他者的某种效果。这意味着,一种哲学与他者、与他的追随者或“陪伴者”的关系,并非仅仅外在于或随附于它;相反,它们构成了这种哲学的一部分,甚至使得这种哲学自身得以可能。与他者的关系正是哲学所是且所言的那种发生的一部分。不过,这也就意味着,哲学总是呼应着对它自身的接受,呼应着回应它的其他哲学。如果说哲学必然等待着另一个哲学的回应,那么对哲学来说,他者就是它自我预言的反向施动的一部分。这再一次体现了德勒兹和加塔利在《什么是哲学?》中谈到的哲学家之间的关系。哲学史并不像科学史那样,由一连串“断裂”和“分叉”(*WP?*,124)组成,而是在某种“地层学时间”中,由一系列的“堆叠”构成(*WP?*,58)。也就是说,新的哲学体系总是“复述”(*WP?*,40)旧的哲学体系,赋予旧体系得以可能的新的内在性平面,但新体系之所以能够这么做,其实是因为它延续着旧体系,旧的哲学体系已然是,并且涉及一种“双重化,它包含着自身的发
185 生或自我变形。

事实上,德勒兹曾写过两篇假托文学为主题的杰出文章,他在其中精准描述了哲学的这个侧面:《意义的逻辑》中“瓷器与火山”一章,以及该书附录里的“左拉与崩溃”。在“瓷器与火山”中,德勒兹分析了美国小说家斯科特·菲茨杰拉德(F.Scott Fitzgerald)著名的忏悔回忆录《崩溃》,菲茨杰拉德想要在回忆录中抓住,究竟是哪些事件的链条,使得他从早年二十多岁那个迷人、富有、功成名就的小说家,变成了晚年四十多岁时那个落魄、破产、凄凉的酒鬼。在这篇回忆录中,菲茨杰拉德想要锚定这个崩溃到底何时发生,并且试着去解释它,仿佛这样就能翻转这个崩溃,去哀悼返回光辉岁月的不可能性(当然,也正是菲茨杰拉德,写下了“美国人的生活没有第二幕”这句名言。)以类似的方式,德勒兹还分析了左拉的卢贡-马卡尔(Rougon Macquart)家族系列小说,在这些小说中,左拉想要追溯一组来自不同社会背景,但又彼此相关的角色的命运,从而理解他们的家族遗传如何结合外在环境造就了他们的宿命。(无疑,左拉是一位伟大的自然主义小说家,深受达尔文理论的影响。)

而在这两个例子中，德勒兹的要点是，尽管这些小说家都试图锚定失败或崩溃出现的位置，然后用性格的缺陷或者遗传的性情来解释这种失败，但最终这个“崩溃”却无法定位。它并不出现在时间中的某个特定时刻，相反，它总是已然发生却又尚未发生（因此，至少在原则上，它是可逆的）[35]。它可以被无限解读下去，无论以自我忏悔还是客观科学话语的方式，但同时又总是有某些与它相关的东西拒斥解读。而且，与其说这种崩溃能够被性格或环境所解释，不如说，在一种上文提及的准-因果性（quasi-causality）的悖论反转中，似乎是崩溃解释或产生了性格或环境，或者至少赋予了性格和环境它们的解释能力。

这就是上述两个例子中，德勒兹关于“崩溃”的真正论点。作者的个人生活或者广义的社会条件无法解释这种崩溃，相反，事实上是崩溃推进并且解释了个人生活和社会条件。它并不只是有待诊断或有待修正，反而富有创造性和生产性。事实上，它打破了所 186
有传记性生活以及社会的规定，它就是新事物得以出现的条件。对立于所有历史性分析以及试图确定它最终意义的那些努力，“崩溃”永远向未来开放，超出任何预定的终点。与其说它是死亡，不如说它是*死亡驱力*，这种驱力存在于人类之内，但即使人类死亡也会继续存在（*LS*，178，364）。也可以说，这个崩溃并不是某种被传递的东西——无论是菲茨杰拉德无法逃脱的性格缺陷，还是左拉小说中代代相传的性情特点，相反，它就是传递的方式本身。被传

35 但我们必须非常谨慎地理解这种“可逆转性”。它并不是简单地取代任何已经发生的事情，相反，它要做的是提出完全另外一种根据，来解释事情为什么会按照它们已经发生的样子出现。德勒兹写道：“反向实现什么也不是；如果它单独运作，尝试提出*事情本来能够以另一种方式发生*的价值，那么它只不过属于小丑的梦幻。但是当它模仿*已经现实发生的东西*，凭借反向实现的操作双重化了实现的过程，它就能够在事件的真理中，抓住唯一的机会把自身与不可避免的实现区分开来。”（*LS*，182）

递的是这个崩溃本身,而不是与这个崩溃有关的某种特定性质。德勒兹讨论左拉时写道(这一说法也可以用于菲茨杰拉德):“崩溃仅仅传递崩溃。它只传递自身,而不会再生产被传递的东西。它并不传递‘同一物’。它不会再生产任何东西”(*LS*,363)。德勒兹的根本要点是,崩溃并不是一系列命题从外部标记出的东西,而是叙述(narration)的效果,甚至它*就是*叙述本身。这就是作者与其写下的文字间的不可分离性,对于菲茨杰拉德或者左拉都是如此。写作自身就是这种崩溃,或者说生产了这种崩溃,写作双重化了事物——这就是我们之前分析的,德勒兹和加塔利所谓的“默剧”或“反向施动”(*WP?*,159)。

事实上,崩溃属于德勒兹和加塔利所说的“事件”秩序中,而在《什么是哲学?》中,“事件”指的就是哲学。德勒兹谈到,崩溃只能传递自身。这意味着,哲学只有在它的接受中,在它朝向他者的过渡中,才能被获得。也就是说,先于任何实际的内容或认可,哲学首先是由它所做的事情、某人阅读它时它自身的生成所定义的。于是这迫使我们去重新思考德勒兹和加塔利对哲学特定形式的批评,尤其是对哲学评论这种形式的批评:“我们并不会说许多关于哲学的书是错的,因为那样等于什么都没有说。但它们无关紧要、相当无趣,因为它们没有创造任何概念,没有促成任何思想的图像”(*WP?*,82-3)。这是对的,但这并不是故事的全部,因为即使哲学在评论中遭受了某种损失(loss),但这个损失*就是*哲学。一个重
187 要的哲学体系并非只是遭受这种损失,更是要试图阐明这种损失的规则。事实上,就哲学被定义为某种传递的形式而言,它必须首先被理解为自身的损失、自身的评论。定义了那些伟大哲学体系的就是这个性质:它们既是传递,又是对这种传递的思考;是它们能够被接纳的无数种差异的方式,以及对这种方式之差异的思考。这构成了一个对哲学的重大挑战,因为这种同步性永远无法实现:

思想始终追不上实践,就像实践也不能等于思想。任何哲学体系最终总是会给自身的解读设定界限,比如说它内在于其中的某个主体或客体,某种所有解读都必然共享的特性[36]。德勒兹和加塔利提出"什么是哲学?"这个问题的时候,就是在尝试思考上述这些。这个问题从一开始就是哲学的标志,因为其实从一开始,哲学就是某种自我差异的形式——但它又永远无法被回答,因为它就是哲学自身不断生成的一部分。哲学一方面从属于这个问题,另一方面又必须在它所是且所思的那种传递中不断推进这个问题。德勒兹和加塔利在《什么是哲学?》的开场词中,已经写下了这样的话:

> [什么是哲学? 这个问题]以前被提出过,而且还在不断被提出,不过方式太过拐弯抹角、含混不清;这个问题过于造作、过于抽象,而且提到它时,人们总是居高临下地将之一笔带过,没能紧紧扣住它。我们那时候不够清醒,从事哲学的欲望太强烈,所以除了拿这个问题当文体习作,根本没想过哲学到底是什么,没有做到最终放弃咬文嚼字而直截了当地扪心自问:我搞了一辈子这个东西,可它究竟是什么?(*WP?*,1)

---

36 上述这些又开启了许多复杂的论题,其中一个是哲学的朋友与对手的关系问题(*WP?*,3-5),另一个是哲学中不同于艺术的某种特殊"生成"形式。而且,在哲学与哲学家的关系中,也出现了最个别者与最普遍者的结合。这还涉及《意义的逻辑》以及《纯粹内在性:一个生命》(*Pure Immanence: A Life*)(Zone Books: New York, 2001)这类文本中,德勒兹如何看待个体生命与死亡驱力之关系的问题。伟大的哲学就像死亡驱力那样生生不息:一段生命代替另一段生命,读者的生命代替了哲学家的生命。《意义的逻辑》中有一段话,就仿佛是哲学自身在言说:"死亡的非个人性[不过我们可以把这叫作哲学]不再仅仅意味着我消失在自身之外的那个时刻,它也描绘出了那个最为独特的生命,这个生命将用它自身替代我继续生活下去。"(*LS*,173-4)

人名索引

概念索引